La traîne des empires

Du même auteur

L'Idéologie omeyyade. La construction de la légitimité du Califat de Cordoue (x^e^-xie siècle), Casa de Velázquez, 1992.

Identité andalouse, Sindbad/Actes Sud, 1997.

L'Islam en dissidence. Genèse d'un affrontement, avec Lucette Valensi, Seuil, 2004 ; Points, 2013.

Ibn Khaldûn et les Sept Vies de l'Islam, Sindbad/Actes Sud, 2006.

Brève histoire des empires. Comment ils surgissent, comment ils s'effondrent, Seuil, 2014 ; Points, 2016.

Fascination du djihad. Fureurs islamistes et défaite de la paix, PUF, 2016.

Histoire de Grenade, avec Sophie Makariou, Fayard, 2018.

L'Empire islamique, viie-xie siècle, Passés composés, 2019.

De l'autre côté des croisades. L'Islam entre croisés en Mongols, xie-xiiie siècle, Passés composés, 2021.

Gabriel Martinez-Gros

La traîne des empires

IMPUISSANCE ET RELIGIONS

PASSÉS/COMPOSÉS

ISBN : 978-2-3793-3590-7
Dépôt légal - 1re édition : août 2022

170 bis, boulevard du Montparnasse, 75680 Paris Cedex 14

Sommaire

Introduction

Ce livre porte sur les trois religions les plus répandues dans notre monde[1]. Chacune d'elles est aujourd'hui pratiquée ou confessée par des centaines de millions, parfois plusieurs milliards de fidèles. Même lorsque le scepticisme contemporain a réduit leur influence visible, les pratiques, les valeurs et les langues rendent témoignage des nostalgies et des convictions que ces religions allument encore dans les esprits et les cœurs. Christianisme, islam, bouddhisme[2] rassemblent environ 4,8 des 7,8 milliards d'humains recensés à ce jour. Si on y ajoute le milliard de dévots de l'hindouisme, dont la cristallisation est probablement inséparable, comme on le verra brièvement, de son affrontement historique avec les religions universelles, bouddhisme ou islam, on atteint près des trois quarts des effectifs de l'humanité.

Encore ces chiffres sont-ils sous-estimés, notamment pour le christianisme, dont on exige, dans les pays de tradition chrétienne, des marques visibles, des formes d'attestation théologique - le baptême par exemple. Or ce dont nous allons parler, c'est de la sensibilité générale qu'une religion enracine dans une culture. En ce sens, il n'y a pas 59 % de chrétiens en France, comme le veut l'enquête 2015 de Pew d'où ces chiffres globaux sont tirés ; la quasi-totalité de la France, y compris la plupart des musulmans qui y sont nés et qui y vivent, parlent une langue et se réfèrent à des valeurs profondément imprégnées de christianisme et d'héritage romain. Si répugnants que soient les moyens et les fins du combat de Boko Haram, on ne peut dénier quelque lucidité aux conclusions qu'il tire des principes qu'il arbore : adopter l'anglais, c'est déjà choisir d'entrer en christianisme, ou en irréligion - puisqu'il est depuis longtemps établi auprès des musulmans les plus étroitement bigots que les deux dangers, le christianisme et la perte de la foi, sont liés.

Il y a bien sûr de la présomption à disserter en un seul volume de ces pans immenses de l'histoire humaine. C'est pourquoi ce livre est court. Long, il semblerait prétendre à une exhaustivité qu'il ne vise pas. C'est au contraire l'étendue de son objet - les trois (ou quatre) plus grandes religions du monde - qui rend le projet possible, tout comme il est possible de dresser une carte des climats, et même, dans une certaine mesure, d'en dessiner les évolutions, tandis qu'il est impossible de dire le temps qu'il fera en un point donné à trois mois de distance. La grandeur de l'objet qu'on examine, la définition modestement statistique qu'on accepte d'en avoir, en éliminent la plupart des inconnues et simplifient le calcul. La science se saisit du général parce qu'elle sait renoncer au particulier, à l'infinitude du concret des choses. Elle remporte ses plus beaux succès au prix d'une ascèse.

Ainsi, du christianisme, de l'islam et du bouddhisme, on ne retiendra qu'un point commun, très largement étranger aux complexités des dogmes et de la dévotion des fidèles, c'est-à-dire le lien généalogique qui attache ces religions aux empires où elles sont nées. L'idée principale de ce livre tient en une phrase : ces religions milliardaires - pourvues de centaines de millions ou de milliards de fidèles - sont les créations d'empires, ou plus exactement des fins d'empires, des traînes d'empires. Elles cristallisent lorsque l'impuissance croissante des empires dissocie leur action politique de leur système de valeurs. « L'impuissance » supposée du christianisme n'est pas un thème neuf. Le lecteur averti y reconnaîtra l'écho de thèses que Machiavel ou Nietzsche ont soutenues avec éclat. Mais précisément, ils en ont fait porter le blâme sur le christianisme, quand il s'agit des empires, de tous les empires, du mécanisme même de l'empire lorsqu'il se déploie, mûrit et s'enraye inéluctablement. Il ne sera donc ici question, à proprement parler, ni de christianisme, ni d'islam, ni de bouddhisme, mais d'un concept, « la religion », dans la seule mesure où elle succède à un autre concept, « l'empire », dans la proclamation des mêmes valeurs dont l'empire se prévaut, mais qu'il n'est plus en état de faire respecter.

Ces empires fondateurs sont la Chine, Rome et l'Islam, l'Inde peut-être. La liste en est courte. Ils émergent - ou échouent, dans le cas de l'Inde - entre la fin du IIIe siècle avant notre ère et le VIIe siècle, et ils n'ont cessé depuis, par le biais des religions issues de leur expérience historique, de s'étendre à une part toujours croissante de l'humanité. Les « religions », ainsi envisagées, sont donc filles d'empire. Il ne s'agit pas de nier qu'elles ont des fondateurs, Messie, Prophète ou Éveillé. Mais l'origine qu'elles se donnent n'est pas celle que nous leur reconnaîtrons. Le christianisme est né juif, dans la descendance de David, mais nous insisterons ici sur sa victoire dans l'Empire romain. Le Bouddha est né indien, mais c'est la Chine et l'Asie sinisée qui rassemblent aujourd'hui la majorité de ses dévots. Le Prophète est né Arabe et Mecquois, mais le plus grand nombre de ses fidèles sunnites se conforment à une croyance et à des interdits élaborés dans l'Empire abbasside, entre Égypte et Asie centrale, deux à trois cents ans après la mort de Muhammad.

Ce livre renonce donc d'emblée à l'immensité des expériences religieuses, à la grandeur des éblouissements mystiques, à la profondeur des angoisses et des méditations. Blaise Pascal ne sera pas notre guide, sinon sur un point qui lui eût paru insignifiant, ou acquis d'évidence - mais ne l'est pas : son retrait du monde, dont l'exemple lui est donné par le Christ, mais dont l'existence implicite de l'empire est la clé. Car si « mon royaume n'est pas de ce monde », c'est que ce monde appartient à Rome - et non à la descendance juive de David où le Christ est né. À l'inverse, si l'empire est la matrice de la religion, la religion est le discours construit de l'empire. Elle est portée par la catégorie nouvelle des clercs - des intellectuels, pour le dire dans des termes trop modernes - que la sédentarisation de l'empire, sa division économique et politique des tâches, a consacrés artisans du luxe des mots et des pensées. Le gigantisme des empires, le raffinement et la diversification croissants de leurs métiers, ouvrent la voie pour la première fois dans l'histoire à ce monde de clercs et de savants, création majeure et fleur tardive de la civilisation, caste attachée à la forge des valeurs, des logiques, des constructions intellectuelles, des éloges et des blâmes, des « oui » et des « non », pour le dire comme Abélard. Le christianisme ne se comprend pas sans la lente maturation de la philosophie grecque dans les élites romaines - y compris celles dont le grec est la langue dans la partie orientale de l'empire - qui dégagent aux IVe-Ve siècles les dogmes fondamentaux de la nouvelle religion chrétienne, demeurés pratiquement intacts pour l'écrasante majorité des fidèles depuis les conciles de Nicée (325) et de Chalcédoine (451). Aux deux derniers siècles avant notre ère, la Chine impériale transforme les *shi*, serviteurs militaires des princes des Printemps et des Automnes (780-480 avant notre ère) et des Royaumes combattants (480-221 avant notre ère), en bureaucrates civils et éclairés, pieusement inclinés devant l'autel des Classiques. L'Islam fait émerger à Bagdad dès les IXe-Xe siècles un peuple d'*oulémas* qui impose sa vision de la religion musulmane au détriment du califat.

Qu'il soit donc entendu que nous nommons « religion » ces mots et ces pensées nés de l'empire. Quels que soient leurs fondateurs, les religions doivent une part majeure de leur propos à la matrice impériale où s'est déposée leur semence étrangère - juive à Rome, indienne en Chine, arabe dans les terres byzantines et perses du Moyen-Orient. Et c'est l'héritage de cette part impériale dont nous nous préoccuperons, plus que de la semence originelle. Ainsi ces religions sont-elles, comme les empires qu'elles ont investis - ou qui les ont investies - « monothéistes » ou monarchiques, d'ambition universelle, pacifiques ou pacifiantes.

Mais la religion et ses clercs rompent avec l'empire sur deux points fondateurs : on a déjà esquissé le premier, le retrait du monde. Il nous faudra insister sur le second, la morale de l'impuissance. Dans les deux cas, bien sûr, l'empire est ouvertement affronté, radicalement répudié : il est ce monde d'où l'anachorète, le moine, le soufi ou l'ascète se retirent. Il est cette puissance, ces pompes, ces ors et ces armes dont la religion ne veut pas. Nietzsche reconnaissait la morale des vaincus et le ressentiment d'Israël dans le culte de la faiblesse de saint Paul, dans les tortures serviles et la mort ignominieuse des fondateurs du christianisme. Mais le suicide de Sénèque, l'allégresse stoïcienne à recevoir sa part tragique du sort, l'incertitude apeurée des élites sénatoriales que décrivent Suétone ou Tacite, avaient depuis longtemps creusé le lit de la morale chrétienne. La mort du sage antique, le martyre chrétien, rejoignent la résignation tranquille des lettrés chinois accablés par le despotisme des mauvais empereurs. Les mêmes tortures, les mêmes épreuves attendent Ibn Hanbal et ses disciples pendant l'« Inquisition » (*mihna*) déchaînée sous le califat d'al-Ma'mun et de ses successeurs (823-850 environ) contre les clercs qui refusent d'acquiescer aux réformes théologiques du pouvoir. Il y a tant d'autres exemples qu'on en conclura que l'hostilité du clerc et du pouvoir est un trope, ou un poncif, de la littérature religieuse médiévale. Elle ferait presque oublier que la caste des clercs est une création de l'État, et qu'elle n'a d'autre visée que d'en accomplir la promesse, que l'État ne tient plus.

La séparation de la religion d'avec l'empire, ou d'avec les pouvoirs politiques qui lui succèdent, est en effet une règle douloureuse, une sorte de mutilation. Elle repose sur un échec, celui de l'empire, et proclame une impuissance, celle de la religion. Comme les créatures du *Banquet*, empire et religion se souviennent d'avoir été unis et désirent l'être à nouveau. Les quinze siècles d'histoire dont nous nous préoccupons témoignent de nombreux élans d'union. L'empire a parfois prétendu gouverner la foi. La crise iconoclaste à Byzance, la crise mutazilite à Bagdad, la fermeture des monastères à la fin de la dynastie chinoise des Tang, mais surtout l'État moderne « laïc » en sont quelques exemples. Plus souvent encore, à l'inverse, c'est la religion qui a conçu le projet d'une théocratie, c'est-à-dire d'une conquête du pouvoir par ses principes. Le refus moral de la puissance que proclament les religions n'implique aucune impuissance réelle. C'est en quittant le monde qu'on le domine, c'est en répudiant les armes qu'on les fait plier. Entre l'émergence des religions impériales et la modernité, pendant plus d'un millénaire, toutes les confrontations, toutes les combinaisons des valeurs et de l'agir furent donc possibles. Nous en mettrons quelques-unes en évidence dans ce livre. Mais l'enquête, si on veut la prolonger, serait immense. Il y faudrait plus de connaissance intime que nous n'en avons, en particulier de l'Asie sinisée, de ses langues et de sa culture. On se résignera à jeter quelques lumières sur le chemin dont on espère que d'autres entreprendront de le parcourir plus avant.

Enfin, le but est de montrer que le monde moderne dans sa totalité a préparé un empire et une religion nouvelle pendant l'épisode des deux siècles et demi de la modernité (1800-2050) où l'Occident a étendu sa domination, son magistère et ses langues à la quasi-totalité de l'humanité. Cet empire n'a jamais eu de traduction politique unique, de « pouvoir impérial » unifié, et il ressemble donc d'autant plus, à la fin de l'extraordinaire poussée économique et démographique qu'il a conduite, à un monde décomposé dont s'affaiblissent les rythmes vitaux, démographie, économie, et probablement créativité scientifique. L'aboutissement en devrait être une nouvelle émergence religieuse, de la même façon que l'affaiblissement de Rome aux IIIe-IVe siècles, la disparition des Han à la même époque, ou le naufrage du califat islamique entre les IXe et XIe siècles ont abouti à l'éclosion des grandes religions qui dominent encore notre monde.

CHAPITRE 1

La religion de l'efficace

Il faut d'abord écarter une immense question dont on ne dira que quelques mots, faute de compétences, et aussi parce que le manuscrit des religions « traditionnelles » n'est pour l'essentiel plus lisible. Mais du moins faut-il comprendre que les religions universelles, dont ce livre fait son objet, diffèrent radicalement des phénomènes religieux « traditionnels » – étendus sur des centaines de siècles, comme aimait à le rappeler Claude Lévi-Strauss, et à des dizaines de milliers de groupes humains d'une diversité immense et à jamais perdue, qu'on entrevoit simplement à travers le mince échantillon des travaux des anthropologues depuis la fin du XIXe siècle, des historiens de l'Antiquité moyen-orientale ou classique et du regard des voyageurs des Temps modernes dans les contrées « sauvages », de l'Amérique en particulier. Ces religions ont aujourd'hui pratiquement disparu dans leur originalité et leur complexité, il n'est guère plus de cas où elles n'aient été « contaminées » par les religions universelles, transformées, souvent vidées de leur sens, ou tout simplement, en particulier aujourd'hui dans l'Afrique musulmane au sud du Sahara, réprimées et interdites, souvent avec l'assentiment des populations. En juin 2014, dans un séminaire consacré à la restauration des sites culturels de Tombouctou et Kidal détruits par les jihadistes au temps de leur victoire, Samuel Sidibé, directeur du Musée national de Bamako, notait avec une grande honnêteté à la fin de son intervention :

> Au Mali, on peut se demander si, pour de plus en plus de gens, l'Islam n'est pas devenu leur identité. Comment perçoivent-ils dès lors les traditions culturelles que nous nous évertuons à conserver et qui sont

en contradiction avec leur nouvelle identité ? Je raconte assez souvent avec circonspection l'exemple d'un ami très occidentalisé devenu « musulman pratiquant », et qui s'est « débarrassé » de sa collection d'art africain parce qu'incompatible avec sa nouvelle foi. Sans doute cet exemple ne peut pas être pris pour une règle, mais il interpelle[1].

Aby Warburg et les Hopis

Le 21 avril 1923, le grand historien de l'art Aby Warburg (1866-1929) prononçait une conférence à la clinique Bellevue de Kreuzlingen, que dirigeait le docteur Binswanger, disciple de Freud. Il y était interné. Riche et d'une immense culture, dévoré dès l'enfance par une insatiable curiosité intellectuelle, Warburg était déjà célèbre pour sa bibliothèque, encore aujourd'hui noyau et joyau du fonds sans égal du Warburg Institute de Londres, et pour la rare acuité de ses analyses sur l'art de la Renaissance italienne. Né à Hambourg, il appartenait à cette grande bourgeoisie juive qui vivait malaisément ses origines, et en tirait le plus souvent un puissant ressentiment contre soi. Il aurait pu reprendre les mots de son ami Walter Rathenau, président du consortium électrique AEG et ministre des Affaires étrangères de la République de Weimar, assassiné en 1922 : « Je n'ai et je ne connais aucun sang que l'allemand[2]. » Patriote passionné, Warburg vécut la défaite de 1918, et plus généralement l'effondrement de la civilisation européenne, comme une crise personnelle. Persuadé que la victoire des Bolcheviks en Russie et la chute de l'Empire allemand ouvraient un temps de persécution antisémite dont il assignait les origines véritables à sa propre trahison du judaïsme, il songea dans une crise de folie, en novembre 1918, à tuer sa femme et ses enfants pour leur éviter la mort ignominieuse que les communistes, ennemis des juifs et de la culture, ne manqueraient pas de leur infliger après leur triomphe. Interné, il croyait entendre dans les couloirs de la clinique les cris des siens qu'on torturait et soupçonnait qu'on lui donnait à manger leur chair, ce qu'il précisait calmement à ses convives. Peu à peu, son état s'améliora. Dans une lettre de novembre 1921 à Freud, qui s'intéressait au cas de Warburg dont il appréciait l'œuvre scientifique, le docteur Binswanger écrit que le malade

> est encore accaparé par ses craintes et ses manœuvres défensives à la limite de l'obsession et du délire, de sorte que malgré un fonctionnement absolument intact de la logique formelle, il ne reste aucune place pour une activité dans le domaine scientifique. Il s'intéresse à tout, juge avec une grande pertinence les choses et les gens, sa mémoire est excellente, mais on n'arrive à le fixer sur des sujets scientifiques que pendant un temps très limité [...]. Avez-vous lu son *Luther* ? C'est vraiment pitié de voir qu'il ne pourra plus rien puiser ni dans le trésor de son savoir, ni dans son immense bibliothèque.

Le regain de son activité intellectuelle serait donc la seule preuve décisive de la guérison de Warburg. La conférence d'avril 1923 est cette preuve. Warburg la prépara et la prononça, devant le public choisi de cette aristocratique maison de repos, pour obtenir sa libération. Mais il n'y parla pas de l'art du Quattrocento florentin qui lui était si intimement familier. Il tira son propos des vieilles notes d'un voyage de 1896 aux États-Unis, qui l'avait amené, sur les conseils des conservateurs de la Smithsonian Institution de Washington, à visiter les villages troglodytes des Indiens hopis dans le nord du Nouveau-Mexique[3], où il assista à ces « cérémonies de la pluie » dont il fit la matière de la conférence donnée vingt-sept ans plus tard sur les bords du lac de Constance. Le problème des Hopis était la pluie, celui de Warburg la liberté, mais l'un et les autres, comme Joseph K., le héros du *Procès*, sont en litige avec un monde qu'ils peinent à comprendre et qu'ils tentent de maîtriser par des voies que le regard des autres tient en mépris[4]. L'aliénation juive rencontre le rite indien, c'est-à-dire l'agir des religions « primitives » qui forcent les puissances d'en haut comme on forcerait une serrure - celle de la maison de repos de Kreuzlingen, par exemple. Ces religions traditionnelles sont, à la différence des religions universelles, fortement enracinées, étroitement localisées, limitées à un village, une tribu, un rocher, comme le site d'Oraibi qui surplombe la plaine sans relief de Santa Fe, d'où Warburg prit son témoignage. Elles visent à l'efficace, c'est-à-dire à la capture d'une puissance divine - ce que les

Romains nommaient le *numen* - que le rite convoque, comme la lampe d'Aladin son génie, et qu'il « contraint à obéir », dirions-nous dans la langue anthropomorphique que nos religions universelles, incarnées en Dieu et prophètes, nous ont habitué à parler.

En fait, ces puissances sont liées, déterminées par le rite qui les a pénétrées au défaut de leur cuirasse, à leur talon d'Achille. Comme le dit Aby Wartburg, le rite consiste à pénétrer là où l'homme n'est pas autorisé, comme le cambrioleur dans la chambre forte, ou comme le héros de *2001, l'Odyssée de l'espace* quand il force la salle-cerveau de HAL, l'ordinateur géant qui tente de le tuer, pour débrancher un à un les disques de ses microprocesseurs. Par le rite, l'homme, ou plutôt certains hommes qui en ont le pouvoir et en maîtrisent la mise en place, s'introduisent dans la salle des machines du monde où les destins se jouent, pour changer d'un tour de manette un aspect particulier de ces destins - une mort qui vient, et qu'on repousse à plus tard, les effets d'un philtre d'amour, le charme qui donne puissance sur un rival -, ou au contraire, et le plus souvent, pour confirmer l'ordre des choses, et s'assurer que la pluie viendra bien avec les orages du mois d'août, comme l'entendent les Hopis.

La raison d'être du rite est donc d'accéder à un monde supérieur - ou souterrain - dont beaucoup des récits d'origine connus affirment qu'aux premiers temps de la Création, les humains s'y rendaient de plain-pied[5]. Le mythe d'Orphée ou la descente d'Ishtar aux enfers dans la mythologie mésopotamienne en sont les exemples les plus illustres dans les civilisations anciennes de la Méditerranée et du Moyen-Orient[6]. Le plus souvent, les animaux - dont la langue était alors connue de tous, et qui l'est encore des sages, des chamans et des sorciers -, ou les entrailles de la terre, font pont entre les réalités de ce monde et l'au-delà[7]. Les forgerons en Afrique font parler le métal[8]. Des religions que manifestent les signes et les peintures rupestres souterraines du Paléolithique, nous ne savons presque rien. André Leroi-Gourhan en comparait les restes à un vestiaire de théâtre, ou aux décors d'une pièce, dont le texte serait perdu[9]. Mais ce « texte » a existé. On ne concevrait pas, si la signification ne s'en était pas conservée, que les mêmes procédés de représentation, et surtout la même iconographie - le bison et le cheval toujours au centre - s'y retrouvent pendant plus de vingt mille ans - dix fois la durée du christianisme. On n'imaginerait pas non plus que les hommes du Paléolithique aient affronté la peur de ces espaces souterrains inaccessibles s'ils n'y avaient pas vu le chemin d'un sens à recevoir ou à donner au monde[10].

Pour les Hopis, l'orage d'août s'annonce par d'effrayants éclairs où ils reconnaissent la sinuosité des serpents. L'explication s'impose donc : les serpents sont parents des éclairs. On agira sur la pluie si on réussit à maîtriser et à se concilier la puissance des serpents qui sauront peser sur leurs parents les éclairs. Tout le rite revient à rétablir le pont autrefois librement emprunté entre hommes et serpents, dont la décomposition du temps a rompu les arches. Il convient de rappeler aux hommes qu'ils furent serpents, et aux serpents qu'ils touchent aux humains. Pour autant qu'il faille se fier au témoignage de Warburg, les serpents capturés dans les semaines précédentes sont ainsi humanisés, rendus à leur cousinage humain avant d'être renvoyés à leurs parents, les éclairs.

> Dans [ces] cérémonies singulières, le lavement des serpents est la plus importante et joue le rôle le plus étonnant pour les hommes blancs. Le serpent est traité comme les novices lors des mystères, on plonge sa tête, malgré ses résistances, dans de l'eau consacrée où ont été versées toutes sortes de médecines. Dans une autre [pièce], un tableau de sable représente une masse de nuages, dont sortent quatre éclairs de couleur différente, en forme de serpents, correspondant aux quatre points cardinaux. Les serpents sont jetés sur le sable avec une grande violence de sorte que le dessin est détruit et que le serpent se mêle au sable. Il me semble indéniable que c'est justement cet acte magique de lancer le serpent qui *oblige celui-ci à agir* en suscitant les éclairs ou en faisant tomber la pluie.
>
> La cérémonie culmine dans l'action suivante : on approche du buisson [où on maintient captifs les serpents], on saisit et porte le serpent vivant, puis on l'envoie dans la plaine comme messager. Les chercheurs américains décrivent cette façon de saisir le serpent à pleines mains comme un acte incroyablement impressionnant. Cela se passe ainsi : un groupe de trois personnes s'approche du buisson. Le grand prêtre du clan des serpents tire un serpent du buisson, un autre Indien,

> le visage tatoué et peint, une peau de renard attachée dans le dos, saisit le serpent et le prend dans sa bouche. Un compagnon qui le tient par les épaules détourne l'attention du serpent en agitant un bâton orné de plumes [...]. Dès que tous les serpents ont été portés un certain temps [dans la bouche] au son des claquettes, les danseurs les emportent à la vitesse de l'éclair dans la plaine, où ils disparaissent[11].

Non seulement la démarche des Indiens est parfaitement raisonnable dès lors qu'on en accepte les prémisses, mais, remarque Warburg, elle est plus active, plus conquérante, que celle des civilisations historiques plus proches de nos sensibilités. Les Indiens, dans tous les sens du terme, prennent en main leur destin, la forge de la pluie dans les nuées ardentes du ciel des nuits d'été, en saisissant les serpents - là où nos religions, moins engagées à maîtriser les puissances de l'univers, ou moins certaines de le pouvoir, choisissent de sublimer l'action en dévotion.

> Au caractère incompréhensible des phénomènes naturels, l'Indien oppose sa volonté de comprendre en se transformant personnellement, en devenant lui-même cette cause des choses. Instinctivement, il se constitue en cause de l'enchaînement inexpliqué, qu'il rend compréhensible et aussi visible que possible [...]. Les Indiens saisissent vraiment le serpent à pleines mains et se l'approprient vivant, comme cause et comme substitut de l'éclair. L'Indien le place dans sa bouche de sorte qu'une véritable union a lieu entre le serpent et l'homme masqué ou du moins orné de peintures de serpents[12].

De l'efficace à la vérité

Les pratiques, les savoirs qui permettent d'accéder aux lieux des décisions et des mécanismes de la vie, sont évidemment réservés à quelques-uns, le chaman, le sorcier ou, ici, « le grand prêtre du clan des serpents », pour reprendre les termes sans doute trop pompeux d'Aby Warburg. Les anthropologues et les historiens des religions ont depuis longtemps réfuté le concept de « totémisme » que les ancêtres fondateurs de l'ethnographie, et l'œuvre de Freud après eux, avaient largement popularisé[13]. Mais il reste l'essentiel : ces religions ne sont pas universelles. Le chef du clan des serpents est appelé à prendre les reptiles dans le buisson où on les a emprisonnés parce qu'il leur est apparenté, et qu'il encourt donc moins de danger qu'un autre. En revanche, la prière est sans objet pour qui ne sait pas agir par le rite. Les puissances célestes n'ont que faire du « dévouement » ou de « l'amour » des fidèles, comme le note Jean Bottéro pour les dieux de la Mésopotamie[14]. Ce que réclament les manœuvres qui les plient au désir des hommes, comme le maniement des serpents dont on n'a pas retiré les poches de venin, c'est une maîtrise et une dextérité rares. L'acte rituel ne peut être confié à tous. Il exige un geste sacerdotal et une heure choisie - le *kairos* des Grecs - qui convoquent les dieux au moment propice, dans la fenêtre de temps où ils sont accessibles et vulnérables, et les ouvrent aux demandes des humains qui les sollicitent comme un fidèle serviteur aborde son maître repu et satisfait. Les hommes n'ont été créés que pour nourrir les dieux, selon les récits mésopotamiens[15]. L'ordre cosmique vit du sacrifice des hommes. « Le soleil ne se lèverait pas si le prêtre, à l'aube, n'offrait pas l'oblation du feu », selon le Véda[16].

Ces rites ignorent l'écriture, qui menace de vulgariser les règles, dans tous les sens du terme, et de les faire tomber dans des mains malhabiles ou impures. Claude Lévi-Strauss et Jack Goody ont insisté sur la hiérarchie que l'écriture introduit dans les sociétés denses et les entités politiques étendues qui furent amenées à l'adopter. L'extraordinaire complexité des premières écritures, hiéroglyphes égyptiens, et plus encore cunéiformes mésopotamiens, leur donne raison. Le signe écrit n'était visiblement pas destiné à tous. Mais à l'inverse, c'est la mise par écrit des lois, leur énonciation claire, aux VIIe-VIe siècles avant notre ère, qui dépouille l'aristocratie grecque de l'arbitraire de sa puissance et introduit cette *isonomia* - « égalité légale » - qui fonde le régime classique de la cité, à Sparte comme à Athènes. La tyrannie de la parole secrète n'était pas moindre que celle de l'écriture des prêtres. Elle relevait de la même logique de l'efficace, qui s'affadit puis s'efface à l'approche du temps des empires[17]. Michel Foucault nous dit dans sa leçon inaugurale au Collège de France :

> Car chez les poètes grecs du VIe siècle encore, le discours vrai – au sens fort et valorisé du mot –, le discours vrai pour lequel on avait respect et terreur, celui auquel il fallait bien se soumettre puisqu'il régnait, c'était le discours prononcé par qui de droit, et selon le rituel requis ; c'était le discours qui disait la justice et attribuait à chacun sa part ; c'était le discours qui, prophétisant l'avenir, non seulement annonçait ce qui allait se passer, mais contribuait à sa réalisation, emportait avec soi l'adhésion des hommes et se tramait ainsi avec le destin. Or voilà qu'un siècle plus tard, la vérité la plus haute ne résidait plus déjà dans ce qu'était le discours, ou dans ce qu'il faisait ; elle résidait en ce qu'il disait : un jour est venu où la vérité s'est déplacée de l'acte ritualisé, efficace et juste d'énonciation, vers l'énoncé lui-même : vers son sens, sa forme, son objet, son rapport à sa référence. Entre Hésiode et Platon, un certain partage s'est établi, séparant le discours vrai et le discours faux ; partage nouveau puisque désormais le discours vrai n'est plus le discours précieux et désirable, puisque ce n'est plus le discours lié à l'exercice du pouvoir. Le sophiste est chassé[18].

Michel Foucault nomme « vrai », dans le début de cette citation, ce que nous avons nommé « efficace » pour le distinguer du « vrai » très distinct que consacre le IVe siècle athénien et le triomphe conjoint de la philosophie – Platon et Aristote – et de l'empire – Alexandre le Grand et ses successeurs. Foucault trace avec précision la ligne de crête entre les deux discours. Avant Socrate, c'est-à-dire avant son disciple Platon, la parole grecque est encore proche dans son principe de celle des Hopis. L'essentiel ne tient pas à ce qui s'y dit, mais à qui le dit. Le sujet qui parle importe bien plus que l'objet dont on parle. Nul n'ignore qu'il s'agit de faire venir les pluies d'août. Mais seuls l'organisation rigoureuse du rite, la mise en ordre de la société, l'assignation de son rôle à chacun, le savoir et l'expérience des acteurs autorisent le succès. Après Socrate, c'est la parole qui construit la vérité. Socrate n'est ni chaman, ni prêtre, ni même stratège désigné par ses concitoyens pour prendre les décisions ou guider les votes. Il est vieux, laid et sa parole ne porte aucun secret qu'un enfant esclave ne pourrait comprendre[19]. Mais, précisément, son propos est universel – sa pertinence et sa vérité dépassent la cité et ses lois –, il l'emporte sur les citoyens et leur vote - et c'est probablement la raison pour laquelle il fut condamné à mort et exécuté par décision des Athéniens.

Comme le dit Michel Foucault, « le discours vrai n'est plus [...] lié à l'exercice du pouvoir. Le sophiste est chassé ». Les sophistes enseignaient à convaincre, puisque toute décision et donc toute influence politique, dans une cité d'égaux, reposaient sur l'éloquence, la justesse des arguments ou la mise en scène dramatique du plaidoyer qui emporte l'adhésion. Leur maître Protagoras aurait affirmé que l'homme était la mesure de tout - en d'autres termes qu'il n'y a pas d'autre vérité que le vote populaire. L'art des sophistes était celui de la démocratie, dans sa grandeur et ses impasses. Socrate affirme au contraire que la vérité ne se mesure pas au nombre de voix, qu'elle peut s'accommoder de l'obscurité d'une vie médiocre comme la sienne, et tenir tout entière dans une conscience. Il brise radicalement le lien entre le vrai et l'efficace, que poursuivaient encore les sophistes comme les Hopis. Il révoque ainsi la démocratie, dont Platon fera la critique féroce. Disciple de Platon et précepteur d'Alexandre, Aristote touche déjà au temps de la monarchie. En deux ou trois générations du IVe siècle avant notre ère, le régime de vérité s'impose en même temps que l'empire. Son règne dure encore aujourd'hui.

Philosophe et donc platonicien de stricte obédience, Michel Foucault a cependant trop médité ces contraintes qui organisent la parole, qui la bornent et la rendent possible, pour ne pas voir la coercition que la « volonté de vérité » de Socrate a imposé au discours occidental :

> Enfin je crois que cette volonté de vérité [...] tend à exercer sur les autres discours - je parle toujours de notre société - une sorte de pression et comme un pouvoir de contrainte. Je pense à la manière dont la littérature occidentale a dû chercher appui depuis des siècles sur le naturel, le vraisemblable, sur la sincérité, sur la science aussi - bref sur le discours vrai [...]. Je pense encore à la manière dont un ensemble aussi prescriptif que le système pénal a cherché ses assises ou sa justification, d'abord bien sûr dans une théorie du droit, puis à partir du XIXe siècle, dans un savoir sociologique, psychologique, médical, psychiatrique ; comme si la parole même de la loi ne pouvait plus être autorisée, dans notre société, que par un discours de vérité[20].

C'est ce régime de vérité, libéré de la délibération des citoyens, que portent nos religions universelles d'après l'empire. Chez les Grecs du temps des cités, comme le note Jean-Pierre Vernant, la raison et le vrai triomphent dans la société plus que dans la nature,

> domaine de l'à-peu-près auquel ne s'applique ni calcul exact, ni raisonnement rigoureux... La raison grecque, c'est celle qui, de façon positive, réfléchie, méthodique, permet d'agir sur les hommes, non de transformer la nature. Dans ses limites comme dans ses innovations elle est fille de la cité[21].

Mais dans le temps de l'empire qui s'ensuit, quand les cités sont domptées et les peuples réduits à la sujétion, la raison s'affranchit de l'action civique et devient « philosophie[22] ». Il faut attendre le XVIIe siècle, nous dit Foucault, et l'hypothèse, bouleversante et vérifiée par Kepler et Galilée, que la nature parle une langue mathématique, pour que le « choix de vérité se déplace » et fasse de la matière son objet privilégié[23]. Après Newton, l'humanité occidentale reconquiert ainsi le discours secret - mathématique - du monde, et avec lui la capacité d'agir, l'efficace auquel elle avait renoncé depuis la Grèce et qu'elle tenait, lorsqu'elle en rencontrait encore la prétention dans quelque tribu d'Amérique, pour superstition de sauvages. Il va de soi, bien sûr, que cette capacité d'action conquise par la science est infiniment plus vaste, plus solide, plus conquérante, plus créative et plus fascinante, au total, que la pensée hopie. Mais il reste que la vérité socratique s'est formée, comme le souligne Foucault, contre l'action, et d'abord contre l'action politique et démocratique dans la cité grecque. Deux mille ans plus tard, c'est pourtant ce même régime de vérité étendu à toute la nature qui recrée à l'inverse les conditions de l'agir.

Le mythe jusque dans l'histoire

Claude Lévi-Strauss comme Mircea Eliade avaient un compte à régler avec l'histoire, ou plutôt avec les grandes doctrines « historicistes » du XXe siècle - communisme et fascisme surtout - qui traçaient avec certitude la voie de l'avenir des sociétés et n'accordaient aux vestiges les plus « primitifs » de l'humain qu'un mépris amusé pour leur infantile sauvagerie[24]. Contre l'arrogance occidentale qu'il relève chez Sartre, Lévi-Strauss convoque les nombres, les « dizaines, centaines de milliers peut-être » de sociétés « primitives » qui ont porté l'aventure humaine pendant des dizaines de milliers d'années. Il souligne la logique et la cohérence des bribes de discours qu'on en a conservées dans cette poignée d'entre elles qui a survécu jusqu'à nous, et leur oppose la minceur du temps historique - deux ou trois mille ans en fait -, sa discontinuité et sa fragilité[25]. L'histoire est un gratte-ciel étroit, incertain de ses fondations, et peut-être inutile. L'immense majorité des sociétés humaines n'ont pas déployé d'histoire parce qu'elles n'en ont pas eu besoin.

Mircea Eliade abonde dans le même sens. Comme les sociétés primitives, les mondes les plus anciens qui nous aient livré leurs récits, dans les premiers millénaires de ce que nous nommons « l'histoire » parce que l'écriture y est déjà présente, ne témoignent d'aucune intention historique. La seule séquence d'événements agréée y est rassemblée dans un récit d'origine - le mythe - qu'il appartient aux temps profanes de l'humanité de faire vivre, ou plus souvent de ressusciter et d'engendrer de nouveau dans des termes aussi exacts et fidèles que possible - ce sont ces actes de reproduction que l'on nomme « rites ». Toute infraction, toute transgression du récit ouvrirait un tel ouragan de troubles que les seuls événements consignés sont ceux qui s'accordent au récit primordial. Si l'histoire est par définition ce qui survient, ce qu'on n'attendait pas, l'événement qui rompt le cours ordinaire des choses et qu'on note pour cette raison, tandis que les sources historiques abandonnent au silence les évidentes banalités de la routine, et donc la masse écrasante de la trame des existences, alors l'histoire consigne le contraire de ce que nous dit le mythe. Le mythe et le rite ne mentionnent que ce qu'ils reconnaissent pour établi. Comme le soldat dans un champ de mines, la société rituelle de l'efficace place ses pas dans ceux de ses devanciers, et perçoit le danger mortel de la moindre déviance.

L'homme « primitif », dont on peut étendre la figure jusqu'à la Grèce d'Homère et d'Hésiode, jusqu'à l'Inde des Védas ou la

Chine de Confucius, vit, ou plutôt maintient en vie, l'éternel présent d'un mythe, la seule réalité sûre qu'il habite[26]. Le monde est une clairière d'ordre encerclée par les ténèbres du Chaos[27]. Les dieux sont d'abord les défenseurs d'un territoire ordonné. Ils logent là, dans une pierre, un bois sacré, un arbre séculaire, et leur puissance s'étend en se dégradant à quelques lieues autour de ce sanctuaire avant de s'évanouir dans l'insignifiance du désordre.

Un mythe d'Occident : Ulysse ou l'homme qui voulut mourir

Les Grecs des temps « classiques » (ᴠᵉ-ɪᴠᵉ siècles avant notre ère) considéraient l'*Iliade* et l'*Odyssée* comme les textes fondateurs de leur culture. Ils nous ont légué avec eux les traces les plus anciennes de leurs mythes, avant que la descendance de Socrate n'y imprime le sceau impérieux de l'exigence du vrai. Pour cette raison même, les œuvres d'Homère sont pour nous difficiles à comprendre. Car en vérité, il n'y a rien à comprendre dans le mythe, dont tout le secret du rite vise à psalmodier le texte à jamais fixé et à parcourir les chemins reconnus sans jamais en dévier. À l'inverse, la modernité n'accorde de sens et de prix qu'au neuf et au créatif. Nous prétendons donc ajouter au mythe. Au contraire des hommes des temps premiers, nous ne savons lire les mythes qu'en les commentant, qu'en posant à côté de l'œuvre ancienne nos versions contemporaines. Les plus ingénieuses sont donc celles qui concluent sur leur échec, et sur l'impénétrabilité du récit fondateur. J'ai choisi, pour en donner l'exemple, deux commentaires récents du mythe d'Ulysse, celui d'un helléniste, Jean-Pierre Vernant ; et celui d'un cinéaste, Jean-Luc Godard.

L'*Odyssée* est un des nombreux *nostoï* (« retours ») des héros de la guerre de Troie vers leurs petits royaumes grecs. Nous savons que ceux d'Ajax et de Diomède existèrent. Mais le retour d'Ulysse s'est imposé dès l'Antiquité, et il a plongé les autres dans l'obscurité puis le néant, à l'exception de celui d'Agamemnon, annexé à l'histoire des Atrides, sa lignée tragique. Au contraire, Ulysse est un homme seul. Pénélope sa femme, Télémaque son fils n'ont d'existence que dans son épopée. Pourquoi donc ce triomphe sur tous les autres chefs grecs ?

La clé de l'histoire est sans doute dans ses débuts. Ulysse et les siens, lors de leur première escale, offensent Poséidon, dieu des mers, qui disperse en représailles leurs vaisseaux et chasse le héros vers l'exil dans des espaces étranges, ou plutôt étrangers aux hommes qui n'y abordent d'ordinaire jamais. Ces terres incertaines et dangereuses abritent des créatures captivantes au sens strict. Car l'un des caractères majeurs de ces rivages inconnus, c'est que le féminin y domine - femmes, magiciennes, nymphes ou sirènes ; qu'ils n'appartiennent pas au monde des mortels ; et que ces femmes offrent au héros de partager avec elles l'immortalité, ou du moins la suspension indéfinie du temps. C'est là, dit Jean-Pierre Vernant, le nœud de la tentation d'Ulysse[28]. La nymphe Calypso qui l'accueille pendant neuf ans dans sa grotte, s'engage à le faire vivre à jamais à ses côtés, dans l'obscurité d'un amour partagé et caché[29]. Une immortalité sans gloire. À l'inverse, s'il réussit à atteindre Ithaque au terme de dix ans d'errance, quand tous le croient mort, Ulysse entrera dans la légende des hommes. Achille, le héros de l'*Iliade* mort devant Troie et dont les poètes célèbrent déjà la mémoire dans toute la Grèce, prévient pourtant Ulysse contre cette vaine gloire posthume quand il le rencontre aux enfers :

> J'aimerais mieux être le dernier des paysans boueux, le plus lamentable sur son fumier, le plus pauvre vivant à la lumière du soleil, plutôt qu'Achille dans ce monde des ténèbres qu'est l'Hadès[30].

Rien n'y fait. Ulysse choisit de retourner à Ithaque. Une dernière fois, après Calypso, la reine des Phéaciens Arété et sa fille Nausicaa s'efforcent de le retenir hors du temps, hors de la mort, dans le monde d'une éternelle maturité, d'une éternelle séduction. Il s'y refuse, touche seul enfin Ithaque et y trouve aussitôt les instruments de la passion qu'il lui faut traverser pour atteindre l'immortelle renommée : la déchirante nostalgie des serviteurs fidèles, la vieillesse et la mort de son chien Argos, la sénilité de son père, les faiblesses de son fils, le meurtre des prétendants.

L'Odyssée ne s'achève pas. Mais ceux qui écoutent l'aède savent qu'Ulysse a choisi de mourir. À l'exact opposé du héros mésopotamien Gilgamesh, parti en quête de la fleur d'immortalité, Ulysse rétablit l'ordinaire destinée humaine. Il accomplit jusqu'à son terme naturel le rite de la vie. Mais parce qu'il a choisi de ne pas échapper au destin commun quand on le lui offrait, Homère peut en faire le héros fondateur de la race grecque. Ulysse est immortel parce qu'il a accepté de ne rien changer au mythe de l'homme, c'est-à-dire à la nécessité de mourir.

Le mutisme du mythe, le silence du rite : Le Mépris *de Jean-Luc Godard*

Le Mépris, que Godard tourne en 1963, est une double illustration de l'*Odyssée*. Les personnages y sont en effet rassemblés pour faire un film sur l'*Odyssée*. Mais ils sont eux-mêmes pris dans une intrigue qui fait écho aux aventures d'Ulysse. Paul/Ulysse/Michel Piccoli est écrivain, et pour l'occasion scénariste. Il a épousé Camille/Pénélope/Brigitte Bardot. Ils habitent un appartement neuf dans un lotissement récent de la banlieue romaine qu'ils n'ont pas fini de payer – Ithaque est un royaume à crédit. Le salut viendra peut-être du cachet impressionnant qu'un producteur américain, Jerry/Poséidon/Jack Palance offre à Paul pour réviser le scénario de l'*Odyssée*, et l'imposer au réalisateur qu'il a choisi, Fritz Lang/Homère/Fritz Lang, qui joue son propre rôle. Selon Jerry/Poséidon, qui entend bien prendre sa revanche sur le mythe universellement célébré, Pénélope n'aime pas Ulysse, et c'est cet autre récit qu'il entend obtenir de Paul. Homère/Fritz Lang refuse de se renier et de changer l'histoire, celle d'Ulysse et celle de Fritz Lang, qui déclina en 1933 la proposition de diriger le cinéma allemand offerte par Goebbels. Jerry/Poséidon balaye ce rappel d'un revers de main. Il est beaucoup plus riche que Goebbels.

Tenté par la somme qu'on lui offre, Paul/Ulysse comprend vite que Camille/Pénélope n'est pas indifférente au producteur/Poséidon. Il lui abandonne sa compagne pendant plusieurs dizaines de minutes - au moins vingt, pour les vingt années de l'absence d'Ulysse. Pénélope le comprend et en éprouve une morsure de mépris sans remède pour son mari. Les deux époux se perdent à leur retour, puis à Capri, dans l'antre de Jerry/Poséidon où il les a attirés, dans un labyrinthe d'explications qui n'en sont pas, puisque Ulysse refuse d'avouer sa faiblesse, et que Pénélope, taciturne, refuse d'en forcer l'aveu. Paul/Ulysse ne s'en ouvre qu'à Fritz Lang/Homère, en prêtant à Ulysse les mêmes défaillances où il est tombé. Mais l'aède reste inflexible. L'*Odyssée* est un mythe, un bloc de sens auquel on ne peut rien changer. La psychologie d'Ulysse est hors de propos : « La beauté de l'*Odyssée* réside en cette croyance à la réalité telle qu'elle est, dans une forme qui ne se décompose pas, à prendre ou à laisser. » Camille/Pénélope cède à Poséidon et repart avec lui pour Rome. Ils trouvent tous deux la mort dans un accident.

Tout le propos du film, pour ce qui nous intéresse, repose sur le jugement d'Homère/Fritz Lang : on ne peut rien ajouter ni retirer à la parole mythique sans l'altérer, la ronger, comme le venin du mépris ronge irrésistiblement le cœur de Camille et le regard qu'elle porte sur Paul, parce qu'il ne mérite plus d'être Ulysse, parce qu'il a trahi le mythe. De tous les personnages, Paul est celui dont la parole est la plus abondante - discourir est son métier - et la plus insignifiante. Une large part de l'extraordinaire poésie de l'œuvre, sans doute la plus achevée de Jean-Luc Godard, tient à la tension presque insupportable entre la sublime beauté muette de l'image et du son - celle de la musique de Georges Delerue, de la photographie de Raoul Coutard, celle de la Méditerranée, celle de Capri, de la villa Malaparte et du grand escalier de son solarium, et par-dessus tout celle de la nudité triomphante de Brigitte Bardot - et la faiblesse des mots, leur petitesse, leur égarement tragique dès lors qu'ils ont quitté le sentier assuré que le mythe trace dans la nuit des choses. La première et la dernière scène se répondent. La première dans la pénombre, lourde du bonheur menacé de Paul et Camille, énonce les parties du corps nu de la jeune femme et ne laisse à l'homme que l'approbation, elle aussi la plus nue : « Oui », et parfois, « Beaucoup ». La dernière en pleine lumière au contraire, le ciel et la mer règnent seuls sur l'image, Fritz Lang, maître du rite, dirige la caméra sur Ulysse, bras levés ; « Silence » lancé par les assistants précède un dernier long travelling muet. On n'ajoute pas le moindre mot au mythe.

La multiplication des hommes et la fusion des dieux

Peu à peu pourtant, le monde mythique s'altère. La croissance du nombre des hommes, l'amenuisement des espaces sauvages qui les séparaient, leurs guerres qui sont aussi celles de leurs dieux, réduisent l'emprise des présences sacrées. Les Grecs pensaient que l'Olympe avait décidé de la guerre de Troie parce que les hommes devenaient trop nombreux et faisaient trop de bruit[31]. Troie et son territoire ne survivent pas à l'épreuve. Les dieux des vaincus s'effacent, se soumettent à ceux des vainqueurs qui s'emparent de leurs attributs et de leur efficace[32].

Dès le IIe millénaire en Mésopotamie, le regroupement des villages ou des bourgades en royaumes organise les hiérarchies qui permettent aux dieux des capitales de s'approprier le pouvoir de leurs rivaux conquis et de s'en faire des auxiliaires soumis, ou de simples « démons », force de police des divinités hégémoniques. Les listes d'un ou deux milliers de dieux que permet d'établir l'imposante masse documentaire de la Mésopotamie se simplifient avec les siècles, des centaines de dieux disparaissent sans qu'il en reste plus qu'un nom, souvent sumérien, témoignage de son antiquité. Babylone, puis l'Assyrie dévitalisent les religions de leurs rivales, par le transfert des dieux - de leurs icônes, statues, « logements » - dans la capitale, ce qui déverse leur puissance dans la réserve sacrale de la hiérarchie officielle du divin, mais surtout ce qui la tue par déracinement, puis par oubli[33]. La société des dieux s'organise au profit de quelques-uns, Anu, Enlil, et surtout Mardouk, le dieu de Babylone pour lequel est composé, vers 1200 avant notre ère, l'*Enouma Elish*, le Poème de la Création, lu pendant les douze premiers jours de l'année[34].

Martin Nilsson relève que, dans la Grèce classique, l'Athéna d'Athènes n'est pas celle de Sparte ou de Thèbes[35]. C'est la preuve que des puissances, encore distinctes aux temps archaïques, sont en train de fusionner sous le même nom. Le panthéon gréco-romain s'organisera, comme celui de la Mésopotamie un millénaire plus tôt, dans les deux derniers siècles de la République romaine, quand elle conquiert la Méditerranée et annexe le nom des divinités grecques par un jeu d'équivalences contrôlé par le pouvoir[36]. Dans la Rome de César et d'Auguste, on quitte la tradition mythique pour la religion universelle, liée au mécanisme impérial en marche[37].

Mais auparavant déjà, dans les sociétés très denses des IIe-Ier millénaires avant notre ère, où s'affirment le pouvoir de la royauté et de l'écriture, les mythes changent, la guerre des dieux s'impose pour rendre compte de la guerre des hommes, et des souverainetés nouvelles s'affirment sur la terre comme au ciel. Le Zeus d'Hésiode émascule Kronos et installe le règne des Olympiens. L'*Enouma Elish* célèbre le triomphe de Mardouk sur des divinités plus anciennes. En Inde, Vishnu et Shiva supplantent Indra, Mitra et Varuna au milieu du Ier millénaire avant notre ère. Ces révolutions dynastiques dans la société divine ne renversent cependant pas l'ordre rituel. Le mythe peut s'altérer comme la royauté peut revenir à d'autres. Il n'en doit pas moins être obéi, et le rite accompli.

Le mythe des vainqueurs et l'histoire des vaincus

C'est l'histoire, la sensibilité au temps créateur, qui supplante et remplace le mythe. Mais paradoxalement, l'histoire n'est pas fille des royaumes conquérants et des premières formes impériales, en

Assyrie ou en Perse. Elle n'est pas née du succès, mais de l'échec et de la marginalité. L'histoire est une usure du mythe, dont elle fait craquer les coutures trop étroites et dont elle s'échappe. Les *Upanishad* indiennes et le bouddhisme posent déjà la triste conviction que toute action, dans la mesure où elle aboutit à un résultat, engage une série illimitée de causes et d'effets qui rompt le temps circulaire et ordonné du rite. Le Bouddha engage les hommes à clore cette boîte de Pandore, à refermer les coutures du temps[38]. À l'inverse, dit Mircea Eliade, Israël dans son exil de Babylone, presque contemporain du Bouddha, affirme que la victoire des païens n'accomplit pas l'ordre du monde[39]. Quelque chose doit survenir, qui renversera le sens, humiliera Babylone et rendra le triomphe à Israël. L'histoire tout entière tient à cette attente d'un événement imprévu et d'un sens nouveau, à ce refus de la défaite[40].

Plus couramment depuis le XIXe siècle, la tradition occidentale accorde aux Grecs l'invention de l'histoire aux Ve-IVe siècles avant notre ère. Mais la position de la Grèce n'est guère différente de celle d'Israël. L'écriture de l'histoire y naît certes des victoires de Marathon et de Salamine sur les Perses (490-480 avant notre ère) dont Hérodote fait le centre de son récit. Mais ces guerres « médiques » révèlent aux Grecs l'immensité de la domination de la Perse achéménide en même temps qu'elles leur apportent la fierté et le soulagement d'en avoir triomphé. Tout au long du siècle et demi qui suit, la Grèce éprouve constamment la centralité de cet empire dont elle n'est qu'une marge, d'abord dans la crainte de ses armes, de sa diplomatie et de sa capacité à corrompre ; puis au IVe siècle, avec l'évidence de son affaiblissement, dans l'espoir de sa conquête qu'Alexandre accomplira. Eschyle chante l'immense victoire de Salamine, qui sauva Athènes et la Grèce en 480, du point de vue des Perses vaincus. L'histoire se glisse dans ce décentrement du regard, qui accorde à l'ennemi qu'il est l'empire, mais lui fait pleurer sa défaite.

Ainsi, le temps de l'histoire, et après lui les monothéismes, « désenchantent » le monde, exterminent les bois sacrés ou les transforment en massifs forestiers dénués de sens, déconsidèrent les langues secrètes du rite[41]. Car les religions de l'efficace sont inopérantes hors des lieux, des temps, des gestes précis qu'elles exigent. Elles meurent de leur complexité, balayées par la simplicité, l'uniforme abstraction et l'universalité des religions historiques[42].

CHAPITRE 2

Ce que c'est que l'empire

Sédentaires

Les religions universelles sont les héritières légitimes des empires. Telle est l'hypothèse première de ce livre. Il s'ensuit, si l'hypothèse est juste, qu'elles tirent leurs traits principaux de l'empire dont elles forment la traîne. Ces traits, il est possible de les déduire de l'analyse qu'Ibn Khaldûn a donnée des sociétés « civilisées », étatisées. Le point principal en est la distinction des fonctions de violence d'une part, de production d'autre part. Le propre de l'empire, c'est que l'immense majorité de la population en est désarmée, productive, fiscalisée et relativement prospère, tandis que les fonctions de violence – et donc la souveraineté dont la violence est le privilège – sont assurées par d'infimes minorités issues de la « nature barbare » – une violence « barbare » qui est en fait construite pour et par l'empire. Les religions universelles héritent de l'empire cette dichotomie fondatrice du violent et du pacifique. Elles posent la paix comme une évidence. Elles méditent la violence avec une profondeur et un dégoût dont les religions de l'efficace ne montraient pas la moindre préoccupation. Or ces concepts – la paix et la violence –, que deux mille ans de christianisme ou de bouddhisme nous ont appris à tenir pour éminemment religieux, furent d'abord des catégories politiques impériales.

L'historien est un traducteur. Il parle à ses contemporains leur langue commune, et tente d'y rendre les réalités d'un monde disparu. L'exotisme que le lecteur doit y trouver, qui aiguise son intérêt et son plaisir, lutte avec la nécessité de se faire comprendre, et donc d'établir des comparaisons et des équivalences dans les termes anachroniques du présent. Il pourra ainsi paraître étrange d'affirmer que l'empire est d'abord un projet économique, une promesse de mieux vivre. Cette assertion provocatrice a du moins l'avantage de donner de l'entreprise impériale une image inverse de celle qu'on en a généralement. Elle souligne que l'empire est pacifique, et même pacifiant. C'est un processus constant de désarmement, matériel, psychologique, légal, politique. Et c'est ce désarmement que l'on nommera, d'après Ibn Khaldûn, « sédentarisation ».

La paix n'est pas seulement la valeur centrale de l'empire ; c'est la condition première de son existence et de son fonctionnement. De fait, les progrès économiques et démographiques des sociétés agraires dans les premiers millénaires de l'histoire demeurent médiocres, voire imperceptibles. Seule l'émergence de l'État permet d'affermir et de multiplier ces progrès par l'instrument de l'impôt, dont l'État substitue la levée régulière à la razzia des premières guerres néolithiques. L'impôt permet la mobilisation de l'essentiel des surplus de la production paysanne et la fondation, puis l'amplification d'une capitale où la concentration de la demande des élites et de l'offre des compétences permet l'invention de nouveaux métiers, de nouveaux savoir-faire, de nouveaux talents, autant de gains de productivité, dirions-nous, dont le bénéfice s'étend bientôt à toute la société, et même aux masses rurales que l'impôt lèse dans un premier temps. Plus la masse fiscale est importante, plus la capitale est riche et vaste, et plus les métiers qu'on y pratique sont diversifiés. On vend au Caire, au temps d'Ibn Khaldûn, entre 1382 et sa mort en 1406, des oiseaux qui parlent. Production apparemment futile. Elle exige cependant un public qui l'acquière, une connaissance ornithologique sans égale ailleurs au monde et la mise en place dans la profondeur de l'Afrique, d'où viennent ces oiseaux, de réseaux commerciaux ou prédateurs capables d'acheminer aussi les esclaves, l'or de la côte du golfe de Guinée et les productions de la savane ou de la forêt tropicale finalement répandues dans la vallée du Nil et tout l'Orient. Ces activités sont inconnues au Maghreb plus pauvre et plus archaïque, note Ibn Khaldûn. Ceux qui voudraient s'y livrer n'y trouveraient ni clientèle ni fournisseurs.

La multiplication et la densification des hommes, le rassemblement de leurs désirs, et même de leurs caprices les plus insensés, créent la richesse, à condition qu'ils acceptent d'abord de souffrir la mutilation que leur inflige l'impôt. Ablation financière, mais aussi et surtout ablation de l'agressivité naturelle à l'homme, désarticulation des solidarités familiales et claniques, nous dit Ibn Khaldûn. L'impôt est le fils assagi du tribut qu'on exige du vaincu et de la razzia que subissent les groupes humains les plus faibles. Il a gardé de ses ancêtres violents sa puissance d'humiliation. Le mouvement naturel des communautés humaines tend à le refuser, mais ce rejet enrayerait la mobilisation du capital dont dépend la prospérité. Il convient donc de briser ces résistances, par la force parfois, mais bien plus profondément par la persuasion du long apprentissage de la civilisation, par cette force de l'habitude qui modèle les esprits et plie les corps à sa puissance de répétition des mots et des gestes. La sédentarisation a l'esprit du rongeur : patience et longueur de temps sont ses armes principales. Les sédentarisés en tirent l'avantage d'une vie meilleure et plus douce que celles des tribus ignorantes de l'État et de l'impôt. Toutes les fonctions solidaires des communautés humaines primitives, la défense contre l'ennemi, le règlement des conflits, la prise en charge des plus faibles sont assurées par l'État avec une efficacité et une générosité que les ressources limitées des petites unités claniques leur interdisent.

Dans la réalité historique, l'empire est constitué par une cascade de conquêtes qui étend peu à peu son territoire à l'ensemble des horizons civilisés, et dont la succession l'affermit dans la conscience de ses sujets[1]. L'Égypte est durablement conquise pour la première fois par la Perse achéménide en 525 avant notre ère ; la Perse et sa province égyptienne sont soumises par Alexandre en 333-323, et le royaume lagide d'Alexandrie, héritier d'Alexandre, est annexé par Rome après Actium en 30 avant notre ère. Chaque fois, le nouvel empire - achéménide, puis hellénistique, puis romain - renforce le caractère coutumier, et finalement consenti, du tribut imposé par l'étranger, qui se substitue à l'impôt dû au Pharaon. Au VIIe siècle, au moment où elle est occupée sans grande résistance par les Arabes, l'Égypte est accoutumée à des maîtres étrangers depuis plus de mille ans déjà. En outre, et surtout peut-être, les sédentarisés dans l'empire sont dispensés du service des armes, ce que les hommes des tribus tiendraient pour une émasculation, mais ce que les sujets de l'empire, déjà acquis à la morale sédentaire, vivent comme un privilège.

Bédouins

Ce privilège est pourtant le talon d'Achille de l'empire. Le désarmement nécessaire et consenti des populations les expose à la violence du monde tribal environnant, attisée par la dénivellation de richesses entre l'oasis de civilisation impériale et les déserts, montagnes, forêts sauvages, de peuplement clairsemé, qui la cernent. La société impériale ressemble à un corps dont on aurait abaissé les défenses immunitaires pour lui permettre de recevoir la greffe de l'État, de l'impôt, de la ville et de la prospérité. L'avantage écrasant du nombre est du côté de l'empire, mais il est annulé par la réduction des sujets à la condition civile, par leur annihilation militaire. Leur rendre les armes anéantirait l'impôt et ruinerait la construction impériale.

Amadouer ou mieux, enrôler à son service certaines des tribus les plus proches et les plus agressives, est la solution la moins dangereuse, la seule possible à vrai dire, à laquelle se résoudront tous les empires. Les Turcs Xiongnu dominent les effectifs des armées chinoises moins de deux siècles après l'unification impériale de la Chine[2]. Il ne faudra pas plus longtemps - deux siècles après Muhammad - aux guerriers d'Asie centrale, Sogdiens puis Turcs, pour s'emparer de l'appareil militaire islamique au début du IXe siècle. Il est vrai que l'Empire romain n'aura massivement recours aux « barbares » qu'au IIIe siècle, alors qu'il domine la Méditerranée depuis trois à quatre cents ans déjà. Mais c'est qu'il recrute longtemps ses « barbares » combattants parmi les populations de la Méditerranée occidentale, Espagnols, Numides, Gaulois ou Germains, tandis qu'il tire l'essentiel de ses richesses de la Méditerranée orientale, Égypte, Syrie, Asie Mineure et Grèce, dont la révolution du Néolithique et les premiers millénaires de l'histoire ont gonflé les effectifs démographiques et nourri les premiers empires, Perse achéménide et royaumes hellénistiques issus des conquêtes d'Alexandre. Rome est déjà un empire héritier, qui exploite en Méditerranée orientale, et grâce aux ressources de la violence de Méditerranée occidentale qu'elle mobilise, un troupeau que d'autres ont avant elle rassemblé, soumis à l'impôt, discipliné et sédentarisé. À la différence de la Chine cependant, qui continue de tenir pour des barbares les guerriers turcs qu'elle paie, Rome ouvre la voie royale de sa citoyenneté à ceux qui se battent dans ses légions. L'Empire romain y trouve une existence et des rythmes prolongés[3].

L'empire emploie ainsi les ressources guerrières d'un monde tribal qu'il n'a pas désarmé, dont il n'a pas disloqué les solidarités, pour pallier l'aporie de son propre mécanisme, c'est-à-dire la sujétion nécessaire de ses sujets. De certains de ces « sauvages » à ses frontières, au sens où Lévi-Strauss analyse la pensée « sauvage », l'empire fait des « barbares ». À partir de l'« agressivité naturelle » des hommes dont parle Ibn Khaldûn, il construit une violence décuplée, dont ces tribus ont la charge pour imposer aux sédentaires la soumission. Le souci de se défendre et de protéger les siens, la tentation de soumettre de plus faibles, est universel dans le monde « sauvage », nous dit Ibn Khaldûn. Mais le déploiement au profit de l'État de solidarités tribales violentes, organisées et coordonnées exige que l'immense majorité sédentaire ait pour destin de se soumettre, et l'accepte pour son profit. Il n'est de violence collective véritable qu'en contrepoint de la paix désarmée des sédentaires, il n'est de barbarie que par la civilisation. Ce sont ces groupes violents entrés au service de l'empire qu'Ibn Khaldûn nomme « bédouins ».

L'empire est universel

Le monde impérial ne ressemble pas au nôtre. Les nations où nous vivons ont des frontières, des voisins, juridiquement égaux, dont elles respectent la souveraineté comme elles exigent qu'ils respectent la sienne. L'empire s'étend au contraire à la totalité du monde civilisé connu. L'Empire chinois naît de la conquête par la principauté de Qin de tous les autres royaumes[4]. Alexandre, dont le père a rassemblé sous son sceptre les cités grecques, déploie son épopée sur la totalité des terres de l'Empire perse, et ne l'arrête qu'au seuil du monde inconnu, et encore sauvage, de l'Inde. Hors de ses limites, l'Empire romain ne laisse rien subsister qu'il puisse nommer « civilisé », à l'exception de la Perse, dont il manque la conquête. L'empire ne reconnaît pas d'autre souveraineté que la sienne. Il n'a pas de frontière, puisqu'il n'a pas d'égaux, mais seulement des confins.

Il y ajoute, au-delà de son *limes*, de la muraille protectrice qu'il érige contre les déprédations des tribus de la forêt ou de la steppe, une frange d'ethnies dont il aiguise et sollicite la violence et dont il se défie pour cette raison même. Tout empire a ses barbares, dont la ceinture ferme le monde, et qui détourne les sujets de l'empire, plus encore que les distances immenses qui séparent les foyers impériaux - Rome et la Chine, dans l'Antiquité, par exemple -, de se préoccuper d'une autre humanité civilisée. La Chine recrute ses barbares dans les steppes et les hautes terres de l'Ouest et du Nord, Rome les tire au IIIe siècle de ses provinces illyriennes, mais aussi du désert syrien ou des forêts germaniques[5]. L'Islam, que sa géographie place au centre de l'Ancien Monde, enrôle des Berbères et des « Slaves » (Européens) en Espagne, au Maghreb ou en Égypte, mais surtout des Turcs dans sa part centrale et orientale, entre la vallée du Nil et l'Asie centrale.

Chaque empire comprend ainsi ses dépendances barbares, comme les châteaux d'autrefois avaient leurs communs ; et à l'inverse, de même qu'un vassal ne sert qu'un seul maître, ou donne du moins l'avantage, quand un conflit d'allégeance se précise, à celui qu'on nomme le seigneur lige, de même les ethnies barbares, fondées dans leurs fonctions et leur identité barbare par un empire, s'en tiennent à son seul service. Il est rare que les systèmes barbares de deux empires se rapprochent assez pour menacer de se confondre. Le seul cas indiscutablement établi provoque au XIIIe siècle la plus formidable déflagration qui ait traversé les deux mille ans de l'histoire impériale. Les invasions mongoles tiennent en effet à la fusion, entre 1150 et 1200, des marges bédouines turco-mongoles de l'Empire chinois avec celles de l'Empire islamique[6]. Les répliques de ce séisme bédouin, jusqu'au temps de Tamerlan (1370-1405), ravagent pendant six générations la plus grande part du Vieux Monde.

Mais l'empire est par nature universel et donc unique, et il oblige les Mongols à choisir. La descendance directe de Gengis Khan opte, dès la troisième génération, après 1260, pour la Chine contre l'Islam. Kubilaï installe la capitale du Khanat mongol à Pékin. À l'inverse, la descendance mongole d'Asie centrale se tourne, avec Tamerlan et ses héritiers timourides (1370-1510), vers l'Islam. Tamerlan lui-même (1370-1405) passe pour avoir caressé à la fin de sa vie le projet d'envahir la Chine des Ming (1368-1644) pour y rétablir la souveraineté de la lignée de Gengis Khan. Mais en fait, ses chevauchées l'ont porté vers les terres d'Islam, au sud vers l'Inde des sultanats, à l'ouest vers Bagdad et l'Anatolie, au nord vers la Horde d'Or des steppes russes.

Usure bédouine, sédentarisation, division du travail

« La Grèce conquise conquit son farouche vainqueur et apporta les arts au Latium rustique[7]. » Horace traduit, en un seul vers d'une délicatesse grecque et d'une concision romaine, le mécanisme fondamental de la sédentarisation impériale. Le conquérant ou le vainqueur, une fois son hégémonie reconnue, écarte la guerre qui a fait son succès et place au centre de ses préoccupations la sédentarisation - c'est-à-dire le désarmement, la fiscalisation, la concentration de la ressource, la création de nouvelles compétences et de nouveaux métiers, la prospérité. Ce renversement s'explique d'abord par l'usure du tranchant bédouin, dont Ibn Khaldûn fait le rythme fondamental de l'histoire. La supériorité des bédouins sur les sédentaires, qui assure à leur faible nombre la domination sur des masses bien plus considérables que les leurs, tient sans doute à leur agressivité, mais surtout à leurs solidarités qu'aucun pouvoir oppressif n'a érodées et que les nécessités du combat et de la conquête ont au contraire aiguisées.

Mais aussitôt qu'ils l'emportent, les « bédouins » entrent dans le domaine d'influence de l'État qu'ils construisent, ou dont ils prennent le contrôle. Leur gouvernement collégial cède le pas à la monarchie ; les institutions de l'État, police, justice, armée, finances, assurent avec avantage les tâches de protection et de soutien qui étaient dévolues aux solidarités claniques dans la vie sauvage. Peu à peu, au fil des générations, les liens naturels s'affaiblissent et se défont, parce qu'ils n'ont plus d'utilité sociale. Chez Ibn Khaldûn, l'histoire tient tout entière à ce mouvement de dissolution de la *'asabiya* - l'élan tribal conquérant - dans le bain sédentaire où sa victoire l'a plongée. Il faut, dit-il, en moyenne trois générations de quarante années, soit cent vingt ans, pour que le processus touche à son terme et que plus rien ne reste de la réalité du pouvoir d'une force tribale et de la dynastie qu'elle a fondée ou soutenue.

La sédentarisation qui aplanit la violence stimule en retour la production, par la multiplication et la coordination des travailleurs dont elle permet le contrôle. L'efficacité du travail s'accroît quand on le divise et le répartit entre des acteurs différents, dont les tâches sont identifiées et discernées. Le travail de chacun se spécialise, et le rendement de l'ensemble en est amélioré, à la fois par la mise en commun des forces et par le savoir-faire que la spécialisation de son travail affine chez chacun. Les empires tirent leur prospérité, et leurs progrès, de leur peuplement beaucoup plus dense que celui des espaces sauvages, mais surtout de cette ramification constante - l'économie moderne dirait : de « l'intégration » croissante - de segments de travail aussi différenciés, aussi particuliers et aussi qualifiés que possible.

Le processus a ses limites et ses risques. Il tend en effet à rendre l'ensemble d'autant plus efficace que chacune de ses parties l'est moins, puisqu'elle est attachée à l'accomplissement d'une étroite partie de l'œuvre commune dont elle ignore tout le reste. Si le lien d'une de ces parties avec l'ensemble est rompu, l'avantage que sa sédentarité lui procure peut tourner à son détriment, et l'autarcie de l'économie bédouine retrouve tous ses mérites. L'épidémie frappe Athènes, maîtresse des mers, mais privée de son hinterland par le siège que lui font subir les Spartiates en 430-429. Bagdad coupée de son empire en sécession endure d'effroyables famines au milieu du xe siècle. Dans la première moitié du xxe siècle, les grandes puissances industrielles européennes vendent leur production au reste du monde, qui les nourrit en retour. Mais en 1914, l'Allemagne entre en guerre contre la Russie, la France et l'Angleterre, qui bloquent son approvisionnement, et on meurt de faim à Essen ou à Berlin en 1918.

La sédentarisation des fonctions guerrières est une contradiction dans les termes, mais les armées impériales n'échappent pas au processus qui emporte l'ensemble de la société. Elles aussi recherchent des gains de productivité par la distribution des tâches et la qualification qu'elle permet. La violence impériale est ainsi toujours plus onéreuse, d'abord parce qu'elle est retirée au peuple, mais aussi parce qu'on la répartit en corps spécialisés et qualifiés - infanterie, cavalerie, génie. L'armée dessine une pyramide au profit du corps d'élite - les éléphants, la cavalerie noble, la garde - placé en son sommet, où se tient le souverain. L'efficacité du dispositif repose sur ce segment central, dont la puissance tient cependant à ce que les autres le servent. La sédentarisation militaire n'échappe pas aux défaillances de la sédentarisation économique : que l'unité de l'armée soit rompue par le hasard, la maladresse, ou l'audace d'un ennemi, que le segment central soit vaincu, que le prince soit tué, et le reste de l'armée, qui n'existe que pour lui, se débande[8].

Ces accidents ne détournent pas les souverains du souci de renforcer sans cesse les ressources de la garde d'élite qui les protège sur les champs de bataille. L'institution des esclaves-soldats islamiques, acquis dans l'enfance, élevés au palais, solidaires et entraînés, totalement dévoués au maître, mais d'un coût exorbitant, en est le fruit tardif, remarquablement efficace au fil du millénaire d'histoire qu'elle traverse. Mais le prix sans cesse plus lourd de l'appareil militaire en implique la réduction. Comme le rappelle Hugh Kennedy pour l'Empire islamique, on passe d'une force globale de

250 000 guerriers à la fin du VIIe siècle omeyyade à 30 000 soldats au début du Xe siècle abbasside. La fin des guerres civiles à Rome commande de même la restriction des effectifs à trente légions, soit 180 000 hommes, pour une cinquantaine de millions d'habitants. Ce que l'on devine des effectifs des Mamelouks d'Égypte, des forces mogholes ou britanniques dans le Raj indien, des armées mandchoues dans le Chine des Qing, confirme les proportions modestes des armées impériales, à peine suffisantes pour assurer l'ordre et souvent surpassées en nombre par des barbares pourtant issus par définition d'humanités clairsemées[9]. Entre le XIIIe et le XVe siècle, le régime des Mamelouks gouverne 6 à 8 millions d'Égyptiens et de Syriens avec 10 000 hommes d'armes, au mieux. Les Moghols au milieu du XVIIIe siècle administrent 170 millions d'Indiens avec 200 000 soldats, l'armée du Raj britannique compte 240 000 hommes pour 200 millions d'âmes vers 1850. Vingt-quatre bannières qui ne totalisent pas plus de 150 000 soldats assoient, au milieu du XVIIe siècle, la puissance de la dynastie mandchoue sur 150 millions de sujets chinois[10].

Des exceptions qui n'en sont pas

Quelques entreprises conquérantes semblent s'inscrire en faux contre le vers fameux d'Horace que nous citions plus haut : ainsi l'épopée d'Alexandre et la constitution du monde hellénistique à la fin du IVe siècle avant notre ère ; ou encore la conquête et la domination islamiques de l'Inde entre le XIIIe et le XVIIIe siècle. Dans les deux cas en effet, le conquérant, auquel est dévolu le rôle bédouin, ne paraît pas éprouver de fascination pour le conquis sédentaire, dont les mérites et les richesses de la civilisation sont pourtant indéniables. La Perse achéménide (VIe-IVe siècle avant notre ère), qu'occupe Alexandre, est probablement la première entité dans l'histoire à mériter le nom d'empire[11]. Elle rassemble la presque totalité – à l'exception de la Grèce – des terres de peuplement dense et de forte production de l'ouest de l'Ancien Monde, et en particulier les deux bassins sédentaires par excellence où l'écriture et l'histoire sont nées, la Mésopotamie et l'Égypte. Babylone, centre démographique, économique, spirituel et culturel de la Mésopotamie depuis le IIe millénaire, soleil sédentaire de l'Orient, est la véritable capitale de cet empire dont le peuple dominant perse s'est rassemblé sur ses marges.

La logique du raisonnement d'Ibn Khaldûn aurait voulu qu'Alexandre vainqueur tombe sous le charme de la civilisation du vaincu perse et babylonien. Peut-être en a-t-il été tenté. Son souci de marier ses compagnons macédoniens avec les filles de l'élite perse, sa mort à Babylone le font voir dans le rôle d'un successeur des empereurs achéménides. Mais si tel fut son projet, il mourut avec lui. Ses généraux ramenèrent le centre de leurs royaumes sur les côtes méditerranéennes où se pressaient les immigrants grecs. Pergame, Antioche, Alexandrie supplantent bientôt Memphis ou Babylone. La culture grecque des conquérants s'impose, contre toutes les règles du mécanisme impérial, aux civilisations égyptienne et sémitique, vieilles de près de trois millénaires, et qui en meurent. Les vaincus s'hellénisent ou se replient dans le silence. Les derniers hiéroglyphes, les derniers cunéiformes sont tracés aux alentours de l'ère chrétienne. Leur sens se perd. Des siècles plus tard, l'Islam y perçoit avec angoisse la fragilité de l'histoire humaine, et la preuve manifeste que des mondes ont passé dont il ne reste rien.

Les invasions islamiques de l'Inde, entre le XIe et le XVIe siècle posent un problème comparable dans son principe. Les musulmans qui s'installent en maîtres dans les vallées de l'Indus, puis du Gange, ne témoignent guère d'admiration pour l'Inde conquise. Au XIe siècle, le Persan Biruni décrit longuement les croyances religieuses et les acquis scientifiques des Indiens – qu'il compare à leur désavantage à ceux des Grecs[12]. Au XVIIe siècle, Dara Shikoh, héritier présomptif de l'empereur Shah Jahan, rapproche la sagesse des *Upanishad*, qu'il fait traduire en persan, de celle des soufis. Mais ce sont des curiosités dans un océan d'indifférence. La culture de l'Inde des sultanats (XIIIe-XVe siècle), et plus encore de l'Inde moghole (XVIe-XVIIIe siècle), est solidement enracinée dans le terreau persan. Les maîtres musulmans de l'Inde la gouvernent en étrangers fiers de l'être, et tiennent en peu d'estime l'immense héritage culturel de leurs sujets indiens.

En fait, les deux situations, celle des Macédoniens et celle des élites musulmanes de l'Inde, se ressemblent : les uns et les autres ont trouvé leur fascination sédentaire avant d'engager leurs conquêtes, ce qui explique que leurs conquêtes échouent à les fasciner. Les Macédoniens ont subjugué la Grèce, occupé Athènes après la victoire de leur roi Philippe, père d'Alexandre, à Chéronée en 338. C'est en barbares de la civilisation grecque, et pour accomplir le rêve de leurs sujets hellènes, qu'ils anéantissent l'Empire perse. De même, les Turcs et les Afghans pour l'essentiel, qui se portent, génération après génération, à l'assaut de l'Inde pendant plusieurs siècles, ont déjà trouvé en Iran leurs modèles de civilisation. Le premier conquérant musulman, vainqueur du Pendjab, Mahmud de Ghazna (999-1030), tenu en Inde pour une brute sanguinaire, n'en fut pas moins le destinataire du *Shah-Nameh* (« Livre des Rois ») de Ferdowsi, l'œuvre fondatrice de la langue persane. Les Moghols victorieux au début du XVIe siècle apportent en Inde la culture timouride, l'une des plus raffinées jamais élaborées en terre d'Islam par les héritiers de Tamerlan, dont les souverains moghols se réclament. Les chefs-d'œuvre de leur architecture et de leur peinture, les « Forts Rouges » de Lahore, de Delhi et d'Agra, les tombeaux d'Humayun ou d'Akbar et le Taj Mahal en sont la suite.

En somme, les Macédoniens ne pouvaient éprouver de fascination pour la culture irano-sémitique des Achéménides parce qu'ils en avaient déjà trop pour celle des Grecs ; et les Turcs de Mahmud de Ghazna, ou les Moghols de Babur ont tenu l'Inde pour quantité négligeable parce que l'Iran avait déjà conquis leur esprit. De sorte que, loin de démentir la règle, ces exceptions la renforcent : les barbares ne le sont que d'un empire, d'une civilisation. La fascination barbare, comme l'éblouissement amoureux, ne se donne qu'à un seul, et n'accorde plus la moindre attention au reste du monde.

Défaillances d'empire

La fusion du bédouin et du sédentaire est si profonde et si intime qu'il paraît impossible de défaire l'empire une fois constitué. L'invasion barbare participe du mécanisme de son renouveau. Elle ne le trouble pas dans son principe, mais le conforte au contraire en lui apportant des forces neuves qui restaurent ses frontières, raffermissent sa défense, et confirment les sédentaires dans leur rôle productif et protégé. L'empire est donc *a priori* indestructible. Plus exactement, les bouleversements politiques, les renversements dynastiques ne touchent pas au cœur de son existence. L'empire n'est vulnérable que dans sa substance, c'est-à-dire dans sa masse sédentaire. Il périt, ou du moins recule, quand le repli de la population, le déclin du rendement de l'impôt, et donc de la concentration urbaine, l'oblige à altérer ses pratiques, à réduire ses dépenses, à sacrifier le luxe qui le distingue si radicalement du monde bédouin. Les premières pandémies, variole au IIe siècle et peste au VIe siècle dans le monde méditerranéen, s'acharnent sur les densités démographiques les plus élevées de la Chine du Nord et de la Méditerranée orientale, et accablent les empires dans les provinces où ils montraient leurs plus éclatants succès.

Le retour de l'épidémie de peste aux XIVe-XVe siècles - faute de pratique du confinement, elle se poursuivra jusqu'au XIXe siècle dans le monde islamique - se combine avec la traîne des invasions mongoles. Les dévastations exterminatrices des armées de Tamerlan donnent la main au pire de l'épidémie, au début du XVe siècle. Comme l'a montré Xavier de Planhol, le recul de l'agriculture sur les hauts plateaux de l'Iran et de l'Anatolie, la prise de possession nomade, dont témoigne le bouleversement de la toponymie au profit du turc, renversent les rôles, mais ne bouleversent pas l'intrigue[13]. Des espaces jusque-là centraux et sédentaires dans les Empires byzantin et islamique, Iran, Irak, Asie Mineure, endossent le rôle bédouin et pourvoient en violence les nouveaux centres des empires. Tamerlan mobilise ainsi les ressources qu'il tire des immenses déprédations qu'il fait subir à l'Inde, à l'Iran ou à l'Irak, dont il accentue la ruine, au profit de ses capitales, Samarcande ou Hérat[14]. Le sultanat ottoman trouve la part essentielle de sa masse fiscale dans ses nouvelles conquêtes balkaniques, au détriment de l'Anatolie désertifiée. Du XVIe au XVIIIe siècle, l'Iran appauvri vend ses administrateurs et ses soldats à l'opulente Inde moghole, quand il ne la pille pas[15].

Il peut cependant arriver que la population et l'activité humaine tombent au-dessous du seuil de cristallisation de l'empire, de la masse critique de ressources nécessaires à son existence, sans que l'empire trouve ailleurs de nouveaux centres, comme le font les Ottomans ou les Moghols dans les Balkans ou en Inde à la fin du Moyen Âge. C'est sans doute le cas dans l'Occident romain des Ve-VIe siècles et dans l'empire byzantin des VIIIe-IXe siècles durement frappé par la peste et la perte de la Syrie et de l'Égypte au profit des Arabes. En Occident, l'empire disparaît dans son principe essentiel, c'est-à-dire la distinction stricte entre les « sédentaires » désarmés et producteurs et les « bédouins » violents, dominants et combattants. Ce n'est pas, comme on le croit spontanément, l'absence des « bédouins » qui sépare l'histoire de l'Occident de celle des empires islamiques, mais bien celle des « sédentaires », c'est-à-dire d'un socle massif de populations désarmées et fiscalisées. Avec l'effacement de l'autorité romaine, l'impôt d'État disparaît en Europe pour huit siècles, jusqu'à ce que la guerre de Cent Ans et la construction de la royauté moderne n'en forcent le rétablissement, non sans d'infinies difficultés.

Au Maghreb, aux XIVe-XVe siècles, la peste ruine les villes et paralyse l'impôt. La bédouinité se répand, les pôles sédentaires de concentration de richesses rabougrissent, l'offre de violence tribale est supérieure à la demande qu'en font villes et dynasties. Les guerriers sont bon marché, et la négociation tourne donc à l'avantage des sédentaires, en mesure de jouer les tribus les unes contre les autres. Paradoxalement, la faiblesse de la sédentarité neutralise les violents, qui s'interdisent les uns les autres de s'emparer des centres urbains. Les dynasties sont financées par le commerce méditerranéen plus que par l'impôt rural et servies par des forces tribales incertaines. Leur pouvoir se limite à des régions restreintes, mais elles sont étrangement durables, parce que nul n'ose, ou ne peut, se substituer à elles[16].

Mutations d'empire

Les défaillances impériales sont rares, le système impérial reprend le plus souvent l'avantage là où il a déjà existé, comme à Byzance au Xe siècle après une longue éclipse. Mais la création d'empires est plus rare encore. Car, pour l'essentiel, l'empire n'est pas la conséquence d'une conquête ou d'un coup de force de génie, mais l'effet d'une lente accumulation de population et d'activités sédentaires dont l'entreprise de mainmise dynastique et d'enracinement monarchique couronne simplement le mûrissement. Or, on l'a dit, les progrès économiques et démographiques des sociétés agraires sont très lents. Les premières pandémies, peste et variole, en ont brisé le rythme, dans le monde méditerranéen comme en Chine, pendant tout le Ier millénaire de notre ère. En outre, les progrès rapides, par exemple en Chine et en Europe entre Xe et XIIIe siècle, bénéficient surtout aux économies déjà élaborées, complexes et ramifiées des empires existants, qui tirent parti de leur énorme masse, en frappant contraste avec les déserts qui les cernent. À aucun moment des deux mille ans de leur existence historique, on n'a compté plus de deux ou trois empires dans l'Ancien Monde, mais leur poids démographique et économique conjugué a souvent dépassé la moitié de l'humanité[17].

La conquête et l'exploitation de plus en plus active de l'Inde par les pouvoirs musulmans, entre XIIIe et XVIIIe siècle, est sans doute le seul exemple, spectaculaire, d'une création impériale, c'est-à-dire d'une masse de population productive qu'une conquête bédouine brutale mobilise et stimule pour la mettre au service d'une des civilisations les plus raffinées jamais parues sur terre. Le débat acharné en cours en Inde sur les mérites de l'empire musulman des Moghols - ou au contraire sur la condamnation qu'il faut prononcer contre lui – s'appuie sur des arguments contradictoires, mais tous justes. Les empires musulmans exercèrent une véritable tyrannie fiscale et politique ; l'immense majorité hindoue de la population fut réduite à une sédentarité proche de la servitude et à des représailles meurtrières quand elle prétendait échapper à l'impôt, comme il est de règle dans le système impérial. Mais la splendeur des villes et des monuments témoigne de l'intensité des gains de productivité que la pression fiscale a permis de dégager. C'est aussi grâce à elle que l'Inde est au XVIIIe siècle un des puissants pôles producteurs du monde.

Les autres créations tiennent à des décentrements. L'un des plus discrets, mais des plus profonds, fait passer la capitale et le commandement de l'empire de la Chine du Nord à la Chine du centre et du Sud sous la dynastie des Song, après 1125 et la prise de leur première capitale, Kaifeng, par les Mandchous Jürchen. Sous les Han, fondateurs de l'empire, dans les deux derniers siècles avant notre ère, la Chine du Nord rassemble plus de 80 % de la population contrôlée. Au terme d'une progression millénaire, la vallée du Yangzi et le Sud s'emparent de la majorité démographique après l'an 1000, et la conservent encore aujourd'hui. La grande révolution idéologique et politique des Song (960-1276), où nombre d'historiens situent le début de la Chine moderne, coïncide avec la création du nouveau territoire impérial du Sud, loin de la grande plaine de Chine du Nord et des steppes, où l'empire avait coutume de recruter ses armées et d'où venaient ses empereurs. Ces circonstances expliquent sans doute, au moins en partie, l'éloignement nouveau que marquent les Song pour les barbares du Nord.

Mieux connus sont les décentrements du Moyen-Orient et du monde méditerranéen. Les Perses achéménides fondent le premier empire du monde au VIe siècle avant notre ère dans un espace compris entre l'Égypte et la mer Égée à l'ouest, l'Asie centrale et le Pendjab à l'est. Alexandre emporte la totalité de l'Empire perse entre 333 et 323, et ses généraux le partagent après lui. Mais dès le IIe siècle avant notre ère, l'hégémonie gréco-macédonienne est battue en brèche par deux rivaux, d'est et d'ouest, qui réduisent peu à peu son territoire avant de l'anéantir. D'Asie centrale viennent les Parthes, qui réoccupent l'Iran puis la Mésopotamie ;

d'Italie, les Romains, maîtres de la Grèce, de l'Asie Mineure, de la Syrie, de l'Égypte aux alentours de notre ère. Le partage n'est pas équilibré. À l'exception de la Mésopotamie et de sa capitale Séleucie, dont Trajan (98-117) fait la conquête éphémère, mais que son successeur Hadrien (117-138) évacue, toutes les capitales du monde hellénistique sont revenues aux Romains, qui ajoutent à la Méditerranée orientale conquise sur les Grecs la Méditerranée occidentale acquise au terme d'un demi-siècle de guerres contre Carthage. Rome décentre l'empire des rois perses et d'Alexandre au profit de la grande mer intérieure, « la mer entre les terres » – Méditerranée – dont elle unit la première tous les rivages. Cette identité méditerranéenne, géographique et culturelle, qui nous semble aujourd'hui si naturelle et si évidente, n'a pas deux mille ans d'existence, et n'apparaîtrait pas sans le génie particulier de Rome.

Mais l'histoire ne s'achève pas là. Au VIIe siècle, l'Islam conquiert en quelques décennies (634-720 environ) l'Empire perse, de la Mésopotamie à l'Asie centrale, et toutes les rives méridionales de la Méditerranée, de la Syrie à l'Espagne, que Rome avait déjà abandonnées en partie aux invasions des peuples germaniques, Wisigoths en Espagne et Vandales en Afrique du Nord. Là encore, le partage n'est pas égal. Rome a résisté. Constantinople soutient victorieusement l'assaut des Arabes en 717, et les Francs de Charles Martel, Pépin et Charlemagne leur reprennent le midi de la Gaule et le nord de la péninsule Ibérique avant l'an 800. À la différence de Rome, l'Islam n'est pas une entité foncièrement méditerranéenne. En revanche, l'Empire perse est totalement submergé, et l'Islam en fait vite le centre de sa domination. Bagdad, près de l'ancienne Séleucie du Tigre et de Babylone, est consacrée capitale en 762. La carte de l'Empire islamique se superpose presque exactement à celle de l'Empire achéménide disparu mille ans avant lui. L'Islam fonde un nouveau monde en ressuscitant l'ancien, celui que Grecs et Romains avaient cru effacer.

CHAPITRE 3

Avant l'empire : les Royaumes combattants

La bédouinité fondatrice : les Royaumes combattants

La paix des empires universels, dont l'ombre et l'autorité, à travers les langues et les religions qu'ils nous ont légués, s'étendent jusqu'à nos temps contemporains, succède à une ère de conflits violents et de militarisation massive. En Chine, on nomme cette époque troublée de forge de l'empire les « Royaumes combattants » (480-221 avant notre ère). Elle est contemporaine de l'apogée des cités grecques et des conquêtes d'Alexandre (490-323), qui joue le même rôle dans l'expansion impériale du monde grec, et du triomphe romain (202-30 avant notre ère[1]). Ce temps de guerres étendues avant la paix impériale se retrouve dans l'histoire du premier Islam avec les conquêtes arabes et les guerres civiles qui secouent le califat tout au long de l'époque omeyyade et jusqu'à la consolidation de la victoire abbasside, entre 634 et 820 environ. Dans les paragraphes qui suivent, on désignera du nom générique, hérité de l'historiographie chinoise, de « Royaumes combattants » cette structure historique belliqueuse qui accouche des empires, dont les principes pacifiques la démentent aussitôt.

Dans l'Antiquité, en Chine comme en Méditerranée, le dynamisme guerrier des Royaumes combattants tire bénéfice d'une forte poussée démographique. La population de la Chine aurait triplé entre 480 et les alentours de l'ère chrétienne, de 20 à 60 millions d'âmes environ, soit autant ou un peu plus que l'Empire romain son contemporain au moment de la naissance du Christ[2]. Mais le trait majeur du temps des Royaumes combattants, c'est l'énorme dilatation de la taille des entités politiques à mesure que les guerres de conquête en réduisent le nombre. Au début de l'ère antérieure, nommée en Chine « Printemps et Automnes » (780-480 avant notre ère[3]), textes et archéologie conjugués repèrent cent soixante-dix principautés, d'une taille démographique moyenne d'une centaine de milliers d'âmes - la population totale du monde chinois est alors évaluée à une quinzaine de millions d'habitants. Dans les premières générations des Royaumes combattants (480-221 avant notre ère), le nombre de formations politiques est tombé à sept, pour un peu plus d'une vingtaine de millions d'habitants dans l'espace chinois, soit 3 à 4 millions d'âmes en moyenne par entité[4]. C'est l'un de ces royaumes, Qin, qui fait l'unité impériale en 221.

L'évolution est la même depuis la multitude des cités grecques - plus d'une centaine au ve siècle avant notre ère - jusqu'aux royaumes hellénistiques et à l'Empire romain ; ou encore du tohu-bohu des tribus arabes à l'organisation des *amsar* - les cinq ou six camps-cités où se regroupent les conquérants arabes pour s'y inscrire au registre des bénéficiaires du tribut payé par les conquis[5] - et enfin à l'ordre impérial abbasside qui confisque le revenu de l'impôt à son profit et le redistribue à sa guise selon les pesanteurs de la sédentarité désormais victorieuse.

L'autre trait saillant des Royaumes combattants, c'est l'intensité de leur mobilisation guerrière. Les peuples sont largement sollicités pour partager ou conduire l'entreprise d'expansion politique, et d'enracinement colonial armé dans les territoires acquis. Athènes mobilise des dizaines de milliers de soldats et de marins pendant la guerre du Péloponnèse[6]. Après que des milliers de ses jeunes citoyens ont péri dans la défaite que lui inflige Hannibal à Cannes en 216, Rome trouve encore les ressources humaines de la résistance, puis de la victoire sur Carthage en 202. Le triomphe de César sur Pompée à Pharsale en 48 avant notre ère rassemble des dizaines de milliers de combattants dans les deux camps, et celui d'Octave sur Antoine à Actium en 31, 200 000 peut-être. L'infanterie, qui rassemble les citoyens ou les clans au coude à coude sur la ligne qu'il convient de ne pas laisser rompre, est la reine des batailles[7]. Les hoplites athéniens ou spartiates, la phalange macédonienne, la légion romaine obéissent à ce même principe que retrouvent les conquérants arabes et les Royaumes combattants chinois. Comme le note Hugh Kennedy après Ibn Khaldûn, les musulmans victorieux à Qadisiya ou au Yarmouk (636) ont combattu à pied face aux Perses ou aux Byzantins plus confiants dans leurs éléphants ou leur cavalerie lourde. La cohésion des fantassins arabes l'a emporté sur la qualité des équipements de l'ennemi impérial[8]. En Chine, les spécialistes s'accordent à situer aux IVe-IIIe siècles avant notre ère, dans les générations qui précèdent immédiatement l'unification impériale, la conquête de l'hégémonie de l'infanterie sur le combat de chars et de cavalerie[9].

La mémoire vive des Royaumes combattants

On pourrait penser que la substitution de la paix impériale à l'activité belliqueuse des Royaumes combattants, des valeurs de la sédentarité à celles de la bédouinité dans la conduite de l'État, impliquerait l'effacement ou l'oubli des temps héroïques des guerres conquérantes. Il n'en est rien. C'est bien la mémoire demeurée vivante des Royaumes combattants fondateurs qui les distingue des vagues bédouines plus communes dont l'empire reçoit l'assaut et accueille la violence pour la mettre au service de son mécanisme.

On a depuis toujours compris l'extrême fascination que les bédouinités ont éprouvée pour les civilisations impériales. On citait plus haut le vers fameux d'Horace, et nul n'ignore que Rome a consacré la Grèce au firmament de la civilisation. Mais on mesure moins que le contraire est vrai, que la sédentarité ne trouve à se dire qu'en parlant des origines bédouines de l'empire, de ses temps combattants et en leur nom. Pour reprendre avec Ibn Khaldûn les catégories les plus universelles d'Aristote, la sédentarité est la matière dont la bédouinité est la forme. Il n'est pas d'empire sans matière productive, sans travail, sans arts, sans études et sans savants ; mais il n'en est pas non plus dont les arts et les sciences ne visent à faire vivre l'héritage d'un père bédouin disparu ou, pour le dire en d'autres termes, la mémoire de la morale perdue des Royaumes combattants.

Rome est la force et la forme « bédouine » dont la Méditerranée orientale grecque est la matière sédentaire. L'Empire romain à son apogée porte la Grèce aux nues. Mais quand l'empire faiblit, puis disparaît au Vᵉ siècle dans ces mêmes territoires de Méditerranée occidentale qui avaient assuré son triomphe six cents ans plus tôt, c'est le monde grec byzantin qui prolonge son existence pendant mille ans dans la moitié orientale de la Méditerranée. Jamais ces « Grecs », que nous appelons Byzantins, n'acceptèrent d'autre nom que « Romains ». Lorsque Liutprand de Crémone, ambassadeur d'Othon, depuis peu couronné empereur en Occident (962), s'adresse au basileus Nicéphore Phocas en le nommant « roi des Grecs », il est expulsé de la salle d'audience. Car « Grecs » pour Nicéphore signifie « païens », tandis que « chrétien » se dit plus simplement « Romain ». Or l'empire qu'il gouverne n'a pas d'autre définition que le christianisme et la romanité[10].

De l'histoire complexe et millénaire de la relation dissymétrique des Romains et des Grecs, deux conclusions peuvent être tirées, que l'on peut étendre en général aux empires. La première, c'est que le principe bédouin et combattant s'émousse et périt, tandis que la sédentarité survit et finit par s'imposer. Mais la seconde, c'est que la revanche sédentaire n'en est pas une, que la sédentarité survivante n'a pas d'autre discours que celui de la bédouinité disparue des Royaumes combattants fondateurs, dont elle se réclame. Byzance parle au nom de Rome, mais en grec[11]. Les Song (Xᵉ-XIIIᵉ siècle) installent en Chine du Sud une admirable prospérité urbaine, mais elle se réclame de la continuité d'un empire né guerrier mille ans plus tôt en Chine du Nord.

Il faut insister sur ces deux conclusions, dont la confrontation dialectique fait toute la matière de ce livre. L'État sollicite, pour maintenir dans l'obéissance son troupeau producteur et pour le défendre, une violence qu'il anéantit dans le processus universel de désarmement qui est sa raison d'être. Il résout ainsi constamment la contradiction qu'il recrée constamment. L'histoire est la mesure de ce mythe de Sisyphe. Mais cette décomposition de l'assise militaire, puis territoriale, de l'empire, qui tient à sa raison d'être sédentaire, ne se devine qu'à peine à la lecture de sources attachées au pouvoir. Les sédentaires qui écrivent l'histoire de l'empire tiennent les leurs dans l'ombre et donnent à voir les seuls bédouins qui les gouvernent. La matière sédentaire ne s'exprime qu'à travers sa forme bédouine, pour le dire comme Aristote et Ibn Khaldûn.

Le sujet qui parle est bien, comme dans le vers d'Horace, la Grèce conquise, la sédentarité soumise. Mais ce sujet parle de son vainqueur, et au nom de son vainqueur. C'est un Grec, Polybe, qui écrit l'histoire de l'Empire romain encore en puissance, dans la plénitude de son expansion conquérante au milieu du IIe siècle avant notre ère. Aucun auteur de langue latine ne trace une image aussi vigoureuse de la mutation des pouvoirs en Méditerranée à ce moment décisif, et du glissement de l'empire des mains de la descendance d'Alexandre à celles des vainqueurs d'Hannibal. Le Grec Polybe aide Rome à accoucher du discours de sa domination[12]. De même, ce sont les lettrés de la Chine du centre qui adoptent et assoient une entreprise impériale née dans le royaume occidental à demi barbare de Qin[13] ; et ce sont les secrétaires persans du califat abbasside qui écrivent la grammaire et la première prose de la langue arabe de leurs vainqueurs bédouins[14].

Lorsque la sédentarisation aura gagné à son tour la part occidentale de l'Empire romain, lorsque les invasions barbares germaniques auront submergé l'Europe et l'Afrique du Nord au Ve siècle de notre ère, le même mécanisme se mettra en place. Les pouvoirs barbares embrassent rapidement la religion chrétienne et la langue latine de l'empire. Mais à l'inverse, les nouveaux royaumes adoptent leur nom – Francs, Angles et Saxons, Goths… Clercs et évêques d'ascendance romaine, Isidore de Séville ou Grégoire de Tours, écrivent leur histoire et bénissent leur puissance. Le plus grand de ces souverains d'origine germanique, Charlemagne, restaure l'Empire romain en 800, mais il en établit la capitale à Aix-la-Chapelle, dans un territoire par essence franc où Rome ne voyait que barbarie. L'usage arabe garde le nom de « Romains » aux Byzantins de la Méditerranée orientale, mais il désigne comme « Francs » l'ensemble des habitants de l'Europe occidentale. Il reconnaît ainsi la fascination victorieuse que les barbares conquérants ont su exercer sur les conquis romains, tout comme le nom de Rome l'exerce encore au même moment sur ses sujets grecs de Méditerranée orientale. Les conquis font leurs les noms des conquérants, et la fascination qu'ils en éprouvent équilibre presque, à l'inverse, l'adoption du latin et du christianisme impérial par les souverains goths, francs ou lombards, du grec par les empereurs romains de Constantinople.

La contradiction de l'inéluctable poussée sédentaire et de l'exaltation du principe bédouin s'exaspère à l'apogée des empires. Tite-Live, dont nous ne conservons qu'une partie de l'œuvre, il est vrai, offre au temps d'Auguste, à son opulence sédentaire et à sa dictature éclairée, une histoire légendaire des premiers âges austères et bédouins de Rome et de leurs vertus républicaines. Les élites romaines communient dans la pratique du grec comme l'aristocratie russe des romans de Tolstoï dans l'usage du français. Mais le grec qu'elles échangent s'attache à se distinguer de celui des plèbes d'Alexandrie ou d'Antioche, et à retrouver, par les textes qu'on en conserve, celui de Périclès et de Platon, déjà distant de quatre à cinq siècles au moment où Auguste, Tibère ou Néron le pratiquent. De la sédentarité grecque elle-même, ce que Rome veut retenir, c'est le temps des Royaumes combattants de la démocratie athénienne et de la gravité spartiate.

Elle y réussira. Rome nous a légué le « classicisme » grec des Ve-IVe siècles avant notre ère. La Grèce des cités et de l'*isonomie* – l'égalité des citoyens –, des orateurs, des tragiques et des philosophes, devient pour des siècles le modèle, nimbé de nostalgie, d'une société impériale tout à l'inverse militaire et tyrannique. La sédentarité rend hommage à ce qu'elle nie, à ce qu'elle a rongé et usé, mais dont elle prétend maintenir le socle de principes. Karl Jaspers a forgé l'expression d'« âge axial » pour désigner en réalité cette époque des Royaumes combattants, entre VIe et IIIe siècle avant notre ère, où cristallisent plusieurs des pensées et des expériences religieuses maîtresses qui dominent encore aujourd'hui notre monde : Confucius et le Bouddha, rigoureusement contemporains (vers 550-480 avant notre ère) touchent à Zarathoustra qui les précède (vers 620-550) et à Socrate qui les suit (469-399). Le hasard n'y a aucune part. Éclatantes sont en effet la poussée démographique et la prospérité économique de la fin du Ier millénaire, en Méditerranée comme en Chine ; prodigieuse la construction de la science grecque, la première qui s'appuie sur un appareil mathématique et logique aussi vaste et raffiné. Mais ces percées bien réelles de l'opacité du monde reçoivent surtout, dans les siècles suivants – comme Jaspers ne le remarque guère –, l'onction des empires, romain et chinois, qui se donnent en aboutissements de ces combats épiques contre l'obscurité.

Pour comprendre en effet cette étrange conjonction de moments fondateurs, il faut concevoir qu'ils ont été déplacés, comme le meurtrier des romans d'Agatha Christie s'attache à déplacer l'heure de son crime pour brouiller la piste chronologique qui mènerait jusqu'à lui. Car les prophètes ou les sages des Royaumes combattants ne sont consacrés qu'aux temps impériaux. Zarathoustra l'emporte avec les Achéménides et le premier empire du monde au Ve siècle avant notre ère. Le génie de Platon et d'Aristote, d'Aristophane et de Sophocle, d'Hipparque et d'Archimède se rehausse de l'immense piédestal que lui dresse le millénaire impérial romain qui les suit. Les Grecs ne deviennent admirables que dans le regard des Romains. De Confucius, nous dit Anne Cheng, nous ne conservons que des propos banals, dont tout le poids réside dans les commentaires subtils et discordants qu'en firent à l'époque impériale ou à ses abords ses lointains disciples Mengzi (Mencius) et Xunzi[15]. De même Socrate ne nous a rien laissé que les œuvres immenses, et là encore divergentes, de ses disciples ou successeurs Platon et Aristote et de leurs commentateurs d'époque romaine tardive, Plotin, Porphyre, Jamblique ou Proclus.

Canonisés par leurs commentateurs impériaux, Confucius sera le premier mot de toute pensée chinoise à venir, et Socrate de toute pensée occidentale, voire islamique, avec Farabi ou Averroès. L'un et l'autre témoignent de l'attachement obstiné de l'empire aux violences de son enfance, et de sa difficulté à se fonder en lui-même. L'empire peine à se dire. C'est aux religions universelles qu'il reviendra de se réclamer de lui dans les termes de ses valeurs véritables. L'écartèlement de ce que l'on vit et de ce que l'on dit s'aggrave en effet avec les siècles. C'est dans ce hiatus, et pour le combler, que la religion universelle prendra place et force.

L'Inde ou le refus de l'empire

Le Bouddha est né en Inde, le bouddhisme y a pratiquement disparu au XIIe siècle. L'Inde abritait déjà, voici plus de deux mille ans, une des plus fortes concentrations de population au monde, avec celles de la Chine du Nord et du Moyen-Orient. Mais il fallut les invasions islamiques pour en faire un empire, en gestation au temps des sultanats (XIIIe-XIVe siècles), en plein épanouissement seulement sous les Lodi et les Moghols (XVe-XVIIIe siècles). L'hypothèse qui vient à l'esprit, c'est qu'il existe un lien entre ces deux singularités, entre, d'une part, l'échec en Inde d'une religion « universelle » bouddhiste, comparable dans son déploiement et ses ambitions au christianisme, et, d'autre part, l'inachèvement de l'empire, jusqu'à la date tardive où l'imposent l'invasion étrangère et le paradigme islamique d'une autre civilisation.

Tout semblait désigner en effet l'Inde, comme la Chine ou le Moyen-Orient, à un destin impérial. Les abondants vestiges littéraires de l'Inde ancienne ne nous ont pourtant livré aucune de ces grandes chroniques royales qu'on trouve dès le Ier millénaire avant notre ère en Chine, en Assyrie ou dans l'exil juif de Babylone ; aucune de ces tragédies où Eschyle, Hérodote, Thucydide gravent « pour l'éternité » une histoire grecque sur l'énorme rocher de l'Empire perse qu'ils ont vaincu et qu'ils vont bientôt conquérir[16] ; aucun de ces textes premiers où se complait l'empire, Han, hellénistique ou romain, comme les fils enrichis s'émeuvent des humbles débuts de leurs pères fondateurs. Ainsi que le note Madeleine Biardeau, sanscritiste et philosophe, l'Inde antique se donne à connaître intemporelle, en écartant toute explication historique[17].

Pourtant l'Europe moderne, profondément historienne, et longtemps passionnée par les origines aryennes du sous-continent indien, dont elle mesurait depuis la fin du XVIIIe siècle la parenté de langues qui la liait à lui, a réussi à y discerner quelques phases[18]. Les premiers textes de l'Inde aryenne, les Védas, sont sans doute transcrits entre le IXe et la fin du VIe siècle avant notre ère, en même temps que les épopées homériques et les premiers Classiques chinois. La masse impressionnante de la production indienne, l'extrême raffinement intellectuel des *Upanishad*, qui achèvent et ferment la Révélation védique[19], témoignent d'une culture au moins aussi mûre que celles de l'Assyrie, de la Grèce ou de la Chine du Nord, bien que les traces archéologiques que nous en conservons soient médiocres.

Nul ne sait qui ferma le corpus védique vers 500 avant notre ère, ni pourquoi[20]. Il est cependant logique d'en rapprocher la clôture de la prédication du Bouddha, que l'on situe à cette même époque, au cœur de l'âge axial. L'Inde semble en effet tracer d'abord la même voie vers l'empire que la Chine ou le Moyen-Orient méditerranéen. Le bouddhisme triomphe avec la première connue des grandes dynasties indiennes, les Maurya (324-185 avant notre ère). Son probable fondateur, Chandragupta (324-297 avant notre ère), s'impose dans toute la vallée du Gange et jusqu'au Pendjab, où il affronte les Séleucides, héritiers des conquêtes d'Alexandre. Son petit-fils Ashoka (272-232 avant notre ère) étend son hégémonie au Deccan et y marque sa domination par de puissantes inscriptions sur piliers ou sur rochers, comme l'avaient fait les empereurs perses achéménides deux siècles auparavant en Iran.

Acquis au bouddhisme, Ashoka aurait renoncé à étendre ses guerres après la conquête sanglante de l'Orissa, sur la côte orientale du sous-continent. Mais l'Empire maurya ne lui survit qu'un demi-siècle à peine. En 185 avant notre ère, il a disparu, sous les coups des dynastes indo-grecs en Afghanistan et au Pendjab - le Pakistan d'aujourd'hui -, ailleurs au profit de petits royaumes ou de chefferies dont nous ne savons presque rien. L'empire a échoué en Inde pour des raisons qui nous échappent. Plus précisément sans doute, les raisons nous en échappent parce que l'empire a échoué. Nul n'en a écrit l'histoire parce que le succès lui a manqué. Cette houle informe d'événements qu'aucun sens ne couronne à son terme décourage le récit. L'oubli est la réponse la plus commune à l'échec.

La parole reste aux vainqueurs qui s'acharnent sur les ruines les plus imposantes de l'entreprise des Maurya, c'est-à-dire le bouddhisme. Madeleine Biardeau suggère que les deux grandes épopées de la fin du millénaire, aux alentours de l'ère chrétienne, le *Mahabharata* et le *Ramayana,* furent élaborées par les brahmanes pour restaurer l'ordre du monde que les ambitions des Maurya et la conversion d'Ashoka avaient durablement troublé[21]. Le plus important, le plus exubérant, le plus révéré des deux textes, le *Mahabharata,* probablement composé à la fin du IIIe ou au IIe siècle avant notre ère, peu avant ou peu après la chute des Maurya, est aujourd'hui consacré en Inde Cinquième Véda, dernière méditation divine sur l'ordre (*dharma*) et le destin[22]. Cet immense récit d'une guerre cosmique mobilise les rois et les dieux, les désirs et les sorts, le sublime et le sordide. Au cœur de ses dizaines de milliers de vers, l'épisode singulier de la *Bhagavadgita* touche au cœur de la dévotion hindouiste. L'un des plus fameux héros de l'épopée, Arjuna, a réussi à gagner l'appui du dieu Krishna, avatar de Vishnu gardien de l'ordre du monde. Krishna donnera la victoire finale au camp d'Arjuna. Mais nous sommes à l'aube de la bataille. Arjuna avoue à Krishna, qui guidera son char dans le combat, sa lassitude et son dégoût. Dans quelques heures, la plaine sera jonchée de cadavres, et s'il a le malheur de recevoir la faveur des dieux, Arjuna aura mis à mort ses cousins et son maître, qui combattent chez l'ennemi. La victoire vaut-elle ce prix[23] ?

Bien que la plupart des dévots hindouistes d'aujourd'hui n'en aient guère conscience, la question d'Arjuna rejoint celle du Bouddha. La guerre est désir, désir de tuer : *Kama,* dit le sanscrit ; *Éros,* dit le grec[24]. N'est-ce pas la racine du malheur qu'on renforce en accomplissant l'acte sauvage qui le satisfait ? N'est-ce pas le désir qu'il faut tuer, plutôt que l'ennemi ? Ne convient-il pas de renoncer, comme le fait si souvent dans le cours de l'épopée le frère aîné d'Arjuna auquel la couronne est promise si les Pandavas, son clan, l'emportent ? Qui plus est, Arjuna est un *kshatriya,* de la caste des guerriers, comme l'était le prince Sakyamuni devenu le

Bouddha. Or, la question qu'ils posent l'un et l'autre appartient par excellence aux brahmanes, à la caste des prêtres et des officiants. Ceux-là ont le droit, et presque le devoir, d'aspirer à renoncer aux tâches sacrificielles qu'ils accomplissent pour tous et pour nourrir l'ordre du monde. Les *kshatriya*, souverains, princes et guerriers ont au contraire pour raison d'être de dompter la violence par la violence[25].

Le bouddhisme a prétendu tout bouleverser, nier la part du désir chez les hommes et chez les dieux, attacher les brahmanes et les *kshatriya* aux mêmes poteaux d'angoisse, leur ouvrir la même voie de salut. C'est une erreur, répond Krishna à Arjuna. Chaque homme doit agir selon le lot qui lui est assigné, selon sa caste et les devoirs de son rang. Peut-être faut-il abolir le désir - et on reconnaît dans cette concession au bouddhisme encore puissant l'amorce de cette dévotion qui colore depuis le temps du *Mahabharata* le littéralisme du culte hindouiste -, mais il faut du moins agir, et tuer, sans désir.

La *Bhagavadgita* est ainsi la plus ancienne, et probablement la plus somptueusement belle, réplique à la morale des empires et des religions universelles. Trois ou quatre siècles avant la victoire du christianisme en Méditerranée et du bouddhisme en Chine, elle marque par avance les ancrages et la résistance en Inde d'une dévotion ancienne dont l'abolition fondera ailleurs les religions universelles qui héritent des empires épuisés. Les grands traits des religions impériales sont gravés en creux dans le propos de Krishna. Contre le pacifisme de l'empire, contre le dégoût de vivre - l'*acedia* des moines byzantins, *el tedio de vivir* de Thérèse d'Avila - qui touchera tant d'ascètes chrétiens, le dieu rappelle que l'ordre du monde requiert la guerre comme un sacrifice qui lui est consenti ; à l'universalisme proclamé de l'empire, il oppose le devoir particulier de chacun et les droits de la caste ; contre le refus d'agir surtout, contre la dissociation de l'agir et des valeurs, il affirme qu'il n'est pas de valeur qui dépasse le sacrifice au destin, et qu'il est vain de tenter d'échapper à sa condition.

Le bouddhisme vaincu dans sa patrie par l'hindouisme réformé se replie donc vers le sud du sous-continent, vers Ceylan, Java, le Cambodge, où il ne triomphera que tardivement ; vers les marges occidentales de l'Inde, royaumes indo-grecs, indo-scythes, puis Empire kushan du Pendjab et de l'Afghanistan, où il disparaît sous la poussée de l'Islam aux Xᵉ-XIIᵉ siècles ; et surtout vers le nord et la Chine qu'il atteint dans les premiers siècles de notre ère.

Les apories de l'empire : vers les difficultés financières et le démembrement

Dans son introduction, Ibn Khaldûn attribue à la sagesse du souverain perse sassanide Khosrô Anushirvan la formule d'un « cercle de justice », dont il reconnaît qu'il présente quelque parenté avec sa propre réflexion[26] et que voici :

> Le monde est un jardin, l'État est sa clôture
> L'État est l'autorité qui vit de la Tradition
> La Tradition est ce que met en pratique le souverain
> Le souverain est un principe d'ordre que soutient l'armée
> L'armée est une aide que soutient l'impôt
> L'impôt est l'aliment que rassemblent les sujets
> Les sujets servent sous l'aiguillon de l'équité
> L'équité équilibre le monde
> Le monde est un jardin...

Et on reprend au premier vers, ajoute Ibn Khaldûn. Le cercle est fermé, et son parcours infini.

Que dit-il ? Le monde civilisé, le territoire de l'empire, est clos par la haie qu'y élève l'État contre les déprédations barbares. L'entretien de cette haie, et de la prospérité qu'elle permet à l'intérieur de sa clôture, exige la soumission des sujets et leur obéissance à un monarque, dont le pouvoir repose sur l'armée qui défend la haie – et impose la loi, c'est-à-dire l'ordre monarchique dans le jardin. Mais l'armée est soldée grâce à l'impôt, c'est-à-dire grâce à la richesse que génère l'activité protégée des sujets. Dans les termes que nous avons jusqu'ici employés, la coercition exercée sur les sujets permet la levée de l'impôt, dont la concentration, puis la redistribution stimulent la prospérité. Mais une part du prélèvement fiscal est destinée à financer l'instrument de ce prélèvement, c'est-à-dire l'armée. À mesure que la sédentarisation progresse, à mesure que le prélèvement fiscal est mieux assuré parce que la population est mieux désarmée, grandissent paradoxalement le rôle et le coût de la force armée assignée à la défense de la haie, puisqu'elle reçoit de moins en moins d'appui des sujets sédentarisés et, dans tous les sens du terme, « civilisés ». La part du prélèvement fiscal consacrée à la défense du troupeau sédentaire grossit, tandis que la part consacrée à la stimulation économique diminue.

D'où les deux derniers vers : le mécanisme repose sur un équilibre entre les besoins de l'armée et ceux de l'économie – et de la capitale en particulier. Mais cet équilibre n'est jamais atteint. La figure est circulaire, au sens strict cyclique. Au départ, l'armée et la monarchie servent à lever l'impôt pour la société sédentarisée ; à l'aboutissement, la société sédentarisée sert à lever l'impôt pour l'armée. Au départ, les bénéfices de la paix dépassent de beaucoup les coûts de la défense ; au terme, les dépenses militaires écrasent l'économie. Il n'est besoin de supposer ni volonté maligne des acteurs ni déviance condamnable des institutions. Le système est victime de son succès, de la sédentarisation croissante des peuples, de leur désarmement, de leur désolidarisation, du dessaisissement des communautés locales au profit de la décision impériale. L'empire paie, dans tous les sens du terme, la puissance absolue qu'il exerce sur ses sujets. Ses dépenses militaires traduisent l'insignifiance où il a plongé ses peuples, et la solitude où il est réduit.

Le rétablissement de « l'équité » dont parle le cercle de justice exige souvent de brutales réorganisations. On prête à l'empereur Dioclétien (284-305) la grande réforme qui vise à mieux répartir – et à alourdir – la charge de l'impôt sur tout le territoire de l'Empire romain. Les historiens d'autrefois applaudissaient à cette initiative de justice d'un homme fort et courageux[27]. Ils n'étaient pas sans y reconnaître quelque chose de la Révolution française, qui abolit les privilèges et calcula l'impôt selon les moyens de chacun. Mais tout comme la Révolution dut d'abord balayer, le 4 août, tous les statuts particuliers des provinces et des communautés, Dioclétien prit acte de la mort des cités, de la fin des autonomies, de la caducité de la foule des traités et des serments par lesquels chaque minuscule fraction de l'empire y était entrée trois ou quatre siècles auparavant. L'équilibre auquel il prétendait était d'emblée vicié. Sa justice reposait sur une tyrannie si ancienne qu'elle pouvait paraître consentie. Mais elle lui laissait tout le poids de l'empire à porter.

L'eunuque ou le vizir d'une part, le militaire de l'autre - ainsi l'eunuque Narsès et le général Bélisaire, tous deux au service de l'empereur Justinien et de sa femme Théodora - sont les pôles opposés et les figures obligées du cercle vicieux de la sédentarisation où l'empire s'enferme inéluctablement[28]. À la veille de se rompre, sous le règne de Muqtadir (908-932), l'Empire abbasside allie et oppose de même, dans une défense désespérée de son existence, le vizir Ibn al-Furat, virtuose des finances, et le général mamelouk Mu'nis, né Grec et esclave[29]. Tous deux y laisseront leur vie. L'historiographie byzantine explique l'histoire du XIe siècle, entre la mort de Basile II (1025) et le désastre de Mantzikert (1071), par le jeu des rivalités de l'aristocratie civile et de la noblesse militaire. On pourrait étendre cette hostilité entre le sabre et la plume à toute l'histoire des empires, dans leur maturité et leurs difficultés. Le poids et le coût de l'armée soulèvent la réprobation de l'administration civile, gardienne des intérêts sédentaires et des cordons de la bourse. Le vizir tire parti des revers de ses soldats pour solliciter leurs vainqueurs bédouins, qu'il espère enrôler à moindre coût[30]. Mais à l'inverse, les défaites militaires déchaînent l'émeute des plèbes et des soldats contre l'égoïsme des financiers. Chaque parti prospère sur l'échec de l'empire.

À la fin de son existence, avec la décrue des ressources de la force, l'empire se replie sur les régions les plus rentables que la capitale irrigue de la sève de l'impôt, tandis que les provinces de peuplement rare et de rendement médiocre sont délaissées. Les quelques dizaines de milliers de Mamelouks abbassides des IXe-Xe siècles, bien entraînés, bien armés, fidèles, sont cependant trop peu nombreux pour défendre autre chose que les territoires centraux, entre Égypte et Susiane, au sud-ouest de l'Iran. Le reste est abandonné au monde sauvage, ou, au mieux, confié à des gouverneurs indépendants qui conservent les formes extérieures de l'allégeance au pouvoir central[31]. La même division travaille tardivement le corps de l'Empire romain. Dioclétien (284-305) en sépare l'est et l'ouest, Constantin (313-337) abandonne Rome pour Constantinople et la part occidentale de l'empire s'effondre après la mort de Théodose en 395. En Chine, le territoire des Han se divise au terme de quatre siècles.

La différenciation, puis la dislocation territoriale de l'empire sont accélérées dès les débuts de sa constitution par deux forces très différentes, mais convergentes. La première est sédentaire : la mobilisation des ressources fiscales au profit de la capitale favorise la mise en valeur intensive du centre de l'empire, au détriment de l'expansion et l'exploitation extensive des périphéries. Non seulement l'empire n'est pas conquérant, mais il tend naturellement à se contracter. Dans une économie presque stagnante, comme l'est le plus souvent celle de la société agraire, l'inégalité économique s'accroît rapidement entre centre et périphéries, la bédouinité regagne des territoires aux marges[32].

Le démembrement de l'empire est le dernier recours dont disposent les provinces les plus éloignées de la capitale, souvent les plus pauvres, les plus proches de l'économie rudimentaire des tribus et des foyers bédouins des marges, pour échapper au poids de plus en plus écrasant de l'impôt. Il y a de la sagesse dans la décision des vizirs abbassides d'accorder la plus large autonomie aux périphéries (l'Ifriqiya, la Transoxiane, le Khurasan), pourvu qu'elles déchargent l'empire de la défense de leurs territoires, et, dans une moindre mesure, des territoires centraux que protège l'existence de ces entités frontalières. Mais cette sagesse est rarement appréciée. Aux yeux de la plupart des administrateurs, ces reculs ne sauraient être que provisoires. L'empire perdrait de sa substance et de son prestige en s'y résignant - et il est vrai, comme le remarque Ibn Khaldûn, qu'une large part de la puissance de l'empire tient à celle que ses marges bédouines lui supposent, et qu'il n'a plus. Son autorité repose sur une ostentation de force qu'il serait bien en peine de déployer en réalité[33]. Elle est dissuasive.

Le premier soin de l'empire, dès qu'il a repris son souffle, est donc de regagner le terrain perdu, même au détriment de ceux qui reconnaissent son autorité éminente : Rome reconquiert le royaume syrien de Zénobie au IIIe siècle[34], Justinien reprend la province d'Afrique aux Vandales, puis l'Italie aux Ostrogoths (531-555). La plupart de ces regains impériaux échouent à terme : l'empire est incapable de maintenir ses positions après le succès initial. L'Italie est reperdue au profit des Lombards moins d'une génération après sa reconquête. La province d'Afrique résiste mieux, jusqu'à la vague arabe qui l'emporte à la fin du VIIe siècle.

Une force politique joue dans le même sens du démembrement : les solidarités tribales originelles qui fondent la dynastie, ce qu'Ibn Khaldûn nomme sa *'asabiya*, se divisent dans l'exercice du pouvoir et le partage de ses prébendes. Les partis rivaux engagent à leur service des ethnies ralliées dans le cours de leurs conquêtes : dès le VIIIe siècle, le califat recrute ainsi Berbères au Maghreb et Sogdiens en Asie centrale pour pallier le désarmement des Arabes d'Irak vaincus dans les guerres civiles. De même, les partis en guerre civile à Rome au Ier siècle, Marius contre Sylla, César contre Pompée, Octave contre Antoine, font entrer leurs clientèles italiennes, gauloises, ibériques ou orientales dans leurs conflits. Certes, la marque de l'empire est posée sur ces nouvelles recrues - la religion musulmane, la citoyenneté romaine -, mais les différences n'en sont pas moins marquées et durables : les Berbères et le Maghreb sont exclus de l'Empire abbasside, tandis que le Khurasan ou la Transoxiane y règnent. Il n'y a pas un seul empereur romain originaire de la part orientale de l'empire, la plus riche, peuplée et sédentarisée, avant la descendance de Septime Sévère au IIIe siècle.

Il s'ensuit que l'empire n'est pas, et ne peut pas être, ce qu'il prétend, c'est-à-dire un universalisme. Il est plus différencié, territorialisé, clivé que son discours ne le laisse entendre. Être romain ou musulman ne suffit pas à assurer la plénitude ou l'égalité des droits que ces déclarations d'identité sont supposées porter, dans la mesure même où la sédentarisation progresse. Elle renforce en effet sans cesse son centre et accentue l'inégalité fondatrice de l'État et de l'impôt entre bénéficiaires et contributeurs. Elle aiguise l'opposition des barbares et des sédentaires en désarmant toujours plus radicalement l'immense majorité des sujets soumis.

Les apories de l'empire : la barbarisation et l'émergence des clercs

À Rome, à partir du IIIe siècle de notre ère, les armées se « barbarisent ». En Chine, après les brèves générations des Trois Royaumes (220-265) qui succèdent aux Han et leur empruntent leurs méthodes de gouvernement, ce sont les dynasties qui se « barbarisent ». Entre 300 et 900 de notre ère environ, la Chine du Nord, qui rassemble encore la majorité des populations impériales, est gouvernée par des dynasties métissées, ou de franche origine « barbare » - mandchoue ou turco-mongole - dont les plus notables sont les Wei (385-589) et surtout les Tang (618-907). C'est alors que le bouddhisme triomphe en Chine, à la même époque que le christianisme dans l'Empire romain (et dans les royaumes barbares qui lui succèdent dans sa partie occidentale).

Cette assertion banale, la barbarisation de l'empire, a longtemps suffi à définir la romanité tardive. Encore faut-il comprendre ce qu'elle signifie, ce qu'il y a de nouveau dans la présence des « barbares » au sommet de l'État, en Chine comme dans l'Empire romain, aux IIIe-IVe siècles de notre ère. Les troupes barbares, Turcs Xiongnu ou Xianbei, forment l'épine dorsale des armées impériales chinoises depuis le Ier siècle avant notre ère. Rome recrute probablement de même l'essentiel de ses légionnaires dans les régions les plus sauvages de l'empire, Espagne, Gaule du Nord ou Illyrie. Mais jusqu'au IIIe siècle, ces contingents reçoivent le privilège de la citoyenneté romaine, quand ils n'en jouissent pas dès l'origine, et leurs origines ethniques ne sont pas mises en exergue. Elles restent insignifiantes au plein sens du terme : elles n'entrent pas dans la définition de l'identité des légionnaires, où s'impose le seul nom « Romain », comme encore aujourd'hui - mais pour peu de temps peut-être - les soldats de notre armée sont français, et leurs origines ou la couleur de leur peau n'entrent pas dans l'identité que leur attribue l'institution militaire.

Au contraire, à partir du IIIe siècle à Rome, les dynasties et leurs armées prennent couleur ethnique, pour l'essentiel syrienne et illyrienne sous les Sévères (193-235), franchement arabe dans l'empire de Palmyre sous le règne de Gallien (253-268), danubienne et illyrienne de nouveau dans les générations qui suivent jusqu'à Dioclétien (268-305). Or cette évolution est exactement contemporaine de la généralisation de la citoyenneté romaine à tous les hommes libres de l'empire, dont on attribue la décision à l'édit fameux de Caracalla (212)[35]. « Romain », depuis les origines de l'empire méditerranéen, au IIe siècle avant notre ère, désignait le peuple dominant. La vie de Paul de Tarse - et sa mort par décapitation, qui lui évite la crucifixion infamante que subit Pierre - dit encore le privilège d'être citoyen romain à la fin du règne de Néron (64-65). Mais entre le temps d'Auguste et celui des Sévères (des alentours de notre ère au IIIe siècle), la lente sédentarisation du peuple fondateur le fait passer tout entier, avec le nom qui lui est attaché, du côté des populations productives et soumises. « Romain », à partir du IIIe siècle, désigne l'immense majorité dépourvue d'armes et de pouvoir. Or s'il n'est qu'une règle que l'empire ne peut pas transgresser, c'est la séparation radicale du principe sédentaire et du principe bédouin. Si la majorité soumise est « romaine », la minorité armée et dominante ne peut pas l'être. Voilà pourquoi les « barbares » apparaissent dans les armées de l'empire, avant d'en prendre la tête.

La courbe historique de la Chine est assez comparable, plus franche encore. Les « Chinois » sont réduits aux fonctions productives et civiles du composé impérial dès les dernières décennies avant notre ère. Les colonies militaires et paysannes chinoises reculent, puis disparaissent, tandis que les Turcs Xiongnu, distingués par l'empire, prennent peu à peu le contrôle de son appareil militaire[36]. À la fin du Ier siècle de notre ère, Ban Chao, conquérant du Xinjiang, préconise de « combattre les barbares par les barbares » - ce qui revient à dire que les forces proprement chinoises sont inopérantes dans la guerre des steppes où se joue la sécurité de la Chine du Nord et de l'empire. Les Xiongnu ne sont défiés dans leur position dominante et contenus dans leurs ambitions que par d'autres ethnies des marges, Mongols, Mandchous ou Tibétains, comme le voulait Ban Chao. Mais l'éclatement de l'empire après la longue crise de la fin du IIe siècle (170-190), puis l'extinction des Han (220), permettent aux Turcs de s'imposer en Chine du Nord au temps des Trois Royaumes (220-265). Ils ouvrent ainsi la voie aux autres souverainetés « barbares » qui divisent la Chine à leur profit au moment même où les armées romaines adoptent les signes de l'ethnicité.

En ces mêmes temps encore (IIIe-IVe siècles), le bouddhisme et le christianisme l'emportent auprès des « Chinois » et des « Romains » désormais dépossédés du pouvoir. On ne saurait mieux dire que la religion est un succédané d'empire. L'identité du nom et de la langue témoignent du passage de l'empire à la religion. Le latin, et le grec dans le monde orthodoxe, seront langues d'Église après avoir été celles de l'empire. *Romains* passe du nom des conquérants et maîtres au nom des sujets. *Rûm,* « Romains », désigne les chrétiens - et non plus les Romains conquérants - dans les langues de l'Islam. *Han* désigne de même les sédentaires face aux barbares du Nord. Dans tous les cas, l'héritage du peuple impérial et sa langue sont échus aux sédentaires et à la religion. L'arabe restera de même la langue de la religion musulmane quand il aura perdu toute présence dans le gouvernement, acquis au turc et au persan depuis les frontières du Maroc jusqu'au Bengale après le XVIe siècle. *Arabes,* qui désigne au départ les populations bédouines conquérantes, en vient à nommer les sujets sédentaires des gouvernements turcs ou berbères après la diffusion majoritaire de l'Islam dans les populations soumises. Le mot ressurgira avec ce sens - pour désigner des populations soumises majoritaires, alors qu'il était au départ celui de l'infime élite dominante - au XIXe siècle avec la *Nahda,* la Renaissance arabe.

Comme le voit bien Peter Brown, pour ces Romains du IVe siècle qui méprisent le glaive, ou que le glaive dédaigne, la rhétorique devient l'arme majeure[37]. Elle rend aux sédentaires une identité qui se substitue à celle dont la sédentarisation les a peu à peu privés. Une identité nouvelle, universelle et pacifiée à la mesure des foules immenses et d'origines de plus en plus indistinctes de l'empire, une construction de mots et de savoirs puisque le temps des armes et du commandement est passé. Une caste de clercs remplace un peuple d'officiers. La mémoire glorieuse des cités belliqueuses du temps des Royaumes combattants s'efface au profit de valeurs sédentaires pour la première fois ouvertement proclamées et qu'on tiendra désormais, et jusqu'à nos jours, pour « religieuses ».

CHAPITRE 4

Après l'empire : la religion

L'idée centrale à laquelle nous avons abouti, c'est que les religions universelles subliment les valeurs sédentaires de l'empire, au moment où l'empire peine à les satisfaire, après les avoir posées en principes. Mais la religion achève surtout l'empire en ce qu'elle maintient la dualité du sédentaire et du bédouin, en réservant aux sédentaires, dont elle incarne la revanche, la pleine maîtrise des valeurs intangibles, et en rejetant dans l'à-peu-près du gouvernement quotidien la violence du monde, dont elle n'assume pas la culpabilité. La religion consacre la dissociation de l'action politique et des valeurs humaines. Là où la cité antique et sa religion civique visaient à l'efficace en un temps et en un lieu - et c'est cette localisation de l'action qui importe dans la proposition -, la religion proclame l'abstraction d'un salut universel, mais hors d'atteinte en ce monde ; et un efficace qui ne vaudra que dans l'empire au-delà, la cité de Dieu. La religion transforme l'impuissance historique croissante de l'empire en impuissance ontologique, en volonté d'impuissance politique, en dégoût de l'action. Les religions maintiennent ainsi pendant des millénaires la fidélité à leurs origines, c'est-à-dire à l'empire en agonie, parce qu'elles écartent toute confrontation des vieilles promesses de l'empire avec la réalité de ce monde. À la différence de l'empire, les religions sont infalsifiables.

Langues et culture

La forme politique de l'empire périt de son succès, c'est-à-dire de la sédentarisation, qui désarme le peuple fondateur - Romains, Arabes, Han - et qui étend son nom à l'ensemble des populations soumises. La « barbarisation » de l'appareil politique et militaire est l'inéluctable conséquence de la « civilisation » des premiers maîtres. Mais cette même sédentarisation qui éteint l'entité politique impériale assure la résilience et même l'expansion de sa civilisation, de son nom, de sa langue, et de la religion universelle qui naît de son usure, et grandit de son échec.

Han Feizi, mort en 233 avant notre ère, dans les dernières années des Royaumes combattants, véritable fondateur de l'école des légistes sur lesquels s'appuient les premiers empereurs chinois, livre probablement l'essentiel quand il constate que le nombre des hommes change tout[1]. L'empire, romain ou chinois, rassemble dans les deux derniers siècles avant notre ère pour la première fois dans l'histoire des dizaines de millions de sujets, des milliers de peuples et de tribus dont beaucoup ignoraient jusqu'à l'existence les uns des autres quelques générations auparavant. Or la fusion culturelle, qui impose peu à peu le grec, par exemple, en Asie Mineure pendant le millénaire hellénistique et romain, est beaucoup plus lente que le rythme des conquêtes et de constitution des entités politiques - cinq ou six générations pour l'achèvement de l'Empire romain, moins encore pour l'unification de la Chine.

La première et inévitable conséquence en est la rupture linguistique entre élites et commun. L'empire a besoin d'une langue de pouvoir universelle, et surtout d'une écriture, partout répandue dans ses rouages, jusque dans les provinces les plus reculées de son domaine, mais une langue que maîtrisent les seuls dominants et que la grande majorité des sujets ignorent. Les religions de l'efficace usent parfois d'une « langue secrète », d'un corpus de locutions et de formules dont la connaissance est restreinte aux officiants ou aux initiés, pour communiquer avec les puissances d'en haut. Mais la conservation d'une véritable langue, généralement « morte », qui distingue le discours des savants du parler populaire, n'appartient qu'aux âges historiques. Des milliers de langues, des dizaines de milliers de formes dialectales peut-être, ont disparu sans laisser de traces avant l'écriture. Quelques-unes ont été transcrites, mais demeurent indéchiffrées - celle des civilisations de l'Indus ou le linéaire A crétois, par exemple. Si nous lisons le sumérien en revanche, la plus vieille langue écrite, dont il ne subsiste pourtant à ce jour aucun idiome parent dans le monde, c'est qu'il a été soigneusement conservé, comme langue cléricale, par les prêtres des royaumes assyro-babyloniens, de langue sémitique, dont la domination se substitua à celle des Sumériens et s'étendit peu à peu à l'ensemble du Croissant fertile aux IIe et Ier millénaires avant notre ère. Les Sumériens disparurent, mais leur langue demeura à travers le système d'écriture qu'ils avaient élaboré et qui servit à transcrire l'hégémonie des nouveaux maîtres sémites. La connaissance du sumérien était nécessaire aux scribes des temples de Babylone et de Ninive. Elle ne se perdit qu'avec le temps des Perses et d'Alexandre, quand, aux signes cunéiformes qui notaient jusque-là les langues dominantes, accadien et assyro-babylonien, se substituèrent les alphabets - et quand périrent, avec le système d'écriture qui gardait les rites de leur culte, les dieux de la Mésopotamie et les peuples qui les honoraient.

Ces langues millénaires étaient désormais trop étroites pour contenir les nouveaux empires, achéménide, hellénistique, romain. Mais l'un des premiers soins des nouvelles élites fut d'établir une langue canonique. La Chine, comme souvent, se préoccupa de la traduire dans les institutions. En 136 avant notre ère, l'empereur Wudi inaugura des chaires impériales pour enseigner le corpus désormais fermé des Cinq Classiques, dont la *Chronique des Printemps et Automnes*, première œuvre historienne de la culture chinoise[2]. Au siècle suivant, Liu Xin (50 avant notre ère-23), bibliothécaire impérial, soumet à la critique textuelle les œuvres de Confucius et en établit la liste authentique et close. Rome achève l'œuvre d'Alexandrie en canonisant le grec des ve et ive siècles athéniens. Elle y ajoute, au siècle d'Auguste (27 avant notre ère-14), le florilège des auteurs latins que l'Occident devait s'efforcer d'imiter deux mille ans durant : César, Cicéron, Salluste, Ovide, Catulle, Virgile et Horace, et, dans les générations suivantes, Sénèque, Tacite, Juvénal ou Martial.

Ces langues impériales portent en effet une littérature, un art de bien dire, une émotion et une noblesse admirées et désormais réputées insurpassables, un « classicisme » que la patine polie des siècles rendra inimitable[3]. Dès les débuts de l'époque impériale, les textes les plus anciens sont préservés pour la difficulté même qu'on a à les comprendre - c'est le cas de l'*Iliade* et de l'*Odyssée* en Grèce hellénistique et à Rome. Au IIe siècle, dans la part orientale où domine le grec, du moins dans les métropoles, s'établit clairement la distinction entre langue parlée et langue « classique », que les savants se flattent de conserver et de pratiquer. Le contraste entre le grec populaire et celui des élites s'accentue avec la victoire du christianisme, au IVe siècle, qui accorde toute sa place à la langue vernaculaire[4]. En Chine, les règles de la langue classique sont assez bien établies à l'orée des temps impériaux pour favoriser la forgerie d'un faux archaïque d'immense portée, le texte fondateur du taoïsme, *Daodejing* (« Le Livre de la Voie ») de Laozi, longtemps assigné à des temps très anciens, mais dont la critique historique conclut aujourd'hui qu'il n'est pas antérieur à 250 avant notre ère, c'est-à-dire à la dernière génération des Royaumes combattants[5]. De la même façon, la langue arabe se donne aux IXe-Xe siècles un panthéon de poèmes fondateurs, supposés très anciens, les *Suspendues*, mais dont la critique la plus exigeante situe aujourd'hui l'écriture aux premiers temps de l'Islam ou à la génération qui le précéda immédiatement.

Les sédentaires prennent la parole

Bien avant la victoire du christianisme en Méditerranée, du bouddhisme en Chine, l'empire fait ainsi émerger une caste de clercs dans les vieilles élites abaissées par la sédentarisation et la perte progressive du pouvoir politique. Car la culture savante ouvre des emplois et carrières dont l'empire a besoin dans son administration civile, dans l'enseignement des élites, et plus encore dans le loisir aristocratique, l'*otium* qui définit le sommet de la hiérarchie sociale dans la Rome conquérante, puis impériale.

Mais l'extrême attention portée à la langue qu'on parle, le souci lancinant de se distinguer du peuple, et plus encore des frustes barbares qui gouvernent l'État à partir du IIIe siècle dans l'Empire romain, tiennent d'abord à ce qu'on a perdu le pouvoir des armes, ou la résolution de s'en servir. La rhétorique retrouve à la fin de l'Antiquité un prestige et une autorité qu'elle avait perdus depuis les orateurs de la démocratie athénienne, Isocrate ou Démosthène au IVe siècle avant notre ère. Mais la parole de Démosthène visait à convaincre le peuple d'agir, et d'abord de s'armer et de résister aux entreprises du roi Philippe de Macédoine, le père d'Alexandre, dont l'orateur athénien voyait avec lucidité qu'il avait pour dessein d'asservir la Grèce. La prose ornée de Libanios, le grand rhéteur syrien du IVe siècle de notre ère, qui prend Démosthène pour modèle, ne vise qu'à survivre, à impressionner ceux qui ont le pouvoir de vie et de mort sur les sujets et sur les villes par l'étalage savant d'une culture désuète qu'ils n'ont pas, et prestigieuse pour cela même[6]. La rhétorique prospère parce qu'elle donne un tour raisonnable à la brutalité bien réelle du prélèvement fiscal - elle y fait entrer le *logos*, la parole sensée -, et à la négociation toujours perdue, mais parfois seulement à demi, entre l'État et les communautés[7].

Démosthène parle à des égaux, et se battra dans la ligne des hoplites athéniens à la bataille de Chéronée (338 avant notre ère) contre Philippe. Le propos de Libanios est au contraire pétri d'inégalités. Inégalité entre le riche et élégant rhéteur et la foule d'Antioche dont il défend les intérêts auprès de l'empereur ou de ses représentants ; inégalité de puissance entre les sujets désarmés de la métropole ou le rhéteur, et l'autorité militaire qui gouverne au nom de l'empereur[8] ; inégalité de culture, à l'inverse, entre les rustres qui tiennent le glaive, l'empereur lui-même, souvent issu de leurs rangs, et les patriciens férus de la millénaire culture grecque[9].

Les clercs n'existent que parce qu'ils ont perdu le pouvoir qu'exerçaient leurs ancêtres, dans le sénat romain ou l'ecclésia athénienne. Le raffinement n'est qu'une puissance évanouie dont on tente de ressaisir l'ombre. Il est d'autant plus requis que les mots restent la seule armure de quelque efficacité contre l'épée barbare qui menace les vieilles familles. Un millénaire plus tard, Ibn Khaldûn se gaussera du prestige qu'Averroès attribue précisément aux vieux lignages. Ces anciens maîtres, dit Ibn Khaldûn, n'ont aucun prestige dont ils puissent faire autorité sociale ou politique, leur temps est passé et le prestige va à ceux dont la parenté a la force et le pouvoir. Et pourtant, la fin de l'Antiquité atteste en partie du contraire. Pour la première fois sans doute dans l'histoire, une sédentarisation impériale en vient à son terme, c'est-à-dire au désarmement et à la soumission de ceux qui ont fondé l'empire – ou du moins de ceux qui en portent le nom, Grecs, Romains, Han. Mais pour cette raison même, parce que ces fondateurs déchus portent le nom de l'empire dont les nouveaux maîtres se réclament, ils ne disparaissent pas, et jouissent du privilège limité dont les sédentaires restent investis aux yeux des bédouins qui gouvernent : survivre pour produire, mais aussi, et pour la première fois, dire l'utilité sociale de leur survie, l'orgueil qu'ils tirent de leurs ancêtres, la noblesse de la position sédentaire[10].

Dans l'Empire romain, Peter Brown pointe la fin du IIe siècle, et le règne de Marc-Aurèle (161-180), comme le premier moment d'une affirmation sans fard de la sédentarité, chez ceux-là mêmes qui avaient reçu la charge des valeurs martiales de l'État. Platon rêvait de rois-philosophes. Rome présente au IIe siècle de notre ère la figure inverse de philosophes-rois, pour qui leur épanouissement d'hommes et de sages pèse davantage que le rôle grandiloquent d'empereur tout-puissant qu'ils tiennent sur la scène du monde[11]. Les règnes de la dynastie des Antonins (98-192), à l'apogée de la sédentarité et de la prospérité démographique et économique romaine, résument en quelques décennies les modèles contradictoires hérités du demi-millénaire révolu. Trajan (98-117) ressuscite Alexandre, l'élan vers l'horizon de l'empire en germe. Il conquiert la Mésopotamie et la capitale des Parthes. Son successeur

Hadrien (117-138) est le premier empereur qui arbore la barbe des philosophes grecs. Il évacue les conquêtes incertaines de Trajan, qu'il craint - à juste titre - de ne pas pouvoir tenir, et renforce au contraire les positions défensives de l'empire. Une génération plus tard, Marc-Aurèle, lui aussi philosophe et auteur stoïcien, livre déjà un combat défensif, et difficilement victorieux, sur les frontières du Danube entre 172 et 180[12].

Mais Marc-Aurèle lui-même n'accorde à ces batailles décisives que l'attention du devoir, et n'y voit qu'un « combat de chiots pour un os[13] ». À partir de cette seconde moitié du IIe siècle, même au sommet de l'État, même chez l'empereur, l'intérêt pour la chose politique faiblit, au profit de l'accomplissement de soi[14]. Le corps, l'action cèdent le pas à l'esprit, à la réflexion, à une résignation stoïcienne qu'on veut virile et qu'il s'agit d'opposer à tous les cahots de la vie. L'empire, comme le combat d'Arjuna dans la *Bhagavadgita*, est pour Marc-Aurèle un sacrifice sans désir. Pour le dire dans les termes d'Ibn Khaldûn, les valeurs sédentaires l'emportent chez lui comme chez la plupart de ses contemporains sur celles de la « bédouinité » initiale et conquérante. La maturation de cette sensibilité a exigé une longue séquence de générations. La chose n'a rien de remarquable, en fait, dans un système impérial dont le mécanisme conduit naturellement à la pacification, à la dissolution des solidarités, à l'érosion des valeurs fondatrices, à l'indifférence au politique et à l'agir, et donc à l'examen de soi auquel aboutit Marc-Aurèle avec toute l'école stoïcienne.

Sans doute le dégoût de l'empire chez les derniers Antonins conduit-il aussitôt, comme le veut la théorie d'Ibn Khaldûn, au remplacement de leur dynastie par une autre, plus jeune et plus mordante. Les Sévères accèdent au trône en 193. Mais l'exemple d'une vie de souverain sans volonté de puissance, sans violence et sans faute, le détachement même de Marc-Aurèle et son œuvre littéraire, donnent naissance de leur côté à une immense lignée dont le christianisme est l'héritier. Le vaincu ne disparaît pas. Il s'impose au contraire dans les rythmes longs de la sédentarité. Des siècles de culture occidentale révéreront Marc-Aurèle comme un prince idéal. De Septime Sévère, qui rétablit les frontières menacées et donne à l'empire une solide *'asabiya* – une armée fondée sur les fortes solidarités ethniques, syro-arabes et illyriennes, qui dominent tout le IIIe siècle –, on ne retiendra au contraire que le très plat et fruste conseil donné à son fils Caracalla sur son lit de mort (211) : « Nourris le soldat et moque-toi du reste » – qui entérine l'Empire romain pour ce qu'il est : une dictature militaire.

L'histoire chinoise offre le même exemple d'une sédentarisation précoce de l'État. Dans les dernières générations qui précèdent l'unification impériale (221 avant notre ère), la pensée des légistes tient le haut du pavé. Même une part de la descendance spirituelle de Confucius, avec Xunzi, insiste sur la nécessité de l'action politique, du redressement de la société et des instincts de l'homme par l'État. À la différence de Confucius et de Mencius en effet, Xunzi croit la nature humaine mauvaise, et le ciel amoral. L'harmonie sociale n'est pas donnée par la nature, mais construite – et en ce sens, comme le veut Confucius, l'homme est perfectible, mais par l'action politique. L'humanité ne trouvera pas son salut dans la nature mais dans la culture[15]. Le parti des légistes va plus loin. Contre Confucius et le respect du rite, qui équilibre les puissances agissantes de l'univers, il met en avant la loi, œuvre politique, volonté du prince, qui force les équilibres conservateurs, unifie les coutumes des provinces et des royaumes, fait confiance aux institutions plutôt qu'à la bonne nature de ceux qui gouvernent, préfère la violence qui s'impose aux bonnes volontés qu'on concilie. Les légistes favorisent la cristallisation d'une aristocratie de fonction, et de fonctionnaires, au détriment des familles et des parentés, et de tous les gardiens du monde ancien des rites[16].

Il eût été dans la logique du pouvoir impérial de s'appuyer sur la pensée des légistes contre celle de Confucius, qui tient à distance l'autorité et l'action politiques. C'est ce que fait le fondateur Qin Shi Huangdi, qui procède en 213 à un autodafé fameux d'écrits anciens, parmi lesquels ceux de Confucius. Mais au fil des générations, les Han en viennent à l'œuvre de sédentarisation. La violence conquérante des armées et des légistes (*wu*) est écartée au profit de la culture pacifiante (*wen*), et par un paradoxe dont on a déjà vu l'équivalent méditerranéen, les empereurs favorisent les pensées les plus éloignées de l'action politique, les plus méfiantes envers le pouvoir qu'ils exercent. Le même empereur Wudi (140-87 avant notre ère), qui enrôle les premiers Turcs Xiongnu dans les armées impériales, inscrit Confucius et le *Livre des Mutations* taoïste au nombre des Classiques. L'exercice du pouvoir, dans un empire qui mesure désormais ses limites et compte ses forces, relève d'un savant équilibre des puissances qui ouvre la voie (*dao*) du succès. Les empereurs chinois font bientôt inscrire sur le dais qui les surplombe la fameuse formule taoïste du « non-agir » (*wuwei*) - favoriser la cristallisation des évolutions favorables, l'accouchement des choses par elles-mêmes, sans chercher à forcer leur émergence, comme l'auraient voulu les juristes. L'empire se dit par sa sédentarité, qui se réfère aux ancêtres fondateurs de temps plus anciens que lui. La Chine des Han prend Confucius pour modèle, comme Rome élit Platon au rang de maître de toute pensée.

La défense des sédentaires

Peter Brown, sans doute le meilleur spécialiste de l'Antiquité tardive, n'a probablement pas lu Ibn Khaldûn. Mais Ibn Khaldûn pourrait souscrire à la description qu'il donne de l'Empire romain dans ses derniers siècles, entre 200 et 500. La division fondamentale n'y passe pas entre l'Est et l'Ouest, comme le laisserait croire la répartition des provinces après la réforme de Dioclétien, et surtout l'effondrement de la partie occidentale au début du Vᵉ siècle. Elle ne passe pas davantage entre cités, villes et campagnes, ni même entre riches et pauvres, bien que ces fractures jouent leur rôle dans le triomphe chrétien, on le verra. Pour Peter Brown, le clivage le plus décisif, à partir du IIIᵉ siècle, oppose les vieilles terres méditerranéennes, centrales dans l'histoire du monde civilisé d'alors, où se concentrent toutes les métropoles - Rome, Alexandrie, Antioche, Pergame, Carthage, etc. -, et les périphéries encore largement tribales, Syrie intérieure, Haute-Égypte, Gaule du Nord et surtout Balkans. Le monde méditerranéen livre ses productions, son luxe et ses intellectuels ; les périphéries, leurs soldats et les empereurs, à partir des descendants de Septime Sévère[17]. Or l'armée, dont les effectifs croissent avec la pression barbare sur les frontières, devient aux IIIe-IVe siècles le réceptacle principal de l'impôt au détriment des villes moyennes réduites à la condition civile, qui n'abritent ni garnisons ni administration[18].

Dans une réflexion proche de celles d'Ibn Khaldûn, Peter Brown note la faiblesse et la pusillanimité de l'empire, sa crainte face aux Avars ou aux Perses, qu'il se garde d'affronter et qu'il préfère éloigner au prix de lourds tributs. Pour cette raison même, l'impôt, bien plus encore que l'armée qu'il est supposé nourrir, est la dernière arme de Rome[19]. Les cités sont totalement dépouillées après 275, au profit de l'empire, du privilège de la frappe des monnaies, et donc de l'émission et du contrôle de la masse monétaire[20]. D'une manière plus générale, l'attachement à l'autonomie des cités s'efface devant les prérogatives nouvelles qu'assument l'État et l'armée dans la guerre des frontières[21]. L'évergétisme - la bienfaisance des citoyens les plus riches à l'égard de leur communauté -, autrefois librement consenti, devient une des formes de l'impôt[22].

Cette situation neuve ressoude les sédentaires, de fait partout soumis à des formes de plus en plus lourdes du prélèvement fiscal, qu'ils soient riches ou pauvres. L'ennemi véritable, c'est l'État, le collecteur d'impôts, et, dans une mesure à peine moindre, le militaire qui en tire bénéfice. L'extrême sédentarisation de l'empire, son affaiblissement guerrier rendent paradoxalement tout son tranchant au contraste du bédouin et du sédentaire. Sous prétexte de sauver l'empire des barbares, la barbarisation de l'armée installe les barbares au centre de l'État et leur livre les richesses des sédentaires qu'ils sont supposés défendre. En 408, le sénat romain refuse l'impôt qu'on lui réclame pour repousser les Wisigoths - qui prennent Rome deux ans plus tard, il est vrai, et tirent de son pillage des sommes très supérieures à celles que les sénateurs ont refusées à l'armée[23]. Dans les campagnes, les paysans se rangent sous la protection du grand propriétaire et de ses relations dans la haute administration urbaine, qui peut parfois arracher quelque aménagement fiscal en leur faveur. Le maître devient le *patronus*, que sera plus tard le monastère proche ou l'évêque, et pour finir le saint dont on porte le nom et qui intercède en votre faveur auprès de la Cour céleste[24].

Mais le patron lui-même doit avouer le plus souvent son impuissance[25]. Comme il est de règle dans le système impérial dans sa pleine sédentarisation, l'immense majorité vit sous occupation militaire, rustre et parfois barbare, marginale et parfois franchement étrangère. Ce que la vulgate marxiste peinait tant à expliquer en opposant le riche et le pauvre, le patron et le paysan, la thèse d'Ibn Khaldûn l'éclaire aisément et presque brutalement : il n'y a ni riche ni pauvre face à la violence arbitraire, sans borne naturelle, des soldats. Le latin médiéval le comprenait mieux, qui désignait au XIe siècle les pauvres comme *inermes*, les « sans-armes[26] ».

Le pouvoir perd la parole

Les élites sédentaires de l'empire ont connu ce que l'on pourrait nommer le « mal de gouverner », comme on parle du « mal de vivre » : l'indifférence à l'agir, l'inanité du politique. Ce qu'il y a de radicalement neuf dans cette situation, c'est que ces élites aient vécu assez longtemps pour l'éprouver, que le nom de « Romains » soit passé au fil des siècles de la minorité conquérante du monde méditerranéen à la majorité soumise à un appareil militaire rapace et brutal ; et que l'élite de ces sédentaires soumis ait conservé et renforcé sa maîtrise de la parole. Car s'il est probable en effet que les armées romaines ethnicisées, dont les légionnaires viennent des marges germaniques, arabes ou illyriennes de l'empire, pillent les villes et les campagnes méditerranéennes avec plus d'avidité que ne le faisait jusque-là le fisc, il n'en reste pas moins que l'ampleur de la plainte contre l'impôt dans l'Empire romain ou byzantin des IVe-Ve siècles tient aussi, et peut-être surtout, à ce que les élites civiles sont pour la première fois soumises à cette oppression fiscale. Ce qui est nouveau, c'est peut-être moins la lourdeur de la fiscalité que la parole donnée à ceux qui paient – mieux, même, la parole exclusive accordée aux soumis, puisque les maîtres à demi barbares de l'État se contentent le plus souvent d'acquiescer aux raisons des clercs, tout en agissant à l'inverse de ce qu'ils approuvent.

Ce dernier point mérite qu'on y insiste. Avec la parole, la raison prend le parti des contribuables, et elle est retirée aux gouvernants qui oscillent entre, d'une part, l'approbation des valeurs « platoniciennes » ou stoïciennes du mépris du monde universellement dominantes dans les élites et, de l'autre, l'action politique au jour le jour, en particulier la levée de l'impôt et la gestion de la guerre, qui démentent ces valeurs[27]. L'État et la politique cessent d'être ce que les légistes chinois, et Aristote encore, y avaient vu, c'est-à-dire le champ par excellence du rationnel. Le gouvernement est désormais une triste affaire d'à-peu-près, un bricolage rudimentaire, voire sordide, sorti des grosses mains malhabiles de soudards au front bas. Le pouvoir est infâme, il est le mal.

C'est précisément ici que le christianisme entre en scène en Méditerranée, comme le bouddhisme en Chine, sur lequel malheureusement les historiens ont pour l'heure moins poussé l'analyse. Jean-Pierre Vernant, que nous citions plus haut[28], relevait que pour les Grecs du ve-ive siècle avant notre ère, c'est la politique, l'organisation de la cité qui relève de la mathématique, géométrie qui établit les proportions ou arithmétique qui compte les nombres. La nature physique, hors les astres dont la course est parfaite, est au contraire du domaine de l'approximation. Il faut attendre, nous l'avons dit, Kepler, mais surtout Galilée et Newton, pour que la nature soit couronnée des vertus du vrai mathématique, et investie de la raison philosophique dont est dépouillée la théologie.

Or la théologie, le « discours sur Dieu », s'était elle-même emparée de la raison au temps du triomphe du christianisme. L'insignifiance du politique laisse la place à la rationalité du religieux - et aux débats polémiques que la définition d'un champ intellectuel nouveau ne peut manquer de soulever.

Le christianisme en Méditerranée, comme le bouddhisme en Chine à la même époque, déplace la clairière de l'intelligible dans la forêt du chaos des choses. La vieille parcelle du politique est abandonnée à la friche et bientôt recouverte par la végétation sauvage de la violence. Les grandes questions de l'esprit et du pouvoir, entre IVe et VIIe siècle, sont celles de la nature du Christ[29]. L'impuissance politique, dont témoignent le recul territorial de l'empire et sa division, en Méditerranée comme en Chine à cette même époque, ouvre la voie à une religion du non-agir, la religion d'une impuissance ontologique et militante, qui allie la paix et l'universalisme - valeurs préservées de l'empire, et désormais mieux accomplies par la religion que par l'empire - à l'élaboration d'une parole pour l'au-delà, dont la pertinence en ce monde est secondaire, même s'il lui arrive parfois, et par surcroît, d'être efficace auprès des puissants.

La religion réconcilie l'empire avec sa vérité

Le christianisme naît de la sédentarisation, du même processus d'achèvement de l'œuvre impériale que les élites néoplatoniciennes ou stoïciennes. Mais il ne s'attache pas comme elles à la préservation de la mémoire vénérée des cités et des philosophes. Tout au contraire, il prend appui sur les réalités sociales et culturelles de l'empire, et d'abord la mort de la cité. Il naît au cœur de l'ethnie juive dont le refus de la culture grecque universelle était devenu, depuis des siècles, le signe d'une identité volontairement marginale[30]. Il affirme son propre universalisme contre la nostalgie de la Grèce ancienne et ses références athéniennes. Sa parole confirme la pratique fiscale et financière de l'empire qui balaye les restes de l'autonomie civique. Comme l'empire, la religion exalte la confusion des peuples dans le chaudron urbain, « ni Juifs ni Grecs », pour le dire comme Paul - c'est-à-dire ni ethnie marginale ni culture dominante à laquelle s'opposer. Elle abolit les castes, l'aristocratie héréditaire de la guerre ou des pouvoirs chamaniques ; elle recherche une sorte d'égalité neuve dans ce monde impérial si vaste et si divers, dont elle veut achever l'unité, la « circoncision des cœurs » de Paul[31].

Mais la religion est surtout un empire qui s'accepte, qui discerne les règles de son existence mieux que l'empire ne peut le faire.

La religion avalise la contradiction dans les termes que pose l'empire, en particulier son principe premier de ségrégation des fonctions productives et guerrières, le désarmement des immenses majorités pour le bien de la civilisation. De ce fait, on l'a vu, l'empire érige à ses marges un mur de barbarie qui secrète sans cesse une violence dont il a besoin, mais dont il se refuse à reconnaître qu'il la crée par le besoin qu'il en a. L'empire s'efforce de limiter les doses de poison barbare, de violence des marges qu'il ingère, au minimum indispensable à ses fonctions vitales, et il jette le voile sur le honteux trafic auquel il est contraint par les besoins de son corps. Le reste de sa vie est clair et sans tache. Son vice est un kyste secret qu'il se fait fort d'empêcher de grandir et de paraître à ses propres yeux.

C'est bien sûr un faux-semblant. Car le besoin de violence croît avec la civilisation. C'est le succès même de la vie claire et sans tache qui affaiblit la défense immunitaire de l'empire et qui l'oblige à recourir toujours davantage à la barbarie marginale, tout comme la plus prudente des addictions finit le plus souvent par rejeter la contrainte de son hypocrisie et par se donner à voir. L'empire n'accepte, ni n'avoue, cette déchéance que la religion accueille au contraire. C'est peu dire qu'elle s'en satisfait. Elle en tire l'essentiel de sa force en proclamant d'emblée son impuissance et son refus du pouvoir. Tant que règne l'empire, il s'entretient de l'illusion d'une ascendance guerrière et virile que le processus de sédentarisation dément à chaque génération, et donc qu'il est d'autant plus nécessaire d'exalter. La Chine des Han se réclame des Royaumes combattants, le monde hellénistique, puis romain, de la vigueur des cités grecques et des fondateurs de Rome.

Au contraire, la religion renonce à ces références viriles. Du composé impérial, elle ne retient que la part sédentaire, et elle y trouve étrangement les moyens de son expansion au-delà des frontières que l'empire n'avait pu dépasser et dont il peinait même à assurer la défense. Ouvertement désarmée, la religion peut accueillir la barbarie qui est au cœur de la pratique impériale, mais dont le discours de la virilité impériale interdisait l'aveu. Si les Romains sont les seuls maîtres de l'empire, et les dignes descendants des vainqueurs d'Hannibal, de Marius et de Sylla, de César et de Pompée, alors il est impensable que des Syriens ou des Illyriens proclamés tels puissent élever leurs regards jusqu'au trône d'Auguste et de Trajan. Si Rome et son peuple se réduisent au contraire à la part productive et pacifique des populations de l'empire, l'apport des barbares des marges est le bienvenu. Le christianisme, le bouddhisme prennent l'empire pour ce qu'il est et qui leur convient, une immense machine à désarmer, à pacifier, à indifférencier, là où les centaines de siècles qui avaient précédé multipliaient les tribus et les ethnies. Pour la première fois, et au moment même où il va céder la place, reculer au moins pour quelques siècles, même en Chine, l'empire converti au christianisme ou au bouddhisme devient sa propre référence.

On n'est jamais mieux vu que par l'étranger impartial. Ainsi les auteurs arabes les plus curieux des antiquités des territoires devenus islamiques, Mas'ûdî, Bakrî, Ibn Khaldûn et quelques autres, n'ont-ils qu'une connaissance désespérément pauvre de notre « Antiquité classique », romaine et surtout grecque. Beaucoup d'historiens antiquisants s'en gaussent lorsqu'ils le découvrent, le plus souvent par hasard, car eux-mêmes rendent au monde islamique l'indifférence dont ils estiment scandaleux qu'il la manifeste envers Athènes. L'affaire mérite davantage de réflexion. Les informations dont disposent les auteurs musulmans sont tirées des quelques historiens chrétiens, le plus souvent coptes ou syriaques, dont les textes ont été traduits en arabe. Or l'histoire, chez ces auteurs, est celle de l'empire chrétien, qui commence avec Constantin. Auguste n'est pas tout à fait ignoré, même si sa place est bien plus mesurée que celle du premier souverain converti. Avant César, tout se perd dans les brumes, à l'exception de quelques figures, Hannibal et, bien sûr, Alexandre. Il n'est d'histoire que de la conquête, parce qu'elle conduit à l'empire ; que de l'empire parce qu'il conduit à la religion.

La paix et l'universalisme

La paix n'eut longtemps d'autre nécessité que la levée de l'impôt, et d'autre moyen de s'imposer que la force. Valeur politique par excellence, elle faiblit avec l'autorité de l'empire. Dès le premier siècle de notre ère en Chine, à la fin du IIe siècle à Rome, la « défense des frontières » s'impose comme la préoccupation première des souverains et de leurs conseillers. En conséquence, comme on l'a vu, l'alourdissement de l'impôt déséquilibre le territoire impérial au détriment de ceux qui paient plus qu'ils ne reçoivent. L'empire finissant trahit sa promesse d'universalisme et de paix.

La religion l'accomplit au contraire. La paix, concept politique impérial par excellence, est élevée au rang d'une valeur éthique, en soi. Là où l'empire assurait la paix par la guerre et la coercition, le christianisme et le bouddhisme prétendent l'établir par la paix, par la répression intime de la différence. Un martyr lyonnais de la fin du IIe siècle, visiblement étranger à la capitale des Gaules, refuse de donner son nom et son origine au magistrat qui l'interroge – et qui va le condamner à mort. Il répète obstinément « Je suis chrétien » dans un latin qu'il prononce mal, mais dont l'usage lui permet de nier sa qualité (probable) de « Grec[32] ». Le prochain d'un chrétien n'est pas son concitoyen, mais celui qui partage sa foi partout dans le vaste monde de l'empire, et au-delà. L'archéologie atteste que, dès le IIIe siècle, les chrétiens de Phrygie sont inhumés dans les mêmes tombes, même s'ils ne sont pas parents – et on ne saurait surestimer le radicalisme de cette pratique dans des sociétés où la parenté reste la base de la vie commune[33].

Dès le IVe siècle, l'expansion du christianisme, sous ses diverses versions, a dépassé celle de l'empire. À la bataille d'Andrinople, en 378, l'empereur Valens et les chefs wisigoths ses ennemis sont également chrétiens. Les « hérésies » chrétiennes, condamnées par les conciles, trouvent à se répandre hors de l'empire, dont les frontières culturelles, jusque-là plus puissantes encore que les fortifications du *limes*, s'entrouvrent pour la première fois[34]. La doctrine du prêtre

Arius, l'arianisme, qui subordonne le Fils au Père, condamnée par le premier concile universel tenu sous la présidence de Constantin à Nicée, en 325, gagne à sa cause les Germains clients de Rome, dont ils assurent déjà une large part des ressources guerrières. Au Ve siècle, la plupart des ethnies germaniques qui envahissent la part occidentale de l'empire et y établissent des royaumes, les Wisigoths, puis les Ostrogoths, les Vandales, les Burgondes, les Alamans, les Suèves ou les Lombards, sont ariennes – à l'exception des Francs qui tireront avantage, auprès des « Romains » soumis, de leur conversion au catholicisme. En 431, le concile d'Éphèse condamne le patriarche de Constantinople Nestorius, dont l'enseignement, relayé par Antioche, gagne le monde sémitique de la Mésopotamie, puis l'Asie. On retrouve des nestoriens dans le nord-ouest de la Chine au IXe siècle, et parmi les tribus du conglomérat mongol au XIIIe siècle.

Mais l'expansion la plus durable et la plus spectaculaire vise le territoire même de l'empire et certains de ses plus vieux peuples. En Orient, des langues dont il ne restait plus trace écrite depuis les derniers siècles avant notre ère ressurgissent aux IIIe-IVe siècles. Le copte d'Égypte transcrit dans l'alphabet grec le parler populaire de la vallée du Nil, lointain héritier de la langue des Pharaons ; il s'impose dans l'Église dissidente que l'Égypte oppose à l'orthodoxie romaine et constantinopolitaine, et qui a survécu jusqu'à nous[35]. De même le syriaque fait revivre l'araméen dont l'Empire achéménide avait fait la langue de son administration, dans un alphabet nouveau. La dissidence nestorienne s'appuie elle aussi sur cette langue sémitique dont l'influence s'étend largement à la Mésopotamie, à l'Asie centrale et, dans le temps, aux premiers siècles de l'Empire islamique[36].

La nouvelle transcription alphabétique du copte le rapproche du grec dominant et l'éloigne de la langue hiératique des inscriptions hiéroglyphiques. Cette renaissance des langues de l'Orient enracine des oppositions politiques et religieuses durables, mais elle contribue aussi à l'inverse à diffuser la culture antique dans des masses qui lui étaient demeurées jusque-là largement étrangères. Le grec pénètre le copte, en même temps que le copte affirme au détriment du grec le droit des majorités orientales jusque-là muettes. Le christianisme unit ce que les conquêtes et l'empire avaient hiérarchisé, efface la domination, rend leur langue aux soumis, mais la pourvoit des concepts savants d'un demi-millénaire de réflexion grecque[37].

La paix, qui retentit si puissamment dans les esprits sédentaires, donne encore au christianisme l'avantage sur son rival le plus présent au IIIe siècle, le mieux attesté par les fouilles archéologiques, le culte de Mithra. Le mithraïsme domine l'armée. Ses sanctuaires, rares dans les provinces les plus riches et les mieux pacifiées, en Asie Mineure ou en Grèce, abondent en Germanie, en Dacie et en Pannonie. Son rite exclut les femmes, qui seront au contraire parmi les plus fermes soutiens et les plus ardentes martyres de la religion du Crucifié. Il a l'appui de Dioclétien (284-305), rude soldat d'Illyrie et grand persécuteur du christianisme, et plus tard, dans une mesure moindre, de Julien l'Apostat (361-363)[38]. Avec la victoire du christianisme, la parole sédentaire des populations soumises, la seule désormais qui puisse se prévaloir de la raison et de la pacification des cœurs, l'emporte sur le pouvoir des armes, dont le culte de Mithra avait presque le monopole. Comme le veut le mécanisme des empires, la barbarie guerrière se plie au discours de la civilisation qu'elle domine.

La 'asabiya *chrétienne : les moines*

Venus du cœur de la sédentarité dominée, les chrétiens ne sont pas loin d'y constituer une sorte de *'asabiya* désarmée, s'il était possible d'associer des termes aussi contradictoires. Du moins tirent-ils parti de la désagrégation de la cité pour rallier à leur cause le parti des « pauvres », où il faut sans doute reconnaître les « étrangers » à la communauté locale, ces immigrés que la multiplication des échanges dans l'empire a presque partout établis en nombre, mais qui demeurent exclus des bénéfices de la cité jalousement réservés aux autochtones attestés. Ces pauvres, que le christianisme regroupe en militants, rassembleraient plus de 10 % de la population des villes de l'empire, mais beaucoup plus dans les gigantesques métropoles de Rome, Alexandrie ou Antioche[39]. De même que dans certaines capitales africaines d'aujourd'hui, Abidjan, Lagos, Nairobi ou Dakar, le français ou l'anglais unissent des populations d'origines très diverses, venues de tout le territoire du pays et souvent d'au-delà, pour en faire un peuple nouveau, de même le christianisme de la fin de l'Antiquité abolit des différences citoyennes jugées archaïques au profit de l'unité indistincte, mais chrétienne, où se retrouvent pauvres et notables, autochtones et immigrants. La parole universaliste de la religion ne tire cependant son succès que de la succession qu'elle prend de l'empire, et de la sape de la communauté civique qu'il a menée à son terme[40]. La cité ne cède la place à la communauté chrétienne qu'après que l'empire l'a dévitalisée[41].

Les moines sont la pointe de cette *'asabiya* pacifique qui permet au christianisme de faire empire, celui du ciel, mieux que l'empire terrestre désormais dans son agonie. Il y a cependant entre monachisme et projet impérial une contradiction qui ne sera jamais résolue. « Moine » signifie « seul ». Le terme et le projet réfutent l'acte premier de la civilisation selon Ibn Khaldûn, celui dont l'empire force ou étend l'accomplissement, c'est-à-dire la réunion et la coopération dans l'œuvre économique. Même le monastère « cénobite » - de « vie commune » - qui rassemble les moines à partir du milieu du IVe siècle, se veut strictement autarcique. Le surplus sur lequel l'État prélève l'impôt, et qui met en branle la grande machinerie de la prospérité, en est par principe exclu.

Saint Antoine, paysan égyptien où la tradition voit le premier moine à la fin du IIIe siècle, est à peu près contemporain de Plotin (205-270), fondateur de la pensée néoplatonicienne, dont la philosophie des monothéismes, chrétienne, et plus encore islamique, fera grand usage[42]. Tous deux naissent en Égypte et tous deux témoignent du même désengagement du monde[43]. « Le corps est un tombeau », la célèbre formule de Platon, guide les philosophies - et les théologies - qui prétendent tirer la part divine de l'humain de la matière où elle est engluée, et elle obsède les moines[44]. Sinon que le monachisme passe à l'acte avec une violence redoublée contre les désirs, voire les besoins du corps.

Cette offensive contre la chair est menée au moment même où le christianisme, après les persécutions, est en train de triompher. Les moines sont d'abord ceux qui ne veulent pas du triomphe en ce monde. Le monachisme accomplit volontairement, dans le christianisme comme dans le bouddhisme, ce désistement de la richesse que l'empire en difficulté prétend imposer à ses sujets, cette frugalité dont il attend des marges de manœuvre financières. Le monachisme chrétien est contemporain de la persécution de Dioclétien et de Galère, qu'il abhorre, mais qu'il comprend d'autant plus intimement que les uns et les autres, moines et militaires, Antoine et Dioclétien, Pacôme et Galère, viennent des mêmes marges de l'empire - l'Illyrie, la Haute-Égypte où fourmillent dès le début du IVe siècle les « anachorètes », ceux qui quittent Alexandrie et la vallée du Nil pour faire retour au désert au nom de la foi chrétienne. Aux barbares armés qui gouvernent l'empire, le monachisme oppose des sédentaires désarmés qui se barbarisent à dessein, quittent leurs femmes et leurs villages et trouvent une identité, pour le dire comme Peter Brown, dans la mort sociale[45]. Alors que les empereurs tâtonnent dans la recherche d'aménagements médiocres qui permettront de durer - la division de l'empire, l'augmentation des impôts et des effectifs des armées, la guerre et la négociation quotidiennes contre les barbares, l'abandon de territoires indéfendables -, les moines poursuivent, au détriment de leur propre corps et des agréments de la civilisation, l'utopie de l'universalisme et de la paix par la paix, au-delà de ce monde d'où ils se retirent.

Telle est la radicalité de leur combat qu'ils en imposent à tous, et qu'ils obtiennent la victoire en ce monde dont ils ne voulaient pas. Le refus de la richesse inspire aux riches le respect, le refus des femmes attire les reines et les femmes de qualité, le refus du pouvoir impressionne les hommes d'action. Au fil des siècles, l'ironie de l'histoire voudra en outre que la sainteté des moines leur fournisse une part majeure d'une ressource fiscale déclinante, que les paysanneries acculées par l'impôt trouvent une protection active chez les saints hommes des monastères et que les moines entrent ainsi par nature en conflit avec les nécessités de l'État - pendant la crise iconoclaste à Byzance, surtout sous Constantin V (741-775), sous Charles Martel (717-741), dans la Chine des Tang en 845, ou dans l'Égypte mamelouke sous Barquq (1382-1399), chaque fois que l'épidémie (Constantin V et Barquq sont confrontés à la peste) ou l'invasion barbare (pour les Tang ou Charles Martel) accroissent les besoins de l'État dans une situation de pénurie.

Le monachisme ne recule que rarement, et ne restreint en rien l'utopie de son discours, qui envahit et s'approprie celui de la religion dans son ensemble. La gestion du quotidien de l'impôt et de la guerre n'est pas son affaire, et il n'est rien qui importe davantage à l'empire véritable, celui de Dieu, que le service du ciel. Dès lors que la sédentarisation d'un empire-monde a fait croître sa branche cléricale et monastique, elle est presque indéracinable. Elle définit en effet la raison d'être de l'empire, son discours vrai qui s'impose irrésistiblement aux pauvres réalités du moment, et aux arrangements conjoncturels auxquels les dirigeants politiques sont réduits.

L'universalisme par la traduction

Les moines sont en effet les émissaires du christianisme et de Rome, comme du bouddhisme et de la Chine impériale, sur les terres difficiles où la culture sédentaire ne pénètre guère. Ils convertissent les soldats et les barbares[46]. Mais ils font bien plus. Par l'exil et la traduction, ils établissent l'universalité véritable dont l'empire se prévaut, mais dont il est en fait incapable. Introduit en Chine par des étrangers, en particulier parthes et sogdiens aux Ier-IIe siècles, le bouddhisme s'enracine d'abord dans les querelles autochtones, se rapproche du taoïsme, se heurte à la révérence pour la famille, à l'optimisme confucéen sur la nature humaine et à sa capacité à organiser son bonheur en ce monde[47].

Mais dès le début du IVe siècle, puis sous l'impulsion des premiers souverains Wei convertis quelques décennies plus tard, des moines quittent la Chine pour gagner l'Inde, source de la connaissance savante du bouddhisme. Pendant près de trois cents ans, les pèlerinages missionnaires et savants ne cesseront pas, dans un sens ou dans l'autre. Parmi les plus célèbres, celui de l'Indien Kumarajiva (350-409), arrivé en Chine par la route du Nord-Ouest, qui traduit directement du sanscrit ou du pali en chinois ; et celui de Xuanzang (629-645), dont la traduction de la masse imposante de textes qu'il rapporte est poursuivie par son disciple Kuiji (632-682), déjà sous la dynastie Tang[48]. Le bouddhisme chinois s'acharne à se conformer au plus juste et au plus près de la source d'une connaissance étrangère devant laquelle la Chine s'incline, à l'exact inverse de la prétention impériale à incarner la totalité de la civilisation, sinon la totalité de l'humanité. Non seulement la religion ne reconnaît pas les étrangers pour des barbares, mais elle leur demande de l'instruire[49]. L'universalisme véritable s'ancre dans la traduction et la réception d'une vérité née étrangère, hors du sol et de la langue de l'empire. L'ambition de la religion, héritière conséquente du rêve impérial, tient dans l'humilité de ce décentrement : non seulement l'empire ne se confond pas avec l'humanité, mais il lui reste à apprendre de peuples et de langues dont la logique se dérobe en partie à sa compréhension, et à se prosterner devant cet aveu d'ignorance des subtilités ultimes.

Le christianisme offre un exemple mieux connu, sinon plus complexe. La religion qui finira par s'emparer du nom romain naît dans l'empire, mais au sein d'un peuple marginal - les Juifs - et parmi les plus éloignés de la langue et des pratiques de Rome ; mais en outre, la Révélation juive est traduite en grec, langue universelle de l'empire, de la part la plus sédentaire, la plus riche de l'empire. Comme en Chine, les langues impériales que sont le grec et le latin se soumettent au devoir de commenter un texte d'abord écrit, ou prononcé, dans une langue sémitique étrange. Et ce commentaire, loin d'atténuer ou d'occulter la traduction, la souligne au contraire en citant dans leur idiome d'origine - l'araméen, l'hébreu - certains mots ou phrases qui font directement allusion aux annonces du Messie dans l'Ancien Testament[50]. Car ces traductions visent à prouver et renforcer le lien entre Nouveau et Ancien Testament. Elles arriment la foi nouvelle de l'empire au roc d'une ancienne religion barbare qui donne à l'empire une histoire autre, qui n'était pas la sienne, et qui dévie toute sa destinée.

Les religions universelles naissent donc en exil, selon le *hadith* fameux de Muhammad sur l'islam. Mais l'assertion est encore bien mieux vérifiée par le christianisme et le bouddhisme. L'empire méditerranéen devenu chrétien compte deux pôles, sa capitale politique, Rome ou Constantinople, et Jérusalem, tabernacle du plus grand événement jamais survenu, la crucifixion du Dieu vivant[51]. Après la conquête arabe, le christianisme perd Jérusalem et le lieu de son récit fondateur, tout comme le bouddhisme chinois est privé de sa patrie originelle par l'effacement du bouddhisme en Inde, alors qu'il s'épanouit dans les territoires sinisés de Corée ou du Japon, plus encore qu'en Chine après le xe siècle. Et cet exil hors du royaume de la source sainte, Jérusalem ou l'Inde, est à son tour une ascèse qui renforce le sens du monachisme et de la religion. Saint Jérôme, aristocrate formé aux meilleures écoles, renonce au pouvoir et aux pompes où l'appelait son ascendance romaine pour aller apprendre l'hébreu, puis s'enfoncer dans le désert et dans la nudité monastique - et on ne sait laquelle de ces deux ascèses, l'hébreu ou la nudité, est la plus humiliante et la plus sanctifiante. Venu de ces cercles depuis longtemps acquis au discours universel de la philosophie, que reprend le christianisme, Jérôme en éprouve concrètement dans son corps et dans son esprit la souffrance : partager la vie des anachorètes, et s'acharner à apprendre la langue sauvage, en tout point éloignée du grec et du latin de la civilisation, de l'étrange petit peuple juif où Dieu a choisi, par paradoxe, de déposer Son message.

CHAPITRE 5

Islam, Chine, Occident : convergences et divergences

L'Islam

L'histoire parallèle des premiers empires, perse, hellénistique et romain en Méditerranée, Han en Chine, fait voir tant de similarités et de rapprochements possibles qu'on serait tenté d'en conclure à une règle structurale de la naissance et du déploiement de ces formations historiques qui aboutirait invariablement et inéluctablement aux religions universelles, pacifiques et indifférentes à l'action politique, dont le christianisme en Méditerranée et le bouddhisme en Chine montrent l'exemple.

Ce serait transformer l'histoire en un mécanisme simple qu'elle n'est pas. Presque par définition, le récit historique est tout de circonstances, tissé d'imprévus, semé d'accidents. Dans l'histoire des empires du Vieux Monde, qui a opposé pendant près de deux mille ans à la Chine la contrepartie d'une entité impériale moyen-orientale ou méditerranéenne, l'Islam est par excellence cet accident. La formation de l'Empire islamique, sa consolidation, ses défaillances et ses renaissances, apparaissent chaotiques. Surtout l'Islam semble démentir d'emblée la thèse fondamentale de ce livre. Car ce n'est pas l'empire épuisé qui y accouche d'une religion pacifiante. C'est au contraire une religion de guerre qui conquiert un empire et le modèle à son image, en lui imprimant la marque de son message intransigeant.

J'ai déjà tenté dans des ouvrages antérieurs d'éclairer cette contradiction massive et de la ramener au plus près de la norme des empires[1]. Pour le dire dans les termes que nous avons employés jusqu'ici, on confond généralement sous le même vocable d'« Empire islamique » et de « religion musulmane » les temporalités très distinctes que nous avons ailleurs nommées « Royaumes combattants » et « Empire ». Les deux premiers siècles de l'Islam, depuis la prédication de Muhammad et la constitution d'un embryon d'autorité politique à Médine (622-632) jusqu'à la victoire du calife al-Ma'mun dans la guerre civile qui l'oppose à son frère al-Amin (809-813) correspondent au temps de guerres étendues et de mobilisations militaires et populaires massives des Royaumes combattants qu'on observe aussi bien en Chine (480-221 avant notre ère), que dans la Grèce classique et hellénistique (480-300 environ), ou à Rome à l'apogée conquérant de la République (264-31)[2].

De la même façon, la victoire d'al-Ma'mun stabilise l'empire, en précisant son territoire, décidément oriental, « entre Nil et Oxus[3] », sa capitale, Bagdad, et enfin sa religion[4]. Al-Ma'mun engage en effet, en choisissant l'école mutazilite pour fer de lance de sa réforme après 823, la construction d'une religion d'État qui emprunterait largement à la philosophie grecque la démonstration de ses dogmes. Cette construction avorte, au moins à Bagdad, puis dans les centres urbains majeurs de l'empire, où les « hommes de religion » - oulémas - et les plèbes urbaines s'emparent de la parole religieuse, comme elles l'avaient fait à Constantinople, à Alexandrie ou à Antioche pendant les longs siècles des querelles sur la nature du Christ et sur la Trinité entre IVe et VIIe siècle. La farouche opposition de Bagdad, incarnée par Ibn Hanbal, au projet dogmatique du califat, crée le sunnisme, version née sédentaire de la religion musulmane, et qui vise d'emblée à conquérir à ses vues les immenses majorités désormais désarmées des croyants.

À l'inverse, tout ce que le sunnisme rejette se réfugie dans l'autre grand parti de l'Islam, le shiisme, et dans le lien paradoxal, mais solidement établi par le mécanisme même de l'empire, entre, d'une part, les allées du pouvoir que parcourent les vizirs et les secrétaires lettrés, et, de l'autre, les marges barbares d'où l'État tire ses réserves de violence et ses grands serviteurs militaires. Pour le dire autrement, le shiisme fait osmose entre la pointe de la réflexion intellectuelle et les milieux les plus méprisés ou les tribus les plus reculées. Shiisme et mutazilisme, vaincus à Bagdad dès la fin du règne de

Mutawakkil (847-861), renaissent dans la révolte des Zanj, esclaves noirs du sud de l'Irak (869-883), puis dans l'insurrection bédouine qarmate (après 895), enfin et surtout dans le vaste Maghreb, où l'Empire abbasside a relégué depuis le VIIIe siècle ses rivaux les plus remuants et les plus dangereux. C'est dans la Kabylie d'aujourd'hui que s'étend et s'affirme, entre 895 et 909, l'insurrection qui porte au pouvoir les shiites fatimides, d'abord à Kairouan (909), puis au Caire (969).

À proprement parler, le désarmement, la sédentarisation ne commencent donc à porter leurs fruits en Islam qu'au IXe siècle. La paix impériale et la religion, au sens où nous l'entendons ici, ne partent que de cet apogée abbasside. La, ou plutôt les religions. De façon surprenante peut-être, mais récurrente, « la religion » naît plurielle. L'orthodoxie qui s'impose définit l'hérésie, et le contraire est vrai. Les deux branches divergentes du sunnisme et du shiisme accordent, par leur séparation même, une place décisive à l'ascendant commun dont elles se revendiquent, c'est-à-dire Muhammad, et par extension les siens, sa famille et ses Compagnons. De même ariens, nestoriens, monophysites et orthodoxes se réclament du même Christ, Mencius et Xunzi du même Confucius. Muhammad est le plus haut point commun des lignées ennemies des deux versions de l'Islam. Pour les shiites, il est le père des imams qui guident la foi après lui, pour les sunnites l'ultime interlocuteur de Dieu, le dernier des prophètes, sans descendance naturelle ni spirituelle ; pour tous, le fondateur. Nulle autre figure ne réunit ainsi tous les suffrages.

On comprend que, pour ce qui nous intéresse de l'émergence des religions, Muhammad est dans la même position que le Christ ou Confucius : le sommet du triangle où convergent les généalogies des frères ennemis, shiites et sunnites. C'est en ce sens que Muhammad n'est pas le créateur de la religion musulmane, pas plus que le Christ ne l'est du christianisme ou Confucius du confucianisme. Il est la référence commune de ceux qui ont fondé les versions contradictoires de l'islam aux IXe-XIe siècles, comme le Christ est la référence de tous les courants christologiques qui se détachent les uns des autres aux IVe-Ve siècles, et qui fondent à la fois l'orthodoxie chrétienne et les hérésies longtemps vivaces, aujourd'hui moribondes, des chrétientés orientales[5].

Mais la grille de lecture d'Ibn Khaldûn rend ici compte de la victoire du sunnisme avec une simplicité qu'aucune des explications de la victoire du Credo trinitaire dans le christianisme ne prétend atteindre. Car la division du shiisme et du sunnisme à Bagdad au IXe siècle rejoint exactement la ligne de partage de l'État et de sa violence étrangère d'une part, de la société urbaine bagdadienne et du peuple arabe fondateur en voie de sédentarisation d'autre part. Le sunnisme a pris le parti de la sédentarité, et au-delà le parti de la sédentarisation, du désarmement qui est la pente naturelle de l'empire et de la religion ; tandis que le shiisme s'appuie sur l'appareil d'État et les réserves de violence tribale qu'il est en mesure de convoquer. Le sunnisme naît en réaction à l'État au moment même où les califes al-Ma'mun (813-833) et son frère al-Mu'tasim (833-841) expulsent les Arabes des armées de l'empire au profit des recrues d'Asie centrale et abolissent le *diwân*, les pensions versées depuis huit générations aux descendants des conquérants arabes. Ibn Hanbal lui-même, le lettré qui oppose une résistance intellectuelle farouche aux volontés d'al-Ma'mun, était issu d'une des familles arabes de la garnison fondatrice de Bagdad, désormais écartée du pouvoir et de ses bénéfices par les Sogdiens et les Turcs[6].

Dans les deux siècles qui suivent (850-1050) et malgré l'échec de la réforme d'al-Ma'mun, la sédentarisation de l'État achève d'exclure les Arabes du pouvoir pour les cantonner toujours davantage, à l'image du calife, parent du Prophète et drapeau déployé du mérite des Arabes fondateurs, dans le rôle « religieux », tandis que l'État se « barbarise » toujours plus à l'avantage du shiisme. Aux alentours de l'an mil, les pouvoirs shiites dominent largement entre l'est du Maghreb et le centre de l'Iran, tandis que la majorité des musulmans sédentarisés de ces territoires restent fermement attachés au sunnisme, comme le montrent les émeutes urbaines récurrentes de Kairouan, Fustat ou Bagdad, quand les intérêts de la religion y entrent en jeu. De même que la citoyenneté romaine est étendue au début du IIIe siècle à la totalité des populations de l'empire, de même la religion musulmane, autrefois privilège de l'infime minorité des conquérants arabes, est désormais revendiquée par la nette majorité des populations urbaines et soumises de l'empire.

Et c'est au moment où sa cause politique semble décidément compromise que le sunnisme triomphe en quelques générations - de fait dans le cours du XIe siècle, avec les invasions turques. Retardée par les troubles de l'Empire seldjoukide et l'interposition des croisés (1092-1099), la victoire sunnite s'accomplit sans surprise avec l'entrée des forces kurdes et turques de Saladin au Caire en 1169, puis l'abolition du califat fatimide en 1171. De ce retournement spectaculaire, on donne en général une explication qui n'en est pas une : les « peuples nouveaux », Almoravides berbères au Maghreb et surtout Seldjoukides turcs en Orient, ont opté pour le sunnisme et offert la victoire à ce parti. L'assertion est vraie, mais déplace à peine la question. Car il reste à expliquer pourquoi ils n'ont pas choisi le shiisme, comme l'avaient fait avant eux les vagues barbares des Kutama berbères, entrés au service des Fatimides en 895, et des Bouyides iraniens, protecteurs des Abbassides après 945.

L'énigme du choix shiite des barbares du Xe siècle et de l'option sunnite des barbares du XIe siècle admet une solution évidente, à condition de considérer qu'elle ne tient pas aux barbares, mais aux formations politiques sédentaires qui les reçoivent. Au Xe siècle, les califats arabes, bien que dépouillés des fonctions militaires, n'ont pas renoncé à la souveraineté suprême. Les Kutama, les Bouyides, entrent dans l'appareil d'État des Fatimides et des Abbassides en serviteurs d'un califat par définition arabe[7]. Ils ne peuvent prétendre au premier rang. Au XIe siècle au contraire, les Turcs, et dans une moindre mesure les Berbères Almoravides, se jugent en droit de s'emparer de la totalité des pouvoirs régaliens, politiques, militaires et financiers. C'est le sens de la dignité nouvelle de « sultan » que le chef seldjoukide Tughril Beg reçoit des mains du calife abbasside en 1057. Or, des deux camps de l'Islam, le sunnisme seul, parce qu'il est né hors de l'État et contre l'État, peut offrir aux Turcs le pouvoir, dont il se désintéresse, en échange de leur engagement religieux en sa faveur. Le shiisme, attaché à l'État, ne peut accorder aux barbares que le traditionnel second rang - après le calife, descendant du Prophète. Le sunnisme ne pouvait triompher qu'après l'effondrement du califat.

La double temporalité de l'Islam

Il est vrai, par ailleurs, que le temps de l'Islam est bref[8]. Mais ce qui distingue plus nettement l'Islam des modèles romain et chinois, c'est que la religion - le sunnisme en l'occurrence - y entre en conflit avec l'empire quand il est à son apogée, à peine achevée la stabilisation politique abbasside, alors que le christianisme et le bouddhisme affermissent leur autorité dans le temps des difficultés et des reculs militaires et territoriaux des empires vieillissants. Surtout, la religion enfin établie, le sunnisme militant du IXe siècle et victorieux des XIe-XIIe siècles, se saisit de l'origine guerrière des conquêtes et prétend en assumer l'héritage. Au contraire, le christianisme romain, le bouddhisme chinois rompent avec la morale et les références belliqueuses des Royaumes combattants. Ces religions acceptent, au contraire de l'islam, l'empire dans sa réalité sédentaire, dans ses valeurs civiles et civilisées, dans la conscience aiguë de son désarmement et de son impuissance politique, dont elles font leurs armes spirituelles les plus efficaces.

Pour comprendre cette différence, il faut avoir à l'esprit les deux temporalités de l'Islam. La première, que nous avons déjà examinée, trace une exacte homologie entre les courbes historiques romaine, chinoise et islamique. Les forces qui animent ces courbes sont les mêmes dans les trois cas : d'une part l'élan conquérant, d'autre part la sédentarisation qui apprivoise la violence initiale et l'atténue, mine l'autorité de l'État en y donnant le premier rang à la fiscalité, barbarise les armées, exclut peu à peu le peuple fondateur du pouvoir. Ce que Rome et la Chine connaissent presque en même temps, entre 250 avant et 200 ou 220 après notre ère environ, l'Islam l'éprouve, presque trait pour trait, entre 630 et 1060.

Mais sur la courbe historique de l'Empire islamique pèse une autre force, que Rome et la Chine ignoraient, et pour cause. C'est que la Chine, mais surtout la Perse et Rome, ont précédé l'Islam dans ces territoires dont l'Islam s'est rendu maître, et que les détours particuliers de leur existence, l'héritage de leurs succès et de leurs échecs, la résultante des forces de leurs conflits, en un mot leur créativité historique, se sont inscrits dans la tradition des peuples désormais soumis dont l'Empire islamique reprend l'essentiel des pratiques.

On doit donc à la fois considérer l'Islam comme une création impériale dont les rythmes sont structurellement comparables à ceux des deux empires majeurs précédents, romain et chinois ; mais aussi comme l'héritier et la suite de ces Empires romain et chinois, auxquels il convient d'ajouter, malgré sa taille plus réduite, la Perse sassanide, parce que l'Empire islamique trouve sa pleine stabilité, avec al-Ma'mun au début du IXe siècle, en choisissant pour centre le territoire irako-iranien de la Perse, le monde « irano-sémitique », selon Marshall Hodgson.

Dans cette seconde temporalité, l'Islam est un sur-empire, un empire après l'empire, une reconquête impériale. Il achève, prolonge ou échoue à ressusciter la Perse et Rome. Les conquêtes islamiques sont contemporaines, on l'a trop peu noté, de la reconstitution des empires. En Chine, après quatre siècles de division (190 environ-580), les Sui (581-618), puis les Tang (618-907), dynasties métissées de Turcs du Nord-Ouest, refont l'unité au moment même où les forces des califes bien-guidés, Abu Bakr, 'Umar et 'Uthman submergent le Moyen-Orient (634-656). En Méditerranée, Justinien (527-565) s'efforce de reprendre les plus riches et les plus proches des provinces occidentales de l'Empire romain, abandonnées un ou deux siècles plus tôt sous la poussée des peuples barbares germaniques. Il réussit à réoccuper l'Afrique – notre Tunisie, avec Carthage –, une bande du territoire méridional de l'Espagne wisigothique et l'Italie. Après une longue guerre, son successeur Héraclius vient à bout de l'Empire perse (610-627) et semble sur le point d'imposer la domination de Constantinople à la Mésopotamie. Le jeune empereur retrouve Trajan et Alexandre.

En Méditerranée en tout cas, ce retour de l'empire tient à la sédentarisation, et donc à l'affaiblissement des dynasties barbares, Vandales, Ostrogoths et Wisigoths, qui s'étaient imposées quatre à cinq générations plus tôt. Comme en Chine, une nouvelle vague d'envahisseurs pourrait prêter à l'empire ses forces pour rétablir son autorité, et les Arabes auraient pu en constituer le fer de lance. Mais ils ne restaurent pas l'empire de Rome, ils reconstruisent celui de la Perse achéménide, disparu depuis plus de mille ans.

On a vu ailleurs que le projet de conquête de Constantinople a probablement guidé la politique de plusieurs des califes omeyyades de Damas, de Mu'awiya (660-680) à 'Abd al-Malik et à ses fils après la fin des guerres civiles (693-717)[9]. Mais le rêve se brise sur la résistance de la ville (717), sur l'échec de Poitiers et la révolte du Maghreb (732-739), et sur les succès, en revanche, des garnisons de l'Islam oriental aux confins de l'Asie centrale (705-751)[10]. L'empire est déséquilibré, ou rééquilibré, par ses défaites à l'ouest et ses victoires à l'est. La substitution des Abbassides aux Omeyyades (750), et plus encore la victoire d'al-Ma'mun, venu de l'est, sur son frère al-Amin, appuyé par les provinces de l'ouest (809-813), confirment la sentence : l'Islam est l'héritier de la Perse, qu'il a totalement engloutie, plus que de Rome, qui survit à ses blessures et à ses pertes. Les contours du domaine islamique coïncident presque avec ceux de l'Empire achéménide, le premier au monde (VIe-IVe siècle avant notre ère). Comme une inondation d'une puissance et d'une brutalité d'exception restaure l'ancien cours d'un fleuve au détriment de celui qu'il a adopté depuis quelques dizaines de milliers d'années, l'orage islamique efface le lit creusé par l'expansion romaine, défait l'unité de la Méditerranée, et retrouve au contraire le talweg abandonné du fleuve achéménide.

Cette déviation des courants du millénaire antique a installé l'Islam dans la conscience occidentale comme une sorte de Moyen Âge opiniâtre, un corps étranger interposé entre les grandeurs de l'Antiquité gréco-romaine et la libération moderne. C'est oublier que l'Islam est aussi l'héritier de Rome et de Byzance. Al-Ma'mun conçoit le projet d'imposer un dogme d'État parce que la philosophie grecque lui en procure la substance et parce que les empereurs romains l'ont précédé dans cette voie depuis Constantin et le temps des querelles sur la ou les natures du Christ. Ibn Hanbal lui résiste parce qu'il est établi, depuis Maxime le Confesseur au moins, que le pouvoir absolu de l'empereur s'arrête à la frontière de la religion, et que les moines y ont leur mot à dire[11]. La crise mutazilite (823-850) est exactement contemporaine de la fin de la querelle iconoclaste à Byzance (723-845), qui voit s'affronter les empereurs aux monastères comme le mutazilisme dresse les oulémas contre les califes. En ce même début du IXe siècle, après la perte de l'Asie centrale et contre les barbares de l'Ouest acquis au bouddhisme, commence en Chine la contre-offensive idéologique confucéenne. En 845, des milliers de monastères bouddhistes sont rasés, 250 000 moines et nonnes réduits à l'état laïc, soumis au travail et à l'impôt[12]. Deux ans plus tôt, à Constantinople, l'impératrice Théodora donne au contraire la victoire aux moines dans la crise iconoclaste qu'elle referme (843). Cinq ans plus tard, le calife Mutawakkil renonce à la réforme mutazilite de son oncle al-Ma'mun (850).

L'Islam vit ainsi dans le temps des empires byzantin et Tang ses contemporains, en même temps qu'il partage la temporalité de la dynastie des Han et de l'Empire romain, révolus depuis cinq à six siècles. Parce qu'il vient tard dans l'histoire du monde, il place à ses débuts ce que les autres ont légué à leur fin. Il naît vieux. Il part des marges, arabes, du Moyen-Orient antique. Mais l'existence de ces marges suppose celle d'un centre désarmé depuis des siècles, ce dont les débuts de Rome, de la Perse, de la Chine n'offrent pas d'exemple de même ampleur. Car ce sont précisément les Empires perse, romain, chinois qui désarment et aménagent, au fil des longs siècles de leurs apogées, les vastes clairières de peuplement sédentaire dont l'Islam reçoit l'existence comme une évidence. Le gigantisme de Bagdad, qui élève en deux générations sa population au-dessus de celle de Constantinople, et presque à l'égal de Rome à son apogée, tout comme la complexité des rouages de l'État abbasside au IXe siècle ou l'autoritarisme du calife sont hérités des longs siècles de la sédentarisation romaine et perse. L'Empire islamique mûrit vite parce qu'il est né à l'âge avancé des empires décrépits qu'il a abattus, mais dont la sénilité a pénétré son organisme. Car les mêmes masses productives méditerranéennes et mésopotamiennes, qui alimentaient Rome et la Perse, le nourrissent désormais.

De même, la victoire du sunnisme - ce que j'ai appelé le « pacte sunnite » dans un livre précédent[13], c'est-à-dire l'institution du sultanat et la séparation des pouvoirs entre militaires turcs et hommes de religion arabes ou persans dans la seconde moitié du XIe siècle - est contemporaine de la revendication de la *Libertas Ecclesiae* dans la chrétienté latine, c'est-à-dire le début de ce que l'historiographie contemporaine nomme la « Réforme grégorienne » et l'affirmation politique de la papauté ; mais aussi de la mise en place par les Song du système des examens, de la naissance de la Chine politique « moderne », dont l'histoire se prolonge jusqu'au XXe siècle. On a parfois voulu rapprocher les argumentations, dans le cas de l'iconoclasme byzantin et de la crise mutazilite au moins. Ce qui les apparente en vérité, c'est moins le fond de la polémique intellectuelle que les rythmes des empires ; c'est le fait que l'Islam porte l'expérience d'empires antérieurs, en même temps que ses scansions propres, que son existence obéit à des rythmes « traduits ».

Empire traducteur et religion particulariste

Al-Ma'mun (813-833) ne se contente pas de mettre en place la réforme mutazilite. Il la nourrit en stimulant la traduction des textes perses, indiens, mais surtout et fondamentalement grecs que ses prédécesseurs avaient engagée dans la génération précédente. La science et la philosophie de langue grecque - du moins ce que nous en connaissons encore aujourd'hui - sont presque totalement traduites en arabe dans le cours des IXe et Xe siècles[14]. Comme la Chine bouddhique, comme Rome christianisée, l'Islam fonde une civilisation traduite. Mais si on la compare à celle de la Chine et de la Chrétienté, les positions en sont presque inversées. Ce ne sont pas les moines qui traduisent, mais l'État. Ce n'est pas le corpus sacré dont on va chercher la version la plus authentique à la source indienne ou juive, mais le plus raffiné du savoir profane qu'on va prendre à la source grecque - ces manuscrits que les monastères orthodoxes du territoire islamique abritent encore, ou ceux dont on exige du pouvoir byzantin qu'il en livre les exemplaires qu'il conserve, sous peine de guerre. L'humilité des moines chinois, grecs ou romains s'abaisse à rechercher auprès des barbares, indiens ou juifs, la vérité divine, l'étincelle que Dieu a refusée aux peuples les plus civilisés pour la loger en des confins que la géographie et la langue rendent inaccessibles et qu'il est d'autant plus méritoire d'atteindre - Inde bouddhiste ou Judée.

Au contraire, al-Ma'mun parle aux empires du passé, au nom de l'empire du présent. C'est la continuité de la civilisation, la république des doctes, la chaîne ininterrompue des savants qu'il a en vue. Il fustige Byzance à la fois pour son incroyance et son inculture, pour les trésors de la pensée grecque tombés aux mains de moines ignares, et les deux reproches n'en font probablement qu'un dans son esprit : la religion musulmane telle qu'il entend la construire est la véritable héritière d'Athènes et d'Alexandrie, ce même héritage que la victoire du christianisme a écarté dans le monde romain. Il n'y a pas de place pour la barbarie, ni pour l'humilité, dans le projet du calife, qui place l'Islam dans le prolongement de Rome et de la Grèce, plus que de l'Arabie. Al-Ma'mun, dont la victoire engage la sédentarisation de l'empire après le temps des Royaumes combattants - des conquêtes et des guerres civiles dans le cas de l'Islam -, reprend l'œuvre de sédentarité là où Rome et la Perse l'ont abandonnée en fuyant l'invasion arabe. L'Islam à ses débuts n'imite pas les empires à leurs débuts, mais à leur fin, quand les religions universelles dont ils ont fondé les conditions se marient à leurs structures politiques. On a pu dire de l'Islam « classique » des premiers siècles qu'il achevait Rome, comme une ultime et brillante mutation de l'Antiquité tardive[15].

En revanche, et par contraste, la religion refuse la traduction dont l'État s'est emparé. Le sunnisme, dès la crise fondatrice du IXe siècle, rejette la philosophie et l'explication du corpus sacré de l'islam par les concepts et les mots d'une langue grecque étrangère à la Révélation. À l'exact inverse du christianisme et du bouddhisme, il abandonne l'universalisme à l'État et se retranche dans le littéralisme et le particularisme le plus étroit. Christianisme et bouddhisme débordent leurs empires, non seulement parce que la religion s'établit sur des terres que l'empire ne contrôle pas (l'Éthiopie, le Japon), ou qu'il abandonne (l'Occident barbare aux Ve-VIe siècles, la Chine du Nord au Xe siècle), mais surtout parce qu'elle accepte tous les patrimoines et toutes les cultures où elle se traduit. Au contraire, en Islam, l'empire déborde la religion sunnite, qui ne se traduit pas, tandis que l'État traduit au contraire. En 1658 encore, en Inde, Aurangzeb fait exécuter pour apostasie son frère et rival Dara Shikoh après l'avoir vaincu - l'un des arguments de l'accusation, c'est l'intérêt que ce prince moghol portait aux textes sacrés de l'Inde, en particulier aux *Upanishad*, qu'il avait fait traduire en persan.

Le sunnisme entre rejet du politique et apocalypse

Pour les mêmes raisons, parce que al-Ma'mun tient pour modèle Alexandre, disciple d'Aristote, plus que 'Umar, Arabe sans lettres, le sunnisme confisque par contraste les origines, la figure du Prophète, le *Hadith* et la *Sira*, la vie de Muhammad et des Compagnons. Il dénonce le shiisme et le califat d'al-Ma'mun, la culture d'État des secrétaires et des vizirs abbassides, comme des traductions à peine maquillées d'idéologies étrangères à l'islam - et aux Arabes. Le Prophète n'a pas construit l'État islamique, comme on l'entend dire couramment ; sa figure s'est au contraire construite contre l'État. « L'État de Médine », que les jihadistes d'aujourd'hui s'efforcent d'imiter et de ressusciter, est une pure illusion rétrospective que le sunnisme a réussi à opposer à l'État réel, déviant, héritier de Rome et de la Perse, que les califes abbassides prétendaient instituer. Né sédentaire, au cœur d'une immense capitale impériale, le sunnisme ne diffère pas, par ses caractères majeurs, du christianisme et du bouddhisme. Il manifeste le même mépris du politique et de l'État, le même souci de savoir, d'apprentissage et de réflexion, la même pratique pacifiée. Il est vrai qu'il se donne paradoxalement l'immense violence des conquêtes arabes pour référence. Mais la violence du Prophète et de ses Compagnons ne vise à aucun projet politique durable, elle n'aspire qu'à l'apocalypse, au déchirement du ciel, aussi brûlant, mortel et purificateur qu'une explosion cosmique.

L'islam premier s'est conçu comme une fin et non comme un début, la fin du cycle des prophètes, la fin du monde. Le message coranique témoigne de cette attente brève qui sépare les nouveaux croyants du Jugement dernier. Le mot *din*, qui a servi en arabe pour désigner la religion, signifie clairement dans la première sourate du Coran « jugement[16] » – et ce jugement est imminent. Mais l'apocalypse ne vint pas, les conquêtes, que l'on avait entreprises pour signifier au monde sa sénilité et l'approche de sa mort, donnèrent vie à un empire et rendirent bientôt leur place aux soucis du quotidien et à l'administration des choses. Le reflet de cet éclair apocalyptique inaccompli, de cet orage sec, se rejoue cependant dans toute l'histoire de l'Islam. Dans les termes d'Ibn Khaldûn, Muhammad a allié une *'asabiya*, une violence tribale solidaire, à une *da'wa*, un « appel », une cause religieuse, et cette combinaison ne se séparera plus de l'émergence des plus grandes dynasties islamiques. Sa récurrence en fait un paradigme dont on n'interroge plus les origines[17].

Elle est pourtant neuve. Une foi qui anime des conquêtes est une aberration pour les religions universelles – et encore pour nous. Christianisme, bouddhisme, zoroastrisme proclament la paix des empires, la paix de leur maturité, la paix de leur déclin, dont les religions tirent parti pour imposer la morale de l'impuissance en ce monde. Une religion conquérante, une religion bédouine, pour le dire comme Ibn Khaldûn, est une contradiction dans les termes. C'est d'abord ce qui explique le faible prosélytisme de l'Islam conquérant, que tant de spécialistes, et surtout tant de musulmans d'aujourd'hui, irrémédiablement sédentarisés, peinent à comprendre. Née dans l'univers des marges bédouines, la religion musulmane ne franchit d'abord pas les frontières des sédentarités enracinées qu'elle occupe. Paysans et citadins syriens, égyptiens, mésopotamiens restent chrétiens, zoroastriens ou manichéens ; les Arabes seuls sont musulmans. À cette religion des marges manque l'universalité dont le principe n'appartient qu'à la sédentarité - et qu'elle acquerra à Bagdad, dans l'empire en plein apogée, après deux ou trois siècles d'existence, avec la naissance du sunnisme. L'islam primitif domine, mais ne convertit pas. Encore aujourd'hui, la religion musulmane montre moins d'agressivité - ou de générosité - prosélyte que le christianisme. « À chacun sa religion » - et la nôtre vaut mieux - y reste inscrit dans les esprits.

Le sunnisme cerne ainsi l'État en lui dérobant à la fois le récit des origines apocalyptiques et le quotidien pacifié des foules urbaines, où il rejoint le christianisme et le bouddhisme. Au contraire, le shiisme, dans la diversité de ses branches, hérite de l'entreprise d'al-Ma'mun, par la place qu'il accorde à ce qui a précédé l'Islam, à la chaîne des prophètes, et surtout au patrimoine intellectuel des empires révolus, philosophie grecque et politique perse. Né dans le cercle des souverains, sur le tapis des califes, le shiisme reste aussi attentif à la possibilité intellectuelle et pratique d'une politique que le sunnisme lui est hostile ou indifférent. Même s'il convient de ne pas brusquer l'explication des événements contemporains, on est encore aujourd'hui frappé du contraste entre, d'une part, l'opiniâtre et prudente construction de la puissance iranienne et du camp shiite et, de l'autre, la puissance apocalyptique, mais pour l'heure sans effet politique solide, du salafisme et du jihadisme sunnites.

L'évidement du centre de l'Islam

La construction de l'empire est associée, en Chine et dans le monde méditerranéen, à une époque d'expansion qui couvre à la fois les Royaumes combattants chinois, contemporains de la Grèce classique et des royaumes hellénistiques ; et l'empire des Han, contemporain des conquêtes et de la paix romaine (entre 480 avant notre ère et 200 de notre ère dans les deux cas). En revanche, l'Islam arrive dans un monde déprimé, précisément par un ressac d'empire, d'abord déterminé par la diffusion des deux grandes pandémies de la variole (après 165 dans la Méditerranée romaine) et de la peste justinienne (après 542) - ces deux pandémies tiennent avant tout au succès des temps précédents et à la continuité désormais établie, aux alentours de notre ère, du peuplement humain dans le monde méditerranéen comme en Chine. La population mondiale, et en premier lieu celle des vieux territoires impériaux, a probablement régressé pendant l'essentiel du Ier millénaire de notre ère[18]. La brièveté de l'éclat abbasside (800-1050) y trouve son explication.

Mais le déclin des terres centrales du califat - Irak, Iran, Asie centrale - s'accentue avec les invasions turques et surtout mongoles, entre 1050 et 1400, encore aggravées par la peste. L'Islam y acquiert une configuration rare dans l'histoire des empires : les réserves de violence turque y sont abritées en son centre dévasté, de population désormais clairsemée, largement abandonné aux tribus, tandis que les nouvelles constructions politiques s'y édifient aux marges, où elles retrouvent des populations sédentaires capables de soutenir la lourdeur de leur fiscalité. Aux XIVe et XVe siècles, les deux masses impériales majeures ont pour centres Delhi et Le Caire, séparées, comme les charges d'une palanche chinoise, par la mince flexibilité bédouine des steppes occupées par les Turcs. Tamerlan (1370-1405) échoue, malgré l'étendue de ses conquêtes, à faire empire durable dans cet espace ravagé. Aux XVIe-XVIIIe siècles, le raffinement de l'art timouride se prolonge au contraire à Delhi ou Agra, et à Constantinople, qui remplace Le Caire dans le rôle de capitale de l'Ouest islamique.

Cette structure géopolitique singulière n'est pas sans conséquence sur l'équilibre des forces entre empire et sunnisme dominant. Les pouvoirs majeurs de l'Islam trouvent en effet leurs assises dans des territoires où les musulmans sont à peine majoritaires (l'Égypte mamelouke), ou franchement minoritaires (les Balkans ottomans, l'Inde moghole). Ils tirent d'ethnies non musulmanes une large part de leurs serviteurs civils et militaires, parmi lesquels abondent les sectes et croyances hétérodoxes, tandis qu'au contraire, le sunnisme gagne une part croissante des sujets sédentaires au fil des siècles[19].

Tout se passe donc comme si le recours du politique contre l'emprise du religieux consistait à sortir de l'Islam. C'est l'échappatoire de l'État au cercle étouffant que la religion sunnite prétend lui imposer, en fixant à la fois ses valeurs, en s'appropriant la totalité de l'histoire depuis l'instant de la Révélation, et en affirmant qu'il n'y a rien à chercher au-delà. « Rien au-delà », c'est ce que dit le wahhabisme en interdisant de fouiller le sol d'Arabie, ce que disent les jihadistes encore aujourd'hui en détruisant les monuments bouddhistes d'Afghanistan ou les restes de l'Antiquité sémitique dans les musées du Moyen-Orient.

Mais cette interdiction est le signe que l'on sait l'attirance de l'au-delà, qui n'a jamais cessé dans l'esprit de ceux qui gouvernent. En Islam, les révolutions, intellectuelles et axiologiques, n'ont jamais commencé que dans les palais. Ici, c'est le pouvoir qui traduit et consent une place à l'universel, d'al-Ma'mun à Dara Shikoh, tandis que le sunnisme la refuse. Ainsi émerge un chiasme étonnant : les barbares au pouvoir s'entretiennent de philosophie grecque et d'histoire persane, tandis que les sédentaires désarmés et savants monopolisent les souvenirs les plus belliqueux du *jihâd* apocalyptique des origines arabes.

En Chine, l'expulsion du bouddhisme de l'État

L'historiographie chinoise fixe le début des Temps modernes au Xe siècle, cinq ou six siècles avant la Renaissance occidentale. L'assertion ne surprend pas, tant la dynastie des Song (960-1276) ouvre une sorte d'âge d'or dans l'histoire de la Chine. Les très hauts rendements de la riziculture irriguée, qui s'impose en Chine du Sud comme au Cambodge à partir du VIIe-VIIIe siècle, le doublement au moins de la population en trois siècles, la complémentarité neuve du nord et du sud de l'espace chinois, l'expansion du trafic maritime et de la monnaie fiduciaire, l'invention de la poudre et de l'imprimerie sur bois suffiraient à établir la gloire des Song[20]. Mais il s'y ajoute, pour ce qui nous intéresse ici, l'expulsion du bouddhisme des cercles du pouvoir, la victoire du néoconfucianisme, l'extension du système des concours qui désignera jusqu'en 1911 les fonctionnaires impériaux, mais aussi les élites provinciales et locales de l'empire. C'est sous les Song que la Chine commence à devenir ce pays de lettrés pacifiques qui devait tant séduire l'Europe des Lumières.

Il y a, dans le jugement si favorable que les jésuites donnèrent de la Chine, moins d'illusion qu'on ne le pense. L'histoire de la Chine est en effet assez comparable à celle de l'Occident, sous certains aspects. Le bouddhisme se répand, puis triomphe à mesure que l'empire des Han se retire, puis s'efface au IIIe siècle, quelques générations avant que l'Empire romain n'adopte le christianisme, puis ne disparaisse à son tour dans sa partie occidentale. Le bouddhisme domine toute l'époque de la division des royaumes (311-589), en particulier sous les Wei (386-535), la plus importante dynastie de la Chine du Nord de ce temps de division. Il touche à son apogée après le rétablissement de l'unité par les Sui (589-618) et surtout les Tang (618-907). Mais la contradiction entre empire et bouddhisme, entre entité politique territorialisée et religion universelle indifférente à sa défense, éclate avec les défaites du milieu du VIIIe siècle et la perte de l'Asie centrale, qui renforce l'hégémonie sur l'État de militaires « barbares », Coréens, Ouïghours, Tibétains, Mongols, aussi indispensables à la défense du territoire qu'impopulaires - et acquis au bouddhisme.

Dès 760, des Arabes et des Persans sont massacrés à Canton, et en 879, ces émeutes meurtrières prennent les dimensions d'une extermination totale. Les insurgés qui occupent la ville prétendent la purifier des « sang-mêlés et des soldats » - les deux termes sont en fait synonymes depuis la multiplication des dynasties barbares au IVe siècle. Si la majorité des victimes sont musulmanes à Canton, elles sont le plus souvent bouddhistes ailleurs. Dès 836, tout rapport est interdit avec les « gens de couleur » - en fait les ethnies barbares, turques, tibétaines ou mandchous d'où l'empire tire ses soldats. En 845, dans ce que l'historiographie décrit comme une « réaction nationale », les biens des monastères sont saisis, on l'a vu, moines ou nonnes réduits à l'état laïc[21].

La hargne nouvelle que le gouvernement de l'empire, mais surtout ses populations sédentarisées, témoignent contre la religion établie tient fondamentalement à ce que les barbares en sont désormais les soutiens les plus fermes. Le bouddhisme, comme le christianisme, a débordé les frontières de l'empire, effacé la distinction entre bédouins et sédentaires, entre barbares et chinois. Or, dans le mécanisme impérial, la ségrégation des fonctions de violence et de production, des sédentaires et des bédouins, n'admet pas d'exception. Le christianisme a pu conquérir en Occident la descendance des barbares en même temps que celle des Romains parce que l'empire y a disparu. Les deux populations, la conquérante et la soumise, ont fusionné au terme de quelques générations de cohabitation. Nous imaginons la chose « naturelle », mais l'histoire est affaire de culture plus que de nature. En Chine, la force restaurée des institutions de l'empire, à partir du VIIe siècle, se heurte à la toute-puissance d'une religion qui nie la division des fonctions et des peuples sur laquelle repose la stabilité de l'édifice impérial. L'empire réclame des barbares, le bouddhisme nie qu'il y en ait.

Néoconfucianisme et fin du métissage

À partir du milieu du Xe siècle Song, la séparation des eaux est accomplie entre État et religion : le bouddhisme est rejeté comme « étranger » vers les peuples périphériques qui assurent la violence de l'empire, et il triomphe dans les royaumes barbares de Chine du Nord entre X^e^ et XIVe siècle, Liao/Kitan, Jürchen/Jin, et encore sous les Yuan/Mongols ; tandis que la culture « chinoise », qui triomphe en Chine du Sud sous les Song, s'inspire des philosophes et légistes de l'époque des Royaumes combattants. Le confucianisme, né avant l'empire, expliqué et commenté sous les Han, équivalent chinois de la culture grecque classique pour Rome et pour l'Occident, prend peu à peu le dessus sur le bouddhisme. La Chine tourne ainsi, dès le temps des Song, l'obstacle culturel du bouddhisme en faisant appel au patrimoine de la Chine ancienne. C'est la même manœuvre de contournement, au profit de l'Antiquité classique et païenne, et au détriment du christianisme, que l'Occident entreprend au XVIIIe siècle. L'exemple de la Chine ne pouvait que séduire Voltaire et Diderot.

Le programme très élaboré des examens, qui vont désormais désigner non seulement les fonctionnaires, mais tous ceux qui ont échoué et constituent une solide et nombreuse bourgeoisie rurale jusqu'au XIXe siècle, referme la Chine officielle sur une culture imperméable aux barbares. Elle oppose un mur infranchissable à l'universalité religieuse du bouddhisme et à son indifférence au politique. L'empire évince la religion grâce aux doctrines d'une époque où il n'existait pas encore, à l'encontre d'une religion qui menait à son terme l'évolution impériale - mais un terme fatal dans la mesure où l'utopie bouddhiste, comme l'utopie chrétienne, achève la décomposition de l'État.

Le paradoxe qui en résulte, c'est que la très mince élite guerrière ou militaire qui soutient le trône est à la fois indispensable à l'ordre et à la défense de l'empire, mais méprisée sur l'injonction des clercs, maîtres des valeurs. Ses origines barbares sont méprisées, tout comme son comportement et son éducation violentes, son allure physique ou son attachement aux activités du corps. La dépréciation de l'exercice physique sous les Song rejoint la condamnation du métier de combattant. C'est probablement en Chine que ce mépris pour la guerre et pour ceux qui en tirent les moyens du pouvoir s'est manifesté le plus ouvertement, dès ce Xe siècle Song et la séparation radicale de l'immense majorité productive et de ses clercs, qui s'identifient à la Chine, d'avec les soldats rejetés comme barbares.

Les fonctionnaires issus du système des concours maintiendront cette sécession morale sous les Mongols, puis les Mandchous. De Marco Polo au jésuite Matteo Ricci, qui vit dans l'empire des Ming en crise au début du XVIIe siècle, la constatation du mépris chinois pour la chose militaire - analogue à celui que Machiavel déplore dans les cités italiennes de son temps - emplit les rapports et les mémoires des témoins européens[22]. L'historien la vérifie à quelques exceptions près, jusqu'à la victoire de Mao, qui n'aura probablement renversé cette échelle de valeurs que pour quelques décennies, comme l'avait fait avant lui, le temps d'un règne, le fondateur de la dynastie Ming, Hongwu (1368-1398).

Bien entendu, le bouddhisme, tout comme le taoïsme souvent regardé avec méfiance par les autorités, subsiste dans les classes populaires et dans la vie intime de l'élite, qui les exclut cependant de son discours et de ses pratiques officielles. Le point décisif de cette révolution Song, qui commence au Xe siècle, c'est donc la fin du « métissage » des barbares et des Han dont les Sui et les Tang étaient encore de bons exemples, et qu'autorisait la communauté religieuse bouddhique entre Chinois et peuples de la steppe. Le fossé est désormais tracé et infranchissable, grâce à la difficulté, à l'obscurité et à la sophistication de la culture des lettrés.

Non sans paradoxe, les steppes assignées par l'empire aux fonctions de violence se donnent pour référence l'absolue non-violence du bouddhisme. La religion bouddhiste s'étend logiquement aux périphéries sinisées - Japon, Corée, Vietnam - au moment même où l'empire la cantonne au rôle barbare, ce qui situe ces périphéries précisément comme barbares aux yeux des Chinois. Bien entendu, puisque le mécanisme fait partie de l'identité même de l'empire, la combinaison d'une élite d'origine tribale en charge de la violence et d'une population sédentarisée, désarmée, fiscalisée, n'a jamais disparu. C'est cette combinaison qui fait l'empire. Mais à partir de la grande révolte contre les Tang en 880 au moins, seule la part sédentaire est tenue pour chinoise, la part tribale et violente est considérée comme « étrangère ». À partir de là, l'histoire de la Chine tout entière, qui allie dans les faits barbares et sédentaires, est vécue comme une lutte incessante du « principe national » chinois contre les barbares étrangers. Les Yuan Mongols (1215-1368) et les Qing Mandchous (1644-1911) sont « barbares » et leurs dynasties des « occupations étrangères », tandis que les Ming (1368-1644) sont « nationaux », comme les Song (960-1276). La coupure de l'an mil définit les « barbares » - et encore aujourd'hui, les historiens emploient plus volontiers le terme après les Song qu'avant, où le « métissage » des Sui, des Tang ou des Wei est la règle. Mais l'historiographie chinoise ne reconnaît aucun métissage. Elle ne concède aucune réciproque à la fascination que les peuples des steppes éprouvent pour la civilisation impériale.

En Occident, la disparition de l'empire et l'essor d'une aristocratie

L'histoire de l'Occident présente cette particularité que l'empire, la réunion de l'ensemble des terres chrétiennes sous une même autorité politique, a disparu plus tôt et plus complètement qu'en Chine – où l'empire existe encore aujourd'hui – et en Islam. Après l'effondrement de la présence romaine, et surtout de l'administration et de la pratique politique de l'empire, les horizons se restreignent, les communautés se referment, les villes se recroquevillent et, pendant une part majeure du Moyen Âge, les élites, châtelains ou monastères, rejoignent la ruralité. Les conditions économiques et politiques de l'empire disparaissent. L'Europe n'a jamais réussi à ressusciter l'Empire romain. À partir de la Noël 800 cependant, puis de nouveau, après un interrègne de quelques décennies, après le couronnement d'Othon en 962, il existe un empereur, qui prétend relever le flambeau de Rome et s'y fait reconnaître par le pape et le peuple. Mais s'il y a un empereur, il n'y a pas d'empire, au sens où le définit la lecture d'Ibn Khaldûn, pas d'impôt d'État déterminant dans la circulation et la répartition des richesses, pas de capitale que l'on puisse comparer à Bagdad, Hangzhou ou Constantinople, pas de distinction tranchée entre l'immense majorité productrice et les marges pourvoyeuses de violence.

En Occident, à la différence de la Chine et de l'Islam, la religion universelle – ici le christianisme – n'affronte pas l'empire mais les royaumes nés du déchirement du territoire impérial par les ethnies germaniques conquérantes des ve-vi^e^ siècles, confortés par le temps et l'assentiment des populations sédentaires conquises. L'Occident du haut Moyen Âge, qu'on a si longtemps décrit fruste et brutal, offre la configuration la plus complexe que puisse créer une évolution impériale, comme on l'a vu plus haut : les barbares envahisseurs s'y soumettent, au terme de quelques générations, à la civilisation romaine, aux langues romanes partout où ils occupent d'anciens territoires impériaux, à la version catholique du christianisme qu'ils ne professaient pas dans la première génération de leur expansion. Mais à l'inverse, et presque dans le même temps, les sédentaires romains adoptent le nom et écrivent l'histoire de ces peuples auxquels ils s'identifient désormais. Les sédentaires ne survivent aux barbares qu'en prenant leur nom et en faisant vivre leur mémoire. Dans la structure impériale, le mouvement aboutit à la généralisation de la citoyenneté romaine (212) ou de la religion musulmane (vers le XIe-XIIe siècle) : le nom et le signe des anciens conquérants est livré à la foule sédentaire et s'avilissent avec elle. D'autres barbares, logiquement, reprennent la charge du pouvoir que les Romains ou les Arabes ont laissée vacante.

Mais en Europe, l'empire disparaît, et avec lui la distinction des « bédouins » et des « sédentaires ». Barbares et Romains fusionnent aux VIe-VIIe siècles, et aucune nouvelle invasion bédouine ne restaure la distinction impériale des guerriers et des producteurs. Ou plutôt, il n'y a plus d'incursion barbare durable ou victorieuse parce que les sédentaires, d'avance soumis et résignés à payer l'impôt, ont disparu dans la nouvelle société du haut Moyen Âge. L'Occident ignore la houle régulière des invasions que soulèvent, en Chine ou dans le monde islamique, la sédentarisation et la substitution, de siècle en siècle, de nouveaux barbares à ceux que l'exercice du pouvoir a épuisés.

En Occident, au contraire, les « peuples » s'enracinent et durent. Pendant plus d'un millénaire, les mêmes noms dominent les mêmes « royaumes » aux frontières bien marquées : Francs en France, Saxons en Angleterre, Goths en Espagne sont reconnus comme pères fondateurs. Le traité de Verdun (843) définit les limites de la Francie occidentale, puis de la France jusqu'au milieu du XIVe siècle[23]. Dans cette société où le moteur central de l'histoire impériale, l'érosion de la violence barbare par la civilisation sédentaire, est absent, les traits de pérennité se renforcent. Les guerriers s'enracinent et se perpétuent de génération en génération, puisque l'impôt d'État et le pouvoir ne les arrachent pas à leur milieu rural pour les engloutir dans la ville. Les lignées aristocratiques s'allongent sur plusieurs siècles, alors que l'aristocratie d'empire ne survit guère dans ses fonctions de guerre et de souveraineté au-delà des deux ou trois générations que lui assigne la théorie d'Ibn Khaldûn.

Les chevaliers/*milites* du Xe siècle rejoignent leurs patrons châtelains dans l'institution complexe de la « noblesse » aux XIIe-XIIIe siècles. La guerre y devient un métier réglé, dont les codes n'ont d'autre équivalent dans le monde que le *bushido* des samouraïs[24]. Les armes s'y marient à un art de vivre, à une morale, mais aussi à une littérature en langue « vulgaire », dont les clercs n'ont donc plus le monopole. Bien que nous n'en soyons plus conscients, c'est sans doute ce trait qui distingue le plus nettement l'Occident des sociétés impériales, où la fracture ouverte entre guerriers bédouins et clercs sédentaires réserve aux derniers l'écriture et le savoir. Au contraire, en Occident, les chevaliers, les nobles, les femmes créent une culture, amoureuse, poétique, romanesque, dans ces langues vernaculaires qui s'imposent peu à peu dans l'administration de la société et de l'État au détriment du latin de l'Église[25]. Le déploiement des cultures d'Occident multiplie les langues écrites et élève aux XVe-XVIe siècles les dialectes romans de France du Nord, de Toscane, de Castille au rang de langues d'État, d'idiomes savants et littéraires dont on commence à écrire des grammaires[26]. Au contraire, l'Islam, avant la poussée européenne qui le modèle à son image au XIXe-XXe siècle, ne reconnaît que trois langues dignes de l'écrit, l'arabe, le persan et le turc, bien que l'hégémonie de l'arabe soit bien plus sérieusement défiée, par le persan surtout, que celle du latin en Occident.

L'Église impériale

L'Église trouve son équilibre singulier, si on le compare à celui du bouddhisme, exclu de l'État, ou du sunnisme, qui s'en défie, dans l'absence d'opposition impériale. Elle peut réaffirmer son message universel, que ne vient troubler la rivalité d'aucun pouvoir profane universel. Bien mieux, à partir des Carolingiens, au milieu du VIIIe siècle, c'est l'Église qui s'efforce de ressusciter l'empire, un empire chrétien dont les valeurs seraient les siennes - paix universelle, désarmement, résurrection de Rome et amendement du latin. Le couronnement de Charlemagne (800) exige de lui une forme de renonciation à la royauté franque au profit d'une assise romaine à laquelle il ne se résoudra jamais. L'aventure tourne bientôt court. La sédentarisation de la royauté s'accentue sous son fils Louis le Pieux et aboutit à l'éclatement et au partage du domaine franc en 843 à Verdun.

Mais l'Église déborde de beaucoup les formations politiques qu'elle aide à créer et auxquelles elle accorde le nom d'empire : les Carolingiens n'ont jamais dominé l'Espagne ni l'Angleterre chrétiennes, ni les nouvelles terres chrétiennes de l'Est, ni bien sûr l'Empire byzantin. Othon, après 962, et les successeurs allemands de la dynastie saxonne étendent leur pouvoir vers l'est, mais la Gaule, l'Espagne ou l'Angleterre leur échappent. En fait, le projet le plus convaincant d'empire au Moyen Âge est celui que la papauté met en œuvre après le milieu du XIe siècle, en feignant de combattre la menace des souverains germaniques, avec l'appui de l'universel réseau des moines et de la foule des chevaliers et des châtelains. C'est ce que notre historiographie nomme la Réforme grégorienne[27]. La Croisade, entreprise de reconquête de la Méditerranée romaine, se conjugue avec la tentative de domination de l'Europe par la papauté. L'une et l'autre visent à une théocratie pontificale - un empire - que tentent de rejeter les empereurs allemands, ceux de la dynastie des Hohenstaufen surtout (1138-1254).

L'échec de la Croisade marque celui de la théocratie pontificale. Plus que la résistance de l'Islam, ce qui brise les ailes de cette utopie, c'est la raison d'être du christianisme, que viennent rappeler avec éclat, dès le début du XIIIe siècle, les ordres mendiants, dominicains et franciscains. Ceux-là réaffirment, avec l'arrivée bienvenue du patrimoine des sciences gréco-arabes qui renforcent le prestige des clercs, les valeurs fondatrices d'un christianisme intransigeant à l'encontre des calculs politiques et des spéculations historiques de la papauté : l'absolue humilité, la sainteté de l'impuissance, l'amour de la faiblesse et de la défaillance. On ne comprendrait pas l'immense engouement des grandes majorités pour les mendiants, qui reconstituent le christianisme dans les trois derniers siècles du Moyen Âge, et la haine féroce qu'ils soulèvent chez quelques-uns des plus lucides de leurs adversaires, Machiavel en particulier, si on ne mesure pas que les mendiants portent à son terme la logique du christianisme, c'est-à-dire la compassion de l'empire finissant, à l'exact opposé des valeurs viriles de la cité grecque, de la République romaine ou de la chevalerie croisée.

Où l'Europe se rapproche de la théorie d'Ibn Khaldûn

Tocqueville voit sans doute juste quand il fait partir de la généralisation de l'impôt, à la fin du XIVᵉ ou au XVᵉ siècle, la mutation de l'ordre aristocratique qui devait aboutir à la Révolution[28]. Dès lors que l'État, en France ou en Castille plus qu'ailleurs il est vrai, centralise, confisque et redistribue une part de plus en plus considérable de la richesse du royaume entre XVᵉ et XVIIIᵉ siècle, les traits impériaux se précisent dans la société européenne. La conquête des océans aux XVᵉ-XVIᵉ siècles y ajoute d'autres sources de prospérité qui renforcent la dénivellation de richesse d'une part, d'agressivité guerrière de l'autre, et qui cristallisent les répartitions, bédouines et sédentaires, d'une société impériale. Pour qu'il y ait empire, il faut une accumulation de richesses, et des barbares capables de s'en emparer. L'Angleterre des Lancastre, au début du XVᵉ siècle, est peut-être la première bédouinité européenne, qui monte à l'assaut de la sédentarité naissante du royaume de France. Machiavel dirait que l'Espagne encore à demi barbare des premières années du XVIᵉ siècle conquiert de même par la brutalité des armes la richesse de l'Italie ; elle y ajoutera bientôt celle du Nouveau Monde, au Mexique et au Pérou. Au début du XVIIᵉ siècle, la Hollande et l'Angleterre remplacent la *'asabiya* espagnole fourbue par l'exercice du pouvoir et les atteintes de la civilisation, dont témoigne la splendeur littéraire et esthétique du Siècle d'or (1540-1660 environ). Ces puissances du Nord étendent leurs entreprises « bédouines » aux empires les plus lointains, grâce à leur maîtrise des mers et du commerce entre les pôles productifs majeurs de l'Ancien Monde, l'Inde moghole ou la Chine des Qing.

Les guerres de Religion qui déchirent l'Europe, entre 1546 et 1648 surtout, offrent à l'Église, et à l'Espagne son bras armé, la dernière opportunité d'un empire théocratique, d'une définition de l'Europe selon les seules catégories de la religion, catholiques contre protestants. Pour la première fois depuis les cathares et les hussites, et à une bien plus vaste échelle, la Réforme oblige l'Église à la guerre, probablement la guerre la plus véritablement religieuse que l'Europe ait jamais connue. La Réforme luthérienne et calviniste, qu'on ne considère ici que sous l'aspect secondaire de son lien avec l'empire, divise la Chrétienté selon des lignes de partage géographiques et historiques étonnamment claires - l'ancien monde romain et méditerranéen, qui concentre encore la majorité de la population et de la richesse de l'Europe, reste catholique tandis que le nouveau monde germanique passe au protestantisme. L'Irlande et la Pologne, fidèles au catholicisme, s'opposent aux choix du monde germanique septentrional qui les cerne ou les opprime, cependant que les Tchèques et les Hongrois rejoignent au contraire le protestantisme. Dans ce partage, le catholicisme majoritaire passe à l'offensive dès le concile de Trente (1545-1563). La nouvelle milice spirituelle des jésuites se porte non sans succès à l'avant-garde des territoires perdus - la France, plus tard la Bohême ou la Hongrie -, en même temps qu'elle donne à l'Église de nouvelles provinces et de nouveaux espoirs de conversion en Amérique comme en Afrique et en Asie.

Sur la défensive, le protestantisme s'attache au contraire, contre l'Empire catholique, à renforcer les anciens royaumes et les États en gestation. Le luthéranisme, appuyé sur les puissances laïques depuis la protection que l'électeur de Saxe offrit à Luther, se coule dans les frontières des principautés allemandes et des royaumes scandinaves, et le principe *cujus regio, ejus religio* de la paix d'Augsbourg (1555) est une victoire pour ses conceptions[29]. La prééminence de l'État dans le choix de la religion, au détriment de l'universalisme catholique, s'y trouve confirmée.

Le calvinisme favorise plus encore la souveraineté des communautés autonomes. Il s'organise en sectes, diront les catholiques, d'une infinie diversité, d'une grande souplesse d'adaptation et d'une remarquable puissance d'attraction, comme le montre encore aujourd'hui l'expansion de l'évangélisme sous les dictatures les plus hostiles (la Chine) ou dans les pays musulmans les plus répressifs (l'Algérie, la Turquie). De fait, face aux ambitions politiques à peine dissimulées de la théocratie catholique, le protestantisme, en particulier le « sectarisme » calviniste, accomplit le christianisme dans son indifférence au politique. Il ne prétend pas substituer un projet de gouvernement à celui des autorités en place, ni même le contester. À l'inverse, le pouvoir protestant des Hollandais à Java ne se donne pas pour tâche, comme celui des Espagnols aux Philippines voisines, d'entraver l'islamisation des îles de la Sonde, qui se poursuit sous son autorité. On comprend l'indulgence ou le mépris dont l'évangélisme peut aujourd'hui tirer bénéfice en Chine auprès de dirigeants néoconfucéens attachés à la gestion de l'État et presque indifférents à la religiosité populaire, ou de dirigeants musulmans habitués à compter sur des minorités non musulmanes plus complaisantes et moins dangereuses que leurs marges sunnites.

Le moment westphalien : la religion mise de côté

Majoritaire et en progrès au XVIIe siècle, le camp catholique perd cependant la guerre qui l'oppose aux puissances protestantes, en grande partie à cause de la querelle séculaire qui divise ses forces entre la France et la maison d'Autriche. L'Espagne reconnaît sa défaite européenne en 1648 aux traités de Munster/Westphalie, et Louis XIV, qui prétend ranimer le camp catholique sous sa domination, doit avouer la sienne à Utrecht en 1713. S'appuyant sur l'essor des royaumes et de leurs administrations, les Provinces-Unies et l'Angleterre victorieuses, auréolées de plus par leurs succès scientifiques, imposent la vision protestante d'une religion limitée aux frontières de l'État, soumise au politique, et enracinée au plus profond d'une irréductible conscience nationale. Le gallicanisme prend son plein essor en France, le catholicisme se fait religion nationale en Espagne ou en Italie[30].

Mais c'est en Angleterre et en Hollande que se font jour les conséquences les plus durables de la surprenante victoire protestante. Les deux pays – l'Angleterre surtout – ont connu aux XVIe-XVIIe siècles une guerre civile dans la guerre européenne, plus encore que la France où le protestantisme, un temps très puissant, a finalement succombé. Les catholiques anglais et néerlandais sont nombreux et ardents. Ni l'Angleterre ni la Hollande ne peuvent totalement se reconnaître dans une seule et même identité religieuse, même si l'État a fait nettement son choix, en faveur de l'anglicanisme ou du calvinisme. Parce que ces royaumes ne sont pas des empires, où l'on pourrait distinguer bédouins et sédentaires, minorité en charge de l'État et majorité soumise, l'accord *a minima* installe une tolérance méfiante : en Angleterre, les catholiques sont exclus des fonctions de gouvernement en 1673 par le bill du Test, et la mesure ne sera levée qu'en 1829. Mais quoique politiquement marginalisés, ils jouissent des droits civils et des garanties judiciaires d'un libre sujet.

La religion est ainsi mise de côté dans la définition collective, où le droit, la langue, l'histoire, l'allégeance politique sont appelés à la suppléer. Outre-Rhin, la règle d'Augsbourg, *cujus regio...* se fane lorsque l'Allemagne devient le projet et le sujet historique auquel on prétend donner la parole, à partir de la fin du XVIIIe siècle, ce qui suppose qu'on surmonte la ligne de fracture du catholicisme et du protestantisme[31]. Les États prennent le pas sur les Églises. Les références antiques et païennes l'emportent sur l'identité religieuse[32]. C'est la fin de la Chrétienté.

CHAPITRE 6

La modernité et le retour de l'efficace

xviiie-xxe siècle

La tradition : effacer le politique

Si différentes qu'en soient les sinuosités historiques, le temps des religions relègue partout l'action politique, le gouvernement des hommes, au rang de l'insignifiance, dans la pleine force du terme. Le pouvoir n'a pas de sens, puisque le sens tient tout entier dans la religion, et que la religion, le plus souvent, ne veut pas du pouvoir. L'expression historique particulière de cette figure générale varie beaucoup, comme on l'a vu. La Chine, à partir des Song, met en place une double culture. La religion bouddhiste, dans son élaboration chinoise du Ier millénaire, est rejetée vers les terres « bédouines » de l'Ouest et du Nord, d'où viennent souvent les dynasties régnantes et presque toujours les forces militaires de l'empire. Au contraire, l'administration civile de l'État, recrutée par un système de concours de plus en plus complexe et raffiné avec le temps, s'en tient à l'enseignement de Confucius, aux « classiques » dont la dynastie des Han avait pratiquement déjà clos la liste, et aux innombrables exégètes de ces textes fondateurs.

Ce qui est nouveau, après l'an mil, c'est que l'identité chinoise se restreint à cette part civile de l'État. La Chine est une moitié de pouvoir, celle qui définit les devoirs et la morale des souverains et des maîtres, mais se détourne de son application parce qu'elle répudie l'éventuelle violence qui serait nécessaire à sa mise en œuvre. La civilisation chinoise distingue mieux qu'aucun autre empire sa part sédentaire de sa part bédouine, parce qu'elle offre paradoxalement à ses « barbares » une religion qu'elle a elle-même dessinée – et qu'elle leur interdit en revanche, par la complexité de son patrimoine poétique et esthétique, la moindre pénétration dans son sanctuaire sédentaire. Les barbares, cependant, appartiennent tout autant que les lettrés et les mandarins à l'ordre chinois. Cette étrange muraille de Chine spirituelle qui sépare les Turcs ou les Tibétains des Han n'en inclut pas moins les deux termes de l'alternative, le barbare et le Chinois ; et les dynasties barbares mongole (1215-1368) et surtout mandchoue (1644-1911) porteront à sa perfection cette ségrégation de part et d'autre acceptée. On comprend que Jacques Gernet, après d'autres, définisse la clôture identitaire de la Chine, violemment manifestée, à partir de la fin du IXᵉ siècle, à l'encontre du bouddhisme et des peuples de l'Ouest, comme un « culturalisme » plutôt que comme un « nationalisme »[1].

La Chine se désigne par opposition à ses barbares, l'Islam à l'encontre de ses hérétiques et de ses apostats. L'ennemi désigné de la Chine est à ses frontières, le danger pour la religion musulmane en son centre. Le sunnisme s'est construit contre le pouvoir. Le confucianisme prête à l'État son discours, même s'il refuse de cautionner sa politique ; le sunnisme condamne la nocivité sans remède de l'État, qu'il s'agisse de l'impiété de ses actions - en particulier de sa fiscalité - ou de ses intentions hérétiques. La tradition islamique, a-t-on coutume de dire, s'attache à la qualité des actes de ses fidèles plutôt qu'à la conformité de leurs pensées - elle ferait prévaloir l'orthopraxie sur l'orthodoxie. Mais l'orthopraxie, c'est-à-dire la modeste exigence que la pensée dévoyée ne se manifeste pas à la surface des choses, traduit la conscience de l'enracinement du mal au cœur de la société, et d'abord au centre du palais. Depuis les époques les plus hautes, depuis les Omeyyades et les Abbassides, le plaisir des princes, derrière les hauts murs des palais, se nourrit de sexualités éclectiques, de vins capiteux, de poèmes lascifs, de pensées grecques et de politique persane indifférentes aux vérités de la foi. Le palais est le refuge de toutes les déviances et le berceau de toutes ces innovations que le sunnisme fait profession de haïr.

À la différence du confucianisme, qui se réserve la plus haute culture, le sunnisme fulmine volontiers contre l'arrogance intellectuelle de l'apostasie venue d'ailleurs, depuis l'étranger mécréant ou depuis les sous-sols anciens et mal explorés de la maison de l'Islam, dont les remugles étourdissent les princes[2]. La secte des bektachis, dominante chez les janissaires ottomans, et la religion particulière du grand empereur moghol Akbar (1556-1605) sont deux exemples entre mille de l'hétérodoxie du pouvoir, souvent chez les souverains les plus fameux[3]. Et pour cause : les plus grands règnes sont appuyés par les mobilisations tribales les plus vigoureuses, d'où l'orthodoxie sunnite, attachée au monde des oulémas et des villes, est généralement absente[4].

Le sunnisme ne rejette pas les marges bédouines avec la même virulence que le confucianisme. Il lui arrive même d'y trouver un soutien contre un pouvoir impie - les Almoravides, les Ghaznévides ou les Seldjoukides turcs ont été sollicités dans ce rôle par les hommes de religion andalous ou bagdadiens. La Chine méprise et craint les barbares, l'Islam auquel s'identifie le sunnisme fait profession de craindre les idées neuves. Il redoute moins la tribu que le lecteur de Platon, l'astrologue ou l'alchimiste. Mais la brutalité bédouine, l'ignorance religieuse et la sensibilité apocalyptique du soulèvement tribal heurtent vite les hommes de religion, et les milieux populaires urbains qui leur font confiance. Lorsque enfin, à force d'objurgations et de sermons, la vague bédouine est ramenée à l'orthodoxie véritable, les générations ont passé et la vigueur guerrière avec elles. Au moment où le sunnisme pourrait espérer gouverner par la main d'un souverain acquis à sa cause, il n'a plus de main. L'Islam est ainsi plus instable que la Chine, qui pose comme une évidence les deux camps de la barbarie et des lettrés, méprise la barbarie, mais ne la paralyse pas et lui abandonne un domaine. Le sunnisme, au contraire, encercle l'État, soulève contre lui les plèbes et les bédouins et n'a de cesse de réduire ce que la *'asabiya* du pouvoir peut porter à la fois de violence guerrière et de déviance culturelle. Il ne tolère la souveraineté politique qu'éteinte. Tout le système d'Ibn Khaldûn se retrouve dans cette extinction entropique de l'État, qui est au cœur du projet sunnite comme de sa théorie.

Dans les deux cas, en Chine comme en Islam, l'action politique est entravée, méprisée, vilipendée, condamnée. On a souvent dit de l'Islam que la théocratie s'y était imposée, au moins dans le monde sunnite, jusqu'à la modernité apportée d'Occident à la fin du XVIIIe siècle. Rien de ce que nous avons vu ne conforte cette thèse. Si la théocratie eut sa chance, c'est en Occident, à cause de la disparition de l'empire, et de l'universel qu'il portait. L'Église est demeurée sa seule héritière, et n'a longtemps trouvé d'opposition que dans les particularismes des royaumes. Avec la pleine conscience de réduire à un aspect politique secondaire un immense mouvement religieux, on peut tenir le protestantisme des XVIe-XVIIe siècles pour la dernière d'entre ces résistances particulières.

Une autre séquence : la force par les arts de la paix

Mais la victoire du protestantisme et de la tolérance religieuse, qui devait tant aux circonstances, rencontre la plus grande révolution intellectuelle de l'histoire, où l'Europe protestante du Nord-Ouest finit par tenir le rôle central. « Le Livre de l'Univers est écrit en langue mathématique », affirme Galilée dans le *Saggiatore*[5]. Les lois de Kepler, alors vieilles d'une quinzaine d'années, auraient suffi à le prouver[6]. Non tant parce qu'elles montrent la perfection mathématique du mouvement des astres - ce dont tous les astronomes sont persuadés depuis les Grecs -, mais au contraire parce qu'elles impliquent que les planètes obéissent à des mouvements plus complexes qu'on ne le croyait depuis deux mille ans. Galilée y ajoutera, par ses recherches sur la chute des corps et la dynamique, que le monde « sublunaire » de la naissance et de la mort, jusque-là réputé aussi imparfait que le ciel était sans tache, n'en obéissait pas moins à la mathématique. La matière était ainsi réunifiée et exaltée, digne de la réflexion rationnelle[7]. En 1687, les lois de la gravitation universelle de Newton unifient les prodigieuses percées scientifiques du siècle[8]. Il faut encore près d'un siècle pour que l'ingénieur écossais James Watt apporte à la machine à vapeur, entre 1765 et 1785 pour l'essentiel, les améliorations décisives qui ouvrent l'ère de la révolution industrielle.

Voltaire célèbre la théorie de Newton dans ses *Lettres philosophiques* (1734) et son amie Madame du Châtelet traduit les *Principes mathématiques*. Les Lumières installent bientôt dans l'esprit public la certitude que la science physique révèle un autre monde, depuis toujours caché, et qu'à la vérité des religions universelles, qui dénoncent la faiblesse du roseau humain et réservent à l'au-delà toutes les félicités, s'en substitue une autre, plus vaste et peut-être plus belle parce que le plan divin s'y révèle en ce monde de main d'homme. Comme le premier chapitre de la Genèse, les idées nouvelles invitent l'humanité à prospérer, et la conviction s'en fait jour partout à la fin du XVIIIe siècle, nous dit Tocqueville :

> J'ai dit ailleurs que le contrôleur général et l'intendant de 1740 ne ressemblaient point à l'intendant et au contrôleur général de 1780[9]. La correspondance administrative montre cette vérité dans les détails. L'intendant de 1780 a cependant les mêmes pouvoirs, les mêmes agents, le même arbitraire que son prédécesseur, mais non les mêmes visées. L'un ne s'occupait guère que de maintenir sa province dans l'obéissance, d'y lever la milice et surtout d'y percevoir la taille [*l'impôt*]. L'autre a bien d'autres soins : sa tête est remplie de mille projets qui tendent à accroître la richesse publique. Les routes, les canaux, les manufactures, le commerce sont les principaux objets de sa pensée ; l'agriculture surtout attire ses regards. Sully devient alors à la mode parmi les administrateurs [...].
>
> À mesure que ces changements s'opèrent dans l'esprit des gouvernés et des gouvernants, la prospérité publique se développe avec une rapidité jusque-là sans exemple. Tous les signes l'annoncent : la population augmente, les richesses s'accroissent plus vite encore. La guerre d'Amérique ne ralentit pas cet essor[10]. L'État s'y obère mais les particuliers continuent de s'enrichir ; ils deviennent plus industrieux, plus entreprenants, plus inventifs [...].
>
> Personne ne prétend plus, en 1780, que la France est en décadence. On dirait au contraire qu'il n'y a en ce moment plus de bornes à ses progrès. C'est alors que la théorie de la perfectibilité continue et indéfinie de l'homme prend naissance. Vingt ans avant, on n'espérait rien de l'avenir ; maintenant on n'en redoute rien[11].

La révolution industrielle suspend pour deux siècles au moins la pertinence de la théorie des empires d'Ibn Khaldûn. Elle n'en est pas moins l'illustration, tant elle l'inverse parfaitement. Sans qu'il l'explique jamais aussi clairement, parce que la chose lui semble évidente, Ibn Khaldûn impose à l'histoire de la construction de tout empire une invariable séquence, dont le plan même de la *Muqaddima* se fait l'écho : d'abord le rassemblement d'une *'asabiya*, d'une force de guerre et de coercition, qui conquiert ; puis le désarmement de l'immense majorité des soumis ou des vaincus, et la levée générale d'un impôt lourd, qui permet la mobilisation dans la capitale, à la disposition du pouvoir, de l'essentiel des ressources qui ne sont pas indispensables à la reproduction du troupeau des sujets ; enfin, grâce à la concentration de la demande et à la multiplication des compétences autour du palais et dans la ville, la floraison des activités, le bourgeonnement des métiers et des arts, le progrès des savoir-faire et les gains de productivité qui se répandent dans toute la société, l'enrichissent, et compensent avec bénéfice la charge de l'impôt.

Pour Ibn Khaldûn vient donc d'abord la guerre, puis l'ordre politique impérial. Aucune accumulation de capital, aucune prospérité ne peuvent s'envisager sans rassemblement contraint des populations sous la tutelle d'un pouvoir sévère et à première vue oppressif. Comme on l'a dit ailleurs, plus le pouvoir est barbare, indifférent aux valeurs de la société sédentaire qu'il domine et administre, mieux cette société se porte. Dans la première génération de son existence, une dynastie d'origine « bédouine » retient les fidélités des tribus conquérantes qui l'ont portée au pouvoir et qui lui offrent leurs forces guerrières sans autre rémunération qu'une part modeste de l'impôt, dont leur frugalité se satisfait. En outre, le tranchant de cette armée tribale maintient l'ordre à l'intérieur et défend avec efficacité les frontières. C'est la barbarie du pouvoir qui sert le mieux la civilisation de la société[12].

On remarquera que la tâche de l'intendant de 1740 selon Tocqueville n'est pas très différente de celle qu'Ibn Khaldûn assigne au pouvoir : maintenir l'ordre par la justice et surtout lever l'impôt dont se nourrissent Paris et l'État[13]. À la différence majeure du recrutement de l'armée, que la monarchie française va chercher dans ses provinces tandis que les empires le tirent de leurs marges barbares, le schéma de l'État est le même. Aiguillonnée par la lourdeur croissante de l'impôt, la France des XVIIe-XVIIIe siècles est sur la voie de l'empire.

Mais la révolution industrielle renverse la séquence. Au début n'est plus la *'asabiya*, la nécessaire violence qui rassemble les populations et les désarme pour en extraire la richesse et favoriser l'économie, les industries et les sciences. Tout à l'inverse, c'est l'alliance nouvelle des sciences et de la technique industrielle qui viennent en premier. C'est la prospérité qui fait naître la force, et non la force qui autorise la prospérité. L'histoire contemporaine, à partir de 1850 et de la guerre de Crimée au moins, nous enseigne que la victoire va aux plus avancés dans l'âge industriel et dans les recherches techniques qui livrent les armes les plus élaborées. La France et l'Angleterre l'emportent en Crimée (1854-1856) sur la Russie, première puissance continentale, encore auréolée de sa victoire sur Napoléon, grâce à l'excellence de leurs flottes et de leur artillerie de siège. Le poids démographique et industriel de l'Union des États du nord et de l'ouest de la République américaine leur donne l'avantage sur la Confédération des États du Sud (1861-1865), où la tradition militaire était - et reste encore aujourd'hui - pourtant bien plus forte. En 1917, en 1941, les États-Unis ne disposent que de forces militaires très minimes, si on les compare à celles de leurs ennemis allemands et japonais. Mais leur industrie, de loin la première du monde, leur permet de compenser rapidement leur impréparation et les très lourdes pertes initiales que leur infligent les Japonais en 1941-1942. Lorsque j'enseignais la Seconde Guerre mondiale, il me suffisait de dresser pour mes élèves le tableau des parts respectives des belligérants dans la production industrielle mondiale en 1939. L'issue de la guerre y est inscrite sans surprise.

Cette victoire des sédentaires - et qui se flattent de l'être, de ne compter sur aucune force militaire professionnelle, mais seulement sur leurs capacités productives - eût abasourdi Ibn Khaldûn. Dans le monde des empires, au long des deux millénaires qui précèdent notre révolution industrielle, la richesse est une faiblesse qui promet à ceux qui en jouissent la soumission. Ce sont au contraire les tribus faméliques des confins qui sont appelées au pouvoir. La guerre et la production appartiennent à deux camps irréductibles l'un à l'autre, bédouin contre sédentaire. Les Chinois inventent certes la poudre, la Chine des Song met au point, dans la première moitié du XIIe siècle, des tubes de bambous propulseurs de projectiles, ancêtres de nos armes à feu. Mais les armées Song, pourtant appuyées par la culture technique la plus avancée du temps, sont balayées par les Mongols. Au Moyen-Orient les croisés sont vaincus au moment où ils construisent les forteresses les plus impressionnantes – ou plutôt, insisterait Ibn Khaldûn, parce qu'ils savent les construire, et que les soucis de la sédentarité l'emportent chez eux sur la sauvagerie de la guerre.

La victoire de l'Angleterre et des Provinces-Unies sur la France, sanctionnée par le traité d'Utrecht (1713), se confond au contraire dans le temps avec l'avancée scientifique – et avec l'émergence de la tolérance dans cette même Europe du Nord-Ouest, bien qu'il soit difficile d'établir un lien nécessaire entre les trois phénomènes, la tolérance, la capacité scientifique et la victoire[14]. Mais de fait, Montesquieu ou Voltaire associent la victoire politique des puissances du Nord et la créativité de leurs savants à la tolérance de leurs mœurs religieuses ; ou plus souvent, et à l'inverse, ils condamnent dans les sociétés devenues archaïques de la Méditerranée (Espagne ou Turquie ottomane en particulier) la sainte et néfaste alliance de la paresse, de l'indolence économique et du fanatisme[15]. La coïncidence – si c'en est une – du progrès et de la tolérance s'est imposée dans notre histoire comme une corrélation logique : on est d'autant plus prospère et victorieux que l'on est plus tolérant.

Les nouveaux royaumes combattants

L'empire désarme l'immense masse de ses populations pour en tirer l'impôt. La modernité les arme au contraire, puisque la création et la circulation de la richesse ne lui viennent plus seulement, ni même principalement, de l'impôt. L'armement des peuples est la première conséquence de la prospérité, le premier et le plus paradoxal des effets de la sédentarité triomphante qu'impose la prééminence désormais indiscutée, jusqu'à nos jours, de la recherche scientifique et technique. L'essor des arts de la paix autorise l'expansion de la guerre, mais aussi de la démocratie. La révolution industrielle multiplie les hommes et les richesses comme l'empire prétend le faire en désarmant. Mais les révolutions politiques ses contemporaines, aux États-Unis en 1776 et en France en 1789, rétablissent au contraire l'âge des royaumes combattants, en sollicitant la mobilisation guerrière des peuples, et en leur consentant en échange le droit de vote sur les affaires de la cité.

On pourrait dire de l'Amérique en guerre de George Washington, ou de la France de l'an II, qu'elles retrouvent l'Athènes des guerres héroïques contre les Perses ou la Rome austère des origines républicaines. Mais la comparaison tourne vite court. Car elles conduisent aussi et en même temps la plus formidable révolution des conditions matérielles de l'humanité jamais entreprise, comme aucune des plus éclatantes réussites de l'histoire impériale, Rome sous les Antonins ou la Chine des Song, n'en avaient connue[16]. En ces temps s'amorce la plus troublante contradiction de la modernité : d'une part, sa prospérité sans cesse étendue, jusqu'à mettre aujourd'hui en danger la planète qui nous porte ; et, de l'autre, l'extrême violence de ses guerres qui ont mobilisé, jusqu'au troisième quart du XXe siècle, des foules croissantes de citoyens, au prix de pertes inconcevables en des temps moins prospères.

La révolution « industrielle » comme nous la nommons, bien qu'elle ait d'abord été agricole, puis sanitaire, hygiénique et médicale, aura multiplié le nombre des hommes par 10 ou 11 entre 1800 et 2050, leur richesse collective par plus de 100 peut-être[17]. Il est vrai que le nombre des soldats tombés sur le champ de bataille croît dans les mêmes énormes proportions, à mesure que les progrès de la technique, la dilatation des administrations et la conscience inculquée des devoirs démocratiques étendent la mainmise des États sur les sociétés et généralisent la mobilisation des hommes valides. La société encore agraire de la France napoléonienne enrôle chaque année quelques dizaines de milliers de soldats nouveaux[18]. On estime à près d'un million et demi le total des pertes militaires françaises des guerres de la Révolution et de l'Empire, entre 1792 et 1815. C'est aussi le bilan de la Première Guerre mondiale en France en quatre ans seulement (1914-1918). L'Allemagne mobilise 12 millions de soldats, pour 80 millions d'habitants entre 1939 et 1945, et en perd plus du quart ; l'Union soviétique arme peut-être 25 millions d'hommes, pour un peu moins de 200 millions d'âmes, dont une dizaine de millions peut-être périssent entre 1941 et 1945.

Et pourtant ces pertes effrayantes sont bien moindres que celles des grands conflits des époques antérieures, parce que la maîtrise économique et sanitaire nouvelle des sociétés avancées où ces conflits éclatent leur évite le cortège de famines et d'épidémies qui s'acharnaient autrefois sur les populations civiles. La tradition veut que l'Allemagne ait perdu le quart au moins de sa population pendant la guerre de Trente Ans (1618-1648) ; on croit savoir que la peste et la guerre de Cent Ans ont ramené vers 1420 la population du royaume de France à la moitié de ce qu'elle était quatre-vingt ans auparavant. Jamais les combats n'ont été aussi étendus et aussi violents qu'entre 1850 et 1975 – la guerre de Crimée (1854-1856) et celle du Vietnam (1964-1975) seraient les bornes approximatives de ce siècle belliqueux. Mais jamais non plus l'humanitarisme n'a pris plus de place : le soin des blessés, des prisonniers, des populations civiles – à la grande exception bien sûr des exterminations volontaires du nazisme et parfois du communisme – a dicté les premiers traités universels de protection du « droit des gens ». La Croix-Rouge est née de la guerre de Crimée, les institutions de la Société des Nations et des Nations unies des deux guerres mondiales. C'est que jamais les guerres n'ont autant impliqué les peuples, qui tirent de leur participation aux combats le droit d'exiger leur protection et celle de leurs proches s'ils venaient à tomber aux mains de l'ennemi. C'est parce qu'elles furent démocratiques que les guerres modernes prirent l'ampleur que nous leur connaissons. Mais pour les mêmes raisons, elles se voulurent plus attentives au sort des populations.

Tocqueville, évoquant la Révolution française, perçoit déjà cette contradiction :

> Jamais la tolérance en fait de religion, la douceur dans le commandement, l'humanité et même la bienveillance n'avaient été plus prêchées et, il semblait, mieux admises qu'au XVIIIe siècle ; le droit de la guerre, qui est comme le dernier asile de la violence, s'était lui-même resserré et adouci. Du sein de mœurs si douces allait pourtant sortir la révolution la plus inhumaine. Et pourtant tout cet adoucissement des mœurs n'était pas un faux-semblant ; car dès que la fureur de la Révolution se fut amortie, on vit cette même douceur se répandre aussitôt dans toutes les lois et pénétrer dans toutes les habitudes politiques.
> Le contraste entre la bénignité des théories et la violence des actes, qui a été l'un des caractères les plus étranges de la Révolution française, ne surprendra personne si l'on fait attention que cette révolution a été préparée par les classes les plus civilisées, et exécutée par les plus incultes et les plus rudes... [Le peuple] devint presque aussitôt le pouvoir dirigeant [...]. Les particularités même de sa condition lui avaient donné plusieurs vertus rares. Affranchi de bonne heure et depuis longtemps propriétaire d'une partie du sol, isolé plutôt que dépendant, il se montrait tempérant et fier ; race simple et virile qui va remplir ces puissantes armées sous l'effort desquelles l'Europe ploiera. Mais la même cause en faisait un dangereux maître[19].

Ce que voit Tocqueville, à la lumière de l'événement politique fondateur de la modernité, c'est qu'il unit, jusque dans la violence de ses contradictions, les cercles jusque-là étanches des élites et du peuple, pour en faire société commune. Ce que les religions avaient séparé depuis l'épuisement des empires quinze siècles auparavant, valeurs bienveillantes et clercs savants d'une part, brutalité politique des maîtres de l'heure de l'autre, l'ère des révolutions le réconcilie en accordant aux sociétés européennes la croissance démographique, les capacités techniques, les horizons politiques qui les autorisent à agir, à construire ce monde selon les valeurs que les religions n'octroyaient qu'à l'autre. Pour la première fois depuis presque deux millénaires, le sens ultime quitte les églises et les temples et revient dans les assemblées où les citoyens délibèrent de leur destin, et l'accomplissent après en avoir délibéré, dans la paix et dans la guerre - non sans heurts et sans crimes, ajoute Tocqueville. Si les Lumières, puis la modernité révolutionnaire commencent à marginaliser les religions universelles, c'est qu'elles réunissent ce que la religion dissociait, à savoir les saints principes et la réalité décevante, la promesse immaculée et l'action médiocre, le paradis et le bas monde.

Désormais, l'utopie devient projet. Mais pour les mêmes raisons, la société politique moderne n'admet plus dans son principe d'alvéole de dissidence, d'ermitage de la pensée, de retraite hors du peuple dont les lois décident de tout. Les démocraties modernes condamnent Socrate tout comme Athènes l'a fait. Au sens strict du terme, elles sont totales et totalitaires, et les régimes que nous désignons sous ce nom péjoratif - fascisme, nazisme, communisme - sont simplement parvenus au bout de l'impasse où les héritiers des révolutions modernes ont toujours éprouvé la tentation de s'engager.

Les royaumes combattants retrouvent leurs ancêtres

La religion abandonne volontiers aux pouvoirs profanes le gouvernement de ce monde, comme une misérable imitation des Idées pures dont elle reste la maîtresse. Mais il est plus difficile de lui ravir les fonctions symboliques. Le seul recours pour contourner l'hégémonie religieuse sur les valeurs, c'est l'appel à d'autres valeurs. Étrangement, elles existent en Occident comme en Chine. Elles ont été constituées par les empires eux-mêmes, qui placent dans l'histoire des Royaumes combattants, leurs devanciers, les épisodes mythifiés sur lesquels ils prétendent se fonder, alors même que la réalité de leur mécanisme dément ces modèles. L'Empire romain est un régime militaire, dont tous les empereurs ont dû s'appuyer sur l'armée. Mais l'empire se donne pour ancêtres l'inflexible république des premiers âges, la démocratie athénienne et l'égalitarisme spartiate, le culte du corps et du gymnase, le courage et l'abnégation du citoyen, dont l'empire en vérité n'a que faire, et dont l'Église, qui est la véritable héritière de l'empire, rejette absolument les valeurs.

Il y a un abîme infranchissable entre le mépris du corps des saints anachorètes - « *to soma, to sema* », le corps est une tombe, selon le mot de Platon - et la nudité héroïque des dieux et des champions de la Grèce des cités. Dès lors que l'Antiquité commencera d'être reconquise, dès le XIIIᵉ-XIVᵉ siècle, s'il est vrai qu'elle ait été un jour oubliée, l'Occident vivra sur l'antagonisme du christianisme et du modèle antique jusqu'à ce que la contradiction éclate. Car avec la révolution scientifique, puis technique, sanitaire, industrielle des XVIIIᵉ-XXᵉ siècles, la modernité dispose contre le christianisme d'un autre jeu de valeurs, celui-là même qui avait servi à l'Empire romain pour déguiser la brutalité prosaïque de son identité, comme le font toujours les empires. Les Lumières, puis la Révolution ressuscitent la cité antique contre la religion. À sept siècles de distance, l'Occident accomplit le même retour sur son mythe fondateur grec et romain que la Chine des Song sur le confucianisme de ses Royaumes combattants. Dans les deux cas, les Temps modernes se donnent pour une renaissance de l'Antiquité.

Royaumes combattants et États-nations : de la taille des solidarités

La modernité a développé mieux que tout empire les bienfaits de la sédentarisation. Or elle a été construite par des États-nations, pour l'essentiel européens et américains. Aucun gouvernement impérial mondial n'a été sérieusement envisagé dans les deux derniers siècles. Et pour cause. Le premier acte des nouvelles nations, si on en considère la République américaine en 1776 et la France révolutionnaire de 1789 comme les modèles, est d'armer le peuple. Cet armement de tous est autorisé par la création de richesses nouvelles produites par d'autres mécanismes que l'impôt prédateur, qui exigeait le désarmement des populations. C'est cet armement général qui décuple la puissance des nations européennes, permet à la France révolutionnaire de l'emporter sur ses ennemis, puis à ses ennemis de l'imiter et de la vaincre, puis aux pays d'Europe d'envahir, de dominer, de transformer un monde bien plus peuplé que chacune des nations impériales ne l'était[20].

La limite des nations est donc imposée par la guerre, par l'étendue – et les limites – des solidarités au combat, les limites du « mourir-ensemble ». Or ces limites sont beaucoup plus étroites que celles des troupeaux sédentaires impériaux – simplement convoqués au paiement de l'impôt –, même si elles sont beaucoup plus larges que les solidarités ethniques ou tribales qui pourvoyaient jusque-là les empires en violence et en castes dominantes[21]. Le phénomène national a dominé l'Europe et les Amériques au XIXe et dans la première moitié du XXe siècle parce que la guerre y était inscrite, parce que la nation ignorait, et bannissait, quand elle la rencontrait dans des cultures impériales « décadentes », la division du bédouin et du sédentaire, et ne reconnaissait que le peuple en armes, l'unité des valeurs et de l'action.

La nation ne pouvait donc ni s'élargir à l'excès, ni se construire arbitrairement. On comprend que, contrairement aux platitudes arrogantes assénées dans les années 1990 par un Benedict Anderson, toutes les nations européennes aient été constituées avant d'en venir à cette épreuve du feu[22]. La France ne naît naturellement pas avec la fête de la Fédération de 1790, sans quoi elle n'aurait pas survécu aux guerres de la Révolution et de l'Empire. C'est bien l'Allemagne, c'est bien l'Italie, parce qu'elles existent déjà, qui se font à travers la Prusse ou le Piémont. Ces nouvelles puissances ne sortent pas du caprice de Bismarck ou de Cavour. Or la dimension des solidarités n'a guère changé depuis deux siècles. Malgré le désarmement de l'Europe après 1945, et l'institution laborieuse de l'Union européenne, la nation reste la seule maison commune, à l'intérieur de laquelle on consent sacrifices et solidarités, dont on rechigne en revanche à accorder le bénéfice au-delà des frontières.

Tout est possible : les révolutions remplacent les religions

Si la religion recule dans ce monde nouveau, c'est qu'elle avait porté les regards vers des horizons qu'elle plaçait hors d'atteinte et travaillé la conscience de l'infinie faiblesse des hommes. Elle tirait son expérience et sa puissance de l'échec des empires. Or dans les conditions nouvelles du début du XIXᵉ siècle, tout est possible à l'horizon. La faiblesse de l'homme laisse la place à sa puissance de travail et de création, à sa colonisation de la terre, à sa capacité de changer le monde. L'espérance est rétablie, plus forte et plus conquérante que ne le fut jamais la paix des empires. Cette immense expansion du politique - au sens strict, de ce qui dépend dans le monde de l'action des hommes et de leurs décisions - trouve une traduction privilégiée dans les révolutions, dont l'observateur dans l'avenir notera sans doute qu'elles caractérisent mieux que tout autre trait collectif les deux siècles de notre modernité triomphante - entre la fin du XVIIIᵉ siècle et la fin du XXᵉ.

Il y a une logique claire dans la coïncidence des mouvements révolutionnaires, de plus en plus fréquents, de plus en plus étendus dans le cours du XIXᵉ siècle et de la première moitié du XXᵉ, et le déploiement de la révolution industrielle. L'un et l'autre mouvement élargissent considérablement les capacités d'action des sociétés humaines. Les progrès de l'industrie, de la santé, de la démographie, de la prospérité le font très concrètement ; les révolutions politiques le font en projetant et en amplifiant ces progrès sur l'horizon de l'avenir et en en étendant la promesse, très au-delà de la progression réelle de l'économie, à des domaines jusque-là tenus pour des constantes naturelles sur lesquelles l'homme n'avait pas de prise. Le progrès agricole nourrit mieux les hommes, puis éradique - pratiquement partout depuis la fin du XXᵉ siècle, sauf situations de guerre - les famines. Les révolutionnaires ajoutent que la volonté politique peut tout changer, même l'ordre biologique. Lyssenko réfute les lois de Mendel et la théorie de Darwin, non parce qu'elles démentent la Bible, mais parce qu'elles laissent au hasard et à la nécessité une part incontrôlable que la toute-puissance de l'humanité en marche lui refuse.

C'est que les grandes utopies révolutionnaires, la française, la russe, la chinoise dans le temps du maoïsme, se donnent pour tâche de ramener le ciel sur la terre. La destruction de l'aristocratie, de la monarchie, du capitalisme, et les torrents de sang qu'il faut verser pour y parvenir, ouvriront les portes du Paradis comme les sacrifices sanglants des religions de l'efficace prétendaient rendre aux hommes la maîtrise des éléments. Les révolutionnaires retrouvent les Hopis[23]. Bien avant Norman Cohn, Tocqueville fait le lien entre la Révolution française et l'épisode historique le plus saturé d'apocalypse, la conquête arabe[24] :

> La Révolution française a opéré, par rapport à ce monde, précisément de la même manière que les révolutions religieuses agissent en vue de l'autre [...]. Comme elle avait l'air de tendre à la régénération du genre humain plus encore qu'à la réforme de la France, elle a allumé une passion que jusque-là les révolutions politiques les plus violentes n'avaient jamais pu produire. Elle a inspiré le prosélytisme et fait naître la propagande. Par là enfin, elle a pu prendre cet air de révolution religieuse qui a tant épouvanté les contemporains ; ou plutôt elle est devenue elle-même une sorte de religion nouvelle, religion imparfaite il est vrai, sans Dieu, sans culte et sans autre vie, mais qui néanmoins, comme l'islamisme, a inondé toute la terre de ses soldats, de ses apôtres et de ses martyrs[25].

Le parallèle tracé entre révolution et apocalypse religieuse est tentant, mais Tocqueville est trop subtil pour ne pas mesurer qu'il est biaisé, comme il le remarquait lui-même dans la citation qui précède celle-ci. La violence des mouvements eschatologiques médiévaux se noie dans le sang qu'elle répand comme une bougie qui grésille dans la cire fondue. Elle n'a pas d'autre conclusion que le retour à l'ordre, la conscience que l'heure du Jugement, où le ciel s'ouvrira, n'est pas encore venue, que pénitents et flagellants ont présumé de leurs forces et franchi sans prudence ni profit les étroites frontières de l'impuissance où l'homme est réduit. Au contraire, l'apocalypse révolutionnaire, quand elle s'apaise, mue en action politique constructive. « Dès que la fureur de la Révolution se fut amortie, on vit cette même douceur [des Lumières] se répandre dans toutes les lois et dans toutes les habitudes politiques », rappelle Tocqueville. La révolution ne reconnaît pas l'impuissance humaine, où la religion loge l'essentiel de sa force, et c'est sans doute le legs le plus précieux que les révolutionnaires aient encore aujourd'hui abandonné à l'humanité dans leur repli.

À la différence des soulèvements eschatologiques médiévaux, tout fait *sens* dans la révolution parce qu'elle s'inscrit dans une histoire du progrès. À l'exact inverse des religions - christianisme, bouddhisme et même islam -, qui dénient toute vraie signification à la violence, la révolution donne son plein sens à la terreur et à la fureur qu'elle déploie. Elle s'accomplit dans la guerre : 1789 prend tout son poids en 1792-1794, avec les soldats de l'an II ; les révolutions russe et chinoise naissent des guerres mondiales et s'imposent par la guerre civile. Mais les guerres révolutionnaires sont des traversées de l'enfer qui ouvrent sur le paradis des lendemains qui chantent en ce monde, faits de satiété conquise et de vieillesse heureuse.

L'échec, la « trahison » des révolutions est un poncif de notre littérature politique. On pourrait à bien plus juste titre affirmer le contraire. Les révolutions ont réussi. Elles étaient inévitablement appelées à réussir puisqu'elles étaient soutenues par l'amélioration apparemment sans limites des conditions matérielles de la vie, croissance démographique, recul de la mortalité, industrialisation, urbanisation, scolarisation, vaccinations, antibiotiques, électrification, assainissement et adduction d'eau... Il est vrai, ainsi que le verront les plus lucides des penseurs russes du bolchevisme, comme Berdiaev, que les révolutions se saisissent des promesses que la religion réserve à l'Autre Monde, mais elles s'appuient sur les progrès effectivement prodigieux ouverts par la science, la technique et l'industrie à partir de la fin du XVIIIe siècle[26]. « Le bonheur est une idée neuve en Europe », dit Saint-Just en février 1794 à la tribune de la Convention, et il veut dire : « Nous allons ramener le Paradis sur terre. » On aurait pu lui rétorquer que des légions d'hérétiques l'avaient précédé dans ces vaticinations depuis des siècles. Mais la différence tient - pour deux siècles et demi, jusqu'au milieu de notre XXIe siècle probablement - à ce que cette promesse trouve une forte vraisemblance, ou même une indiscutable vérité, dans la réalité des progrès humains.

C'est Newton, Jenner et Watt, Lavoisier, Monge et Laplace qui donnent raison à Saint-Just. Sans la révolution industrielle, le soulèvement populaire français de 1789 n'eût été qu'un nouveau défi manqué lancé à la religion et à son impuissance établie depuis quinze siècles. Au contraire de la glaçante réplique de Dumas, président du Tribunal révolutionnaire qui condamna Lavoisier, la République a besoin de savants pour faire de sa terreur un monde meilleur. Un peu plus d'un siècle après Saint-Just, Aragon chantait : « Nos yeux furent premiers à voir/Les nuages plus bas que nous/Et l'alouette à nos genoux[27] ». Il n'était pas de meilleure défense des impardonnables atrocités révolutionnaires. C'est pour cette raison que, longtemps, la Révolution parut sans limites - même pour ses ennemis, Tocqueville en témoigne -, comme le progrès dont elle contenait la promesse amplifiée. Ces deux siècles auraient pu choisir pour devise le fameux slogan situationniste de 1968 : « Soyez réalistes, demandez l'impossible ».

Il n'est, en apparence, pas impossible d'appliquer aux révolutions la grille de lecture d'Ibn Khaldûn, le balancement du bédouin et du sédentaire, de la violence et de la civilisation. L'apocalypse de la Terreur révolutionnaire, en France, en Russie ou en Chine se compare à la conquête bédouine, comme le fait Tocqueville ; et la douceur des mœurs où se jette finalement le mouvement révolutionnaire s'identifie aisément avec la sédentarisation des conquérants. Mais c'est encore un faux-semblant. Dans le système d'Ibn Khaldûn, il faut deux ou trois générations pour passer de la sauvagerie bédouine à l'accumulation des biens matériels et symboliques de la sédentarité. Au contraire, le propre de l'ère révolutionnaire, c'est que les deux révolutions, la politique et la matérielle, vont de pair et qu'elles sont conduites parfois par les mêmes hommes. David dessine Marie-Antoinette sur le chemin de l'échafaud et peint onze ans plus tard Joséphine en son sacre. Fouché fait mitrailler les insurgés de Lyon enchaînés en 1793 et prépare la Charte de 1814 qui établit le progrès politique de la monarchie constitutionnelle. On tient en général pour hypocrites ces carrières paradoxales. Elles traduisent en fait la contradiction intime de l'ère révolutionnaire, entre spasmes de violence et avancées de la civilisation. Elles manifestent aussi avec éclat l'hégémonie de la décision politique, la plénitude de l'instant investi du sens de l'histoire au détriment des vérités éternelles de la religion et de la morale.

L'Occident et le monde : la résistance de l'Islam

La révolution des conditions matérielles, qui s'accuse et s'accélère après 1850, et plus encore après 1880, accompagne l'expansion de l'Europe dans le monde, qui pénètre les empires les plus fragiles et achève les plus malades - l'Inde est conquise, entre 1760 et 1800 pour l'essentiel, par l'Angleterre ; Bonaparte emporte l'Égypte en 1798 et engage la pénétration du monde musulman ; la Chine, le Japon s'ouvrent à la force des canonnières entre 1840 et 1860. Comme les religions, les révolutions - ici la française et la russe fondamentalement, mais ce sont les plus importantes - prétendent à l'universalité, à l'internationalisme, et l'une et l'autre s'achèvent en empires ébauchés et rapidement mis à bas. Elles poussent à la traduction, comme les religions de la fin des empires ; sinon que les religions, chrétienne et bouddhiste, empruntaient leur propos aux faibles et aux étrangers, le Juif ou l'Indien, tandis que, fortes de la conviction de maîtriser le progrès humain, la modernité et les révolutions ont traduit au profit des centres occidentaux de civilisation[28].

La poussée internationaliste, universaliste, redoublant le travail de la colonisation, a considérablement répandu les langues européennes[29]. Aujourd'hui, cinq langues européennes figurent parmi les dix les plus parlées au monde, et le fait est d'autant plus frappant que quatre d'entre elles, anglais, français, espagnol et portugais, sont proches, brassées depuis des siècles et travaillées par la même culture chrétienne et latine - la dernière est le russe. De vieilles langues se sont ralliées à l'alphabet latin de l'Occident, signe de modernité (la Turquie et le monde turcophone du Caucase et de l'Asie centrale, le Vietnam pour faire pièce à la Chine...). La moitié du monde musulman utilise aujourd'hui l'alphabet latin ou devanagari indien, et l'autre moitié seulement l'alphabet arabo-persan qu'on associe spontanément à l'Islam.

En revanche, il est clair que l'Islam n'a pas suivi le mouvement d'ensemble de recul du religieux. On se souvient qu'à la différence du christianisme ou du bouddhisme, la religion musulmane a porté historiquement le particularisme et le refus de la traduction ; au contraire, au moins depuis le XIIIe siècle, l'appui sur la multiplicité des cultures et des religions, l'appel à une « barbarie » souvent d'origine infidèle (Rajpoutes, janissaires, Mamelouks...) fut le fait de l'État. Or l'expansion occidentale et la colonisation ont visé, et détruit, l'État islamique, pour lui substituer leur propre gouvernement, supposé plus efficace.

À partir du dernier quart du XIXe siècle, contre la pression de l'Occident, contre son État moribond et ses propres réformateurs, l'Islam s'est refermé sur son identité religieuse, qui anime les combats de l'indépendance quand ils se présentent, puis ceux de l'anticommunisme à l'apogée de l'influence soviétique, entre 1955 et 1975, puis ceux de l'islamisme[30]. Il y a contiguïté et continuité entre, d'une part, les mouvements de résistance à la poussée occidentale, 'Abd al-Kader en Algérie (1839-1847), le mahdisme au Soudan (1880-1898), les *jihâd* d'Afrique occidentale (1800-1900), en leur temps qualifiés de réactionnaires par l'Europe triomphante ; et d'autre part, à peine une génération plus tard, les mouvements réputés révolutionnaires de la révolte du Rif ou de la guerre d'indépendance de l'Algérie (1925-1962) ; et enfin, encore une génération plus tard, les révolutions ou le *jihâd* islamistes (de 1979 à nos jours).

CHAPITRE 7

La fin des Deux Cent Cinquante Glorieuses

1800-2050

Discordance des temps

Ibn Khaldûn tisse entre violence et civilisation une subtile dialectique. La violence est nécessaire à la fondation de l'État dont la raison d'être est de sédentariser, donc de désarmer, de métaboliser en fonctions productives l'agressivité première et naturelle des groupes humains. Mais l'irrésistible éradication de la violence par le pacifisme des empires menace à son tour la civilisation. L'État désarmé recule sur ses frontières barbares, abandonne de proche en proche la levée de l'impôt sur ses marges, en fait porter au contraire tout le poids en son centre, qu'il ruine au lieu de le stimuler.

La théorie fixe à un siècle à peu près la durée d'érosion de la violence fondatrice qui laisse l'empire désarmé et ruiné. Le processus s'étend donc sur plusieurs générations. Au contraire, comme on l'a vu, la modernité, entre la fin du XVIIIe siècle et la fin du XXe, conjugue royaumes combattants - que nous appelons États-nations - et intense sédentarisation, accumulation sans exemple auparavant connu de populations et de richesses. Chez Ibn Khaldûn, la guerre crée l'État, qui crée la prospérité. Mais le temps de la guerre ignore encore la prospérité, et celui de la prospérité a oublié celui de la guerre. Aux Temps modernes au contraire, la percée scientifique et technique, qui multiplie les richesses, accompagne la révolution politique démocratique qui arme les peuples et aiguise les guerres. L'empire qui institue, dans le schéma d'Ibn Khaldûn, une longue transition entre violence fondatrice et enrichissement n'a jamais émergé.

Dès lors, le contraste n'en est que plus flagrant et le conflit plus aigu entre une structure politique belliqueuse - les États-nations démocratiques et armés - et une sédentarisation bourgeonnante qui accumule les ressources économiques et exige la pacification. Les mêmes États-nations qui arment leurs citoyens et les convoquent, entre 1861 et 1945, à des conflits de plus en plus apocalyptiques, scolarisent, urbanisent, civilisent leurs enfants, et réduisent la taille de leurs familles[1]. Dès la seconde moitié du XXe siècle, la contradiction éclate entre armement des peuples et démocratie d'une part, sédentarisation économique, pacification et mondialisation d'autre part. La sédentarisation pousse à l'empire en s'étendant à l'ensemble des terres productives, c'est-à-dire à la totalité du globe à la fin du XXe siècle. Au contraire, les structures politiques, dont la taille est à l'origine commandée, comme on l'a vu, par les solidarités guerrières, restent attachées à la nation où se donne le jeu démocratique.

De même que révolutions démocratiques, guerres et accumulation sédentaire des populations et des richesses furent contemporaines tout au long des XIXe et XXe siècles, de même arrivent aujourd'hui ensemble le vieillissement, le ralentissement de l'économie dont on observe les signes depuis quelques décennies, la résurgence de poches bédouines qui promettent des formes de gouvernement impérial, le recul de la démocratie et de la décision politique dans la cité, et enfin, par voie de conséquence, l'essor d'une nouvelle sensibilité religieuse.

Ralentissement de la floraison sédentaire : une étude du Lancet

Il peut sembler paradoxal d'invoquer aujourd'hui le ralentissement de la création de richesses dans le monde. La progression économique globale n'a sans doute jamais été plus forte que depuis 1970. Les progrès techniques, la « révolution numérique » y sont pour beaucoup, mais une part encore plus essentielle en vient de l'entrée massive en « modernité » - c'est-à-dire en urbanisation, globalisation des productions et des échanges, scolarisation - d'une majorité de la population mondiale qui n'avait jusque-là tenu qu'un rôle secondaire dans la formation des richesses et des savoirs. Il est aujourd'hui si bien établi que la Chine est la seconde économie du monde, et sera bientôt la première, qu'on mesure mal le mépris où elle était encore tenue il y a trente ans, au moment où s'affirmait pourtant son essor. Ce qui fut vrai pour la Chine l'est aujourd'hui pour l'Inde, dont les failles, très réelles, sont bien plus spontanément soulignées que les succès, pourtant non moins vérifiables. L'Afrique enfin est encore, dans la plupart des esprits, terre d'organisations non gouvernementales compatissantes et de paysanneries faméliques alors que s'y allument partout, en particulier en Afrique de l'Est, des foyers de développement prometteurs. La révolution numérique elle-même n'aurait pas eu l'impact qu'on lui reconnaît si elle ne s'était conjuguée avec ce « rattrapage » du niveau de vie et d'activité des vieux pays développés par les nouvelles sociétés modernes, en particulier en Asie orientale (Chine, Corée, Taïwan, Hong-Kong, Singapour, Vietnam), mais aussi en Asie du Sud-Est (Thaïlande, Indonésie, Malaisie, Philippines) ou en Amérique latine. Chinois et Brésiliens talonnent les Américains parmi les visiteurs les plus nombreux du Louvre. Les Indiens y arrivent en masses de plus en plus compactes.

Mais ce « rattrapage » faiblit peu à peu à mesure qu'il s'accomplit. Les crises économiques - 2000, 2008, 2020 - sont plus graves et surtout plus longues depuis le début de ce siècle, et l'effacement de leurs cicatrices plus lent. Nos organismes vieillissent. Depuis la crise de 2008, si on y compte les années de recul ou de stagnation, l'économie de la zone euro n'a pas progressé de plus de 1 % par an, celle des États-Unis de moins de 2 %, quand celle de la Chine est tombée de 10 à moins de 6 %. La Chine dépassera globalement les États-Unis vers 2030, mais son essor est si profondément menacé par le vieillissement de sa population qu'une étude récente envisage un retour au premier rang des États-Unis à la fin du XXIe siècle.

Cette étude, parue au cœur de l'été 2020, est un événement majeur[2]. À l'heure où le monde comptait les victimes du Covid-19, et en venait à des bilans assez faibles au regard de la mortalité mondiale, l'analyse de l'Institute for Health Metrics and Evaluation (IHME) réduisait de 2 milliards le nombre prévisible des humains à la fin du XXIe siècle[3]. L'article, publié quatre mois après dans la revue *The Lancet*, a le mérite rare d'attirer l'attention sur la démographie, largement négligée dans les projections économiques, voire écologiques. Or, de toutes les richesses créées par la révolution industrielle depuis un peu plus de deux siècles, de tous les progrès de la sédentarisation, le nombre des humains est le plus essentiel, même s'il en vient aujourd'hui, après avoir manifesté le triomphe de l'humanité sur la maladie et la mort, à mettre en péril l'équilibre de la planète.

Comme il est en effet de règle dans tous les mécanismes de sédentarisation, une large part des problèmes tient aux succès remportés. C'est la civilisation qui accouche des menaces de la barbarie. Les extraordinaires progrès de la médecine, sanctionnés par la généralisation des vaccinations entre 1880 et 1950, puis par la diffusion des antibiotiques après 1945, ont ouvert la voie à une angoissante explosion démographique (1950-1990), plus brève cependant que ne s'y attendaient alors les spécialistes. Dès 1970 en Chine ou en Amérique latine, les couples commencent à adapter leur fécondité aux conditions nouvelles, c'est-à-dire à la survie des enfants qui leur naissent et à la possibilité d'accès à des moyens contraceptifs de plus en plus répandus - et encouragés par les gouvernements. L'Inde, le monde islamique, l'Afrique suivent peu à peu entre 1980 et nos jours.

Mais ce ralentissement, rapide en Asie et en Amérique latine, laisse désormais poindre le problème inverse du vieillissement, qui entrave la croissance économique non seulement en Europe, au Japon et aux États-Unis, mais aussi en Chine, en Corée, en Iran ou en Turquie, en Amérique latine - et demain en Inde[4]. La crise économique liée au coronavirus promet d'accentuer la tendance. L'article du *Lancet* n'a pas emporté l'adhésion de tous les spécialistes et il appelle sans doute une réplique des experts de la Division de la population de l'ONU[5]. Il est possible que la vérité se situe entre les deux prévisions et que le monde approche encore vers 2100 les

10 milliards d'individus. Les mérites de cette nouvelle analyse sont ailleurs. D'une part, et pour la première fois aussi clairement, il est affirmé que la population mondiale diminuera avant la fin de ce siècle, ce qui est en effet très probable[6]. D'autre part, les Nations unies fixent implicitement une fécondité moyenne vers laquelle toutes les sociétés humaines devraient tendre d'ici à la fin du siècle. L'étude du *Lancet* ne remet pas en cause cette convergence, mais abaisse le niveau où elle se situerait, d'après l'expérience que tirent les démographes des sociétés, déjà nombreuses en Europe, en Asie orientale, en Amérique du Nord et en Amérique latine, où la fécondité a plongé bien en dessous de l'équilibre[7].

En conséquence, l'article du *Lancet* aggrave dans des proportions sensibles les perspectives de vieillissement de la population mondiale déjà largement esquissées par les prévisions des Nations unies. Les plus de 65 ans seront de plusieurs centaines de millions plus nombreux que les moins de 20 ans en 2100[8]. L'âge moyen de la population mondiale passerait, entre 2020 et 2100, de 32,6 à 46,2 ans. En 1950, pour chaque humain qui avait le rare privilège de franchir le seuil de ses 80 ans, 25 enfants naissaient ; en 2017, 7 enfants équilibrent encore chaque heureux nouvel octogénaire ; en 2100, il n'y aura plus qu'une naissance par banal octogénaire nouveau.

Inutile d'amonceler les chiffres, la conclusion est claire : les Deux Cent Cinquante Glorieuses, ouvertes au début du XIXe siècle, s'achèveront vers le milieu de ce siècle, ou peu après. Il est en effet impensable que la richesse produite par une humanité en déclin démographique - et en probable repli géographique - continue de progresser[9]. Bien avant même que les effectifs de l'humanité ne rabougrissent, à partir du dernier tiers du siècle peut-être, ou seulement dans les deux dernières décennies, leur avancement en âge en réduira la créativité, la productivité et la consommation[10]. Tout n'est pas négatif dans ce constat. L'empreinte de l'homme sur le milieu naturel devrait reculer dès le milieu du siècle, surtout si quelques mesures de bon sens étayent le cours naturel du vieillissement, puis du repli de l'humanité. Mais à terme, les problèmes devraient de beaucoup surpasser les solutions. Parmi les remèdes possibles, les auteurs de l'article du *Lancet* évoquent la relance de la fécondité, le retard de l'âge de la retraite, l'appel à l'immigration. Toutes médications douteuses, politiquement difficiles, et de courte portée[11]. En vérité, il n'y a pas de guérison possible de la vieillesse, ni de prolongement concevable de la plus exaltante flambée de l'aventure humaine, engagée voici deux cent cinquante ans environ, avec les révolutions industrielle et politique.

Mondialisation, recul des États-nations

Étrangement, les faiblesses nouvelles de la sédentarisation en renforcent l'emprise sur nos sociétés. La mondialisation est la conséquence la plus visible du ralentissement de l'économie. Bien plus que les gains de productivité, modestes dans les sociétés les plus avancées à mesure que le secteur industriel y perd des emplois, et qu'en gagne le secteur tertiaire, c'est le « rattrapage » des vieilles économies occidentales par les pays émergents qui assure aujourd'hui l'essentiel de la croissance mondiale[12]. Les matières premières, mais surtout le travail et les marchés de consommateurs en forte expansion appartiennent au monde émergent, les savoir-faire les plus exigeants et une part des capitaux viennent encore des pays avancés. Les firmes occidentales et japonaises tirent aujourd'hui une large part de leurs bénéfices de leurs succursales établies en Chine, en Amérique latine ou en Inde, voire au Moyen-Orient et en Afrique. La croissance anémique des marchés intérieurs de la vieille Europe ou du Japon n'apporterait pas au revenu national les ressources toujours accrues qu'exigent les dépenses de santé et de retraite d'une population vieillissante si ces économies avancées ne bénéficiaient pas de la poussée du monde émergent.

L'indispensable croissance - indispensable à l'allongement de la vie et au bien-être des plus vulnérables - exige la mondialisation. Mais la mondialisation, qui dépasse et surplombe les États, tend à ruiner la démocratie, inséparable depuis deux siècles de la nation.

Il est significatif que la mondialisation ait pour l'heure trouvé ses partisans les plus fervents et ses agents les plus habiles auprès des vaincus de la Seconde Guerre mondiale, Japon, Italie et surtout Allemagne. Il est d'autant plus aisé d'accepter la nouvelle marche du monde que la défaite a humilié la nation et que le sentiment populaire est tenu en suspicion pour avoir acclamé en leur temps les régimes fasciste, nazi ou militariste aujourd'hui honnis. Ces trois pays ont aussi, et depuis plusieurs décennies déjà, les démographies parmi les plus faibles au monde. L'Allemagne, qui est allée le plus loin dans la condamnation de soi, dirige une construction européenne dont elle attend surtout qu'elle lui évite toute résurgence nationale, tout statut de puissance[13]. Le mondialisme allemand répugne à toute querelle politique. En 2015, la généreuse ouverture aux réfugiés du Moyen-Orient est volontairement entrée en conflit avec le regain du sentiment national à l'est du pays, en même temps qu'elle entendait nourrir le marché intérieur d'une main-d'œuvre indispensable, de la présence de nouveaux consommateurs et de géniteurs capables de redresser pour quelques années une démographie déficiente.

L'inéluctable mondialisation se renforce des autres effets, plus communs, de la sédentarisation. Les royaumes combattants, que nous nommons nations, appellent naturellement l'empire et sa paix, tout comme les principautés chinoises, les cités grecques, la République romaine se sont finalement rangées à la règle des empires. L'empire d'aujourd'hui devrait s'étendre au monde, mais il tarde à se former. Les premiers signes d'un gouvernement mondial – l'Organisation des Nations unies, l'Union européenne, la Cour pénale internationale... – se heurtent à de telles résistances populaires qu'on ne peut guère augurer du succès de leur entreprise avant longtemps. Il est vrai que les agences des Nations unies, appuyées par les organisations non gouvernementales, ont gagné du terrain depuis la fin de la guerre froide. Mais ces avancées de la mondialisation politique, ou de la construction d'un empire, sont combattues avec plus de vivacité encore au centre du dispositif, dans les sociétés dont on attend qu'elles indiquent la voie, aux États-Unis, en Grande-Bretagne ou en France, que dans des périphéries dont on ne s'étonne pas des réticences. De même que, dans l'Union soviétique des deux dernières décennies, le scepticisme politique l'emportait plus fortement dans les élites moscovites que chez les musulmans d'Asie centrale, l'empire universel et pacifié dont certains rêvent aujourd'hui à Paris ou à New York est plus décrié à leur porte et parmi leurs concitoyens que dans les lointaines terres de mission où ils savent pourtant la difficulté de porter la bonne parole.

Désarmement, impuissance et religion

En revanche, la paix et le désarmement sont partout en marche avec l'urbanisation, la scolarisation, la réduction de la taille des familles, puis le vieillissement. Les nations du XIXe siècle et de la première moitié du XXe se sont construites sur la guerre - du moins sur la capacité à faire la guerre si elles y étaient contraintes. Comme on l'a dit plus haut, les grands vaincus de la Seconde Guerre mondiale, Allemagne, Italie, Japon, ont réprimé ce trait identitaire après 1945. La plus grande partie de l'Europe, berceau des nations, a été désarmée par l'occupation soviétique au centre du continent et la protection américaine à l'ouest. La France et la Grande-Bretagne, ont poursuivi jusqu'au-delà de 1960 leurs entreprises militaires outre-mer, avant de les abandonner pour l'essentiel[14]. Le service militaire, en France comme dans la plupart des pays d'Europe, n'a pas survécu à la vague pacificatrice. Mais le mécanisme de la sédentarisation s'est rapidement étendu aux États-Unis après la fin de la guerre du Vietnam (1975), l'abolition de la conscription (1973) et l'inscription de l'opposition à la guerre - à toute guerre - dans le programme implicite de la gauche d'abord, puis de la droite américaine avec Donald Trump.

La retraite de la première puissance du monde aurait pu ouvrir la voie à de nouvelles ambitions nationales, dont les vues routinières de la diplomatie et du journalisme s'acharnent aujourd'hui à discerner l'envol. Sans grand succès. C'est oublier en effet que la sédentarisation est un processus universel, même s'il n'est pas partout également abouti. La faiblesse militaire affecte presque tous les États, même les plus ambitieux ou les plus agressifs[15]. La Chine réprime avec une dureté implacable la volonté d'indépendance des Ouïghours au Xinjiang[16] ; mais à Jisr al-Shughur, dans la province d'Idlib, au nord de la Syrie, campent quelques milliers de guerriers ouïghours et quelques dizaines de milliers de leurs familiers, ouvertement jihadistes. Le gouvernement syrien accueillerait à bras ouverts une intervention chinoise contre ces ennemis endurcis. Malgré des menaces répétées, la Chine ne s'est pas risquée, jusqu'à cette heure, à mettre en œuvre ce que la disproportion apparente des forces assimilerait à une simple « opération de police ».

La Russie n'a pas plus de quelques milliers de soldats en Syrie, qui ont suffi à renverser le rapport de forces. La France n'en déploie pas davantage au Sahel. Les puissances régionales ne sont pas plus hardies. L'Iran a vassalisé toutes les forces vives du monde shiite, au Pakistan, en Afghanistan, au Yémen, en Irak, au Liban, et en a fait sa chair à canon dans le Croissant fertile : la population iranienne, largement sédentarisée, est ainsi dispensée du poids militaire d'une politique impopulaire. La sédentarisation de la société russe et l'universelle impopularité de la guerre expliquent largement la médiocrité des performances de son armée en Ukraine. La Turquie vociférante de l'AKP ne trouve pas davantage dans ses peuples urbanisés et scolarisés les ressources de son expansion, et en appelle pour l'heure à des Syriens réfugiés sur son sol, dont elle fait ses mercenaires.

Le rétablissement, implicite dans les vieux États avancés, explicite en Turquie ou en Iran, de la dichotomie des immenses majorités sédentaires, exemptées de guerre, et des minuscules minorités bédouines en charge de la livrer, est un véritable signe du retour de l'empire, bien plus que la verbeuse omnipotence des ONG, des Agences des Nations unies ou de l'Union européenne. Ou plutôt, l'un et l'autre signe se conjuguent pour faire impuissance. D'un côté, une violence apparemment absurde - celle des jihadistes, celle des cartels de la drogue latino-américains - parce qu'on n'a plus le souci de la comprendre et qu'on prend à peine le temps de la condamner ; de l'autre, la réaffirmation inlassable, contre toute évidence et tout réalisme, de « valeurs » abstraites, universelles et pacifiques. Nous avons déjà rencontré cette dissociation de la loi et de la pratique, de la règle et de son impossible application, cette fulmination contre le « désordre du monde » qui ânonne, avec l'obstination du croyant dévidant son rosaire, les vérités éternelles du catéchisme des principes. Cela s'appelle une religion. C'est aujourd'hui ce que nous commençons de vivre.

Pris collectivement, l'Occident dominant, où il faut inclure le communisme, a assuré au monde et à sa violence un sens pendant deux siècles, un sens que lui retirent l'épuisement du progrès et la retraite des puissances occidentales affaiblies. On objectera à juste titre que la violence raisonnée du nazisme ou du communisme aura accumulé plus de victimes qu'on ne doit en attendre des marges bédouines menacées de multiplication par le ralentissement de l'économie et le retour des conditions impériales. C'est vrai. Mais l'atroce XXe siècle, qui a compté les victimes des totalitarismes par dizaines de millions, a aussi quadruplé ou presque la population mondiale[17]. Les pertes de ses projets insensés ou criminels ont été presque aussitôt comblées. Les générations, les siècles qui viennent auront le souffle plus court. Dans un monde universellement vieillissant, les reculs seront difficiles à compenser et souvent définitifs. À moins d'un retour, pour l'heure improbable, de leurs réfugiés, il est possible que la Syrie ne retrouve jamais son étiage démographique de 2011, non plus que le Venezuela celui de 2015. La Russie, l'Ukraine ne retrouveront jamais leur population de 1991, on peut le tenir pour acquis. Or la violence « bédouine », en quête de pôles de prospérité sédentaire faciles à servir ou à piller, est une fièvre légère mais incessante, comme le paludisme, épuisante même si on s'en relève, potentiellement mortelle ici ou là, à force de crises redoublées, pour les concentrations sédentaires les plus fragiles.

À terme, la dissociation de l'action politique et de la garde des valeurs, qui est la marque de la religion, menace de multiplier des violences dont le sens n'apparaîtra plus, et donc ne choquera plus. La brutalité des barbares ne requiert pas d'explication. Elle peut toucher à des extrémités que la raison religieuse ne s'assigne pas la tâche de comprendre, ne se donne pas la peine de comprendre. Le nom de barbares suffit à tout.

Il est rare que ces pensées pénibles soient ouvertement exprimées. La majorité de ceux dont la fonction est d'occuper la parole, universitaires ou journalistes, ont déjà pris le parti de la nouvelle religion. La réalité entre dans leur propos seulement si elle se conforme à la rigidité de leurs principes. Ils appellent de leurs vœux le gouvernement universel du bien, comme le faisaient les stoïciens dans l'Empire romain à l'apogée de sa tyrannie, mais peinent à se convaincre eux-mêmes de la possibilité de son avènement. Ils considèrent plus concrètement les institutions internationales, en particulier judiciaires, comme des garants de droits individuels et d'épanouissements personnels dont la démocratie – le gouvernement du peuple – ne leur paraît plus offrir la garantie. Subrepticement, le sens même du mot « démocratie » se déplace. Le souci des libertés l'emporte sur la volonté des majorités, que met en cause opportunément la défense des « minorités » et le parti pris d'une discrimination positive ; les solidarités nationales, le vote populaire passent au second rang.

Le camp « populiste » ou « républicain » s'indigne de ces dérives. Il a pour lui une part croissante du vote populaire, parce qu'il défend les valeurs autrefois exaltées de l'État-nation : la communauté nationale, les frontières, la laïcité, le mérite, l'ascension sociale à la force du poignet sans aucune discrimination positive, la reconquête des territoires perdus de la République. Mais de fait, la mise en œuvre de cette restauration du siècle démocratique (1870-1970 environ) se heurte à autant d'obstacles que le rêve néostoïcien du gouvernement universel et pacifique de ses adversaires. L'un et l'autre camp souffrent d'une même sédentarisation, de la même difficulté d'affronter la violence ou d'en user. Comme le propos mondialiste, celui de la démocratie nationale est privé de la substance de l'action. Dans l'un et l'autre cas, la religion s'affirme dans la dissociation des valeurs, proclamées avec véhémence, et de l'agir politique, impossible, impensable. « On ne peut pas... » est le véritable slogan du temps[18]. Les valeurs des temps démocratiques montent au ciel des idéaux, comme la Rome républicaine des guerres puniques s'est parée sous la tyrannie militaire de l'Empire romain des beautés insurpassables de la nostalgie. Les XIXe et

XXe siècles seront peut-être « l'âge classique » des temps à venir comme l'Athènes de Périclès et de Démosthène le fut de tout le reste de l'Antiquité.

Un épisode du dysfonctionnement démocratique : la crise du Covid

Les peuples le savent depuis longtemps. Les jeunes générations vivront moins bien que les plus âgés n'ont eu la chance de le faire. On ignorait cependant que l'allongement de la vie, spectaculaire depuis 1945, pouvait être menacé aussi vite. Depuis quelques années, aux États-Unis, l'indice stagne, et la crise du coronavirus, même peu signifiante démographiquement, aura fait prendre conscience du poids de la vieillesse et des limites de la médecine du quotidien, de la précarité des soins de masse.

Beaucoup s'alarment en outre de la brutalité des mesures décrétées au nom du bien commun, mais dont le pouvoir politique abandonne la responsabilité à une élite médicale de plus en plus cassante à mesure que la réalité - celle du virus et celle de la société - lui obéit moins. Le confinement a été mis en cause pour son archaïsme, pour son coût économique, et pour le plaisir que l'État y prend à la répression de ses sédentaires - tout en abandonnant les banlieues bédouines à leur anarchie[19]. Les mêmes auteurs déplorent la disparition du débat, de l'opposition de projets rivaux et ambitieux qui faisaient la démocratie et définissaient l'agir et l'avenir voilà quelques décennies.

C'est bien dit, mais pas dans le bon ordre. C'est l'impuissance, l'incapacité matérielle d'agir, la réduction des possibles, qui tuent le débat et la démocratie. On peut débattre de la conquête de Mars ou de la redistribution des bénéfices de la croissance quand le PNB s'accroît de 4 à 5 % par an, comme ce fut le cas en Europe entre 1945 et 1974. Mais quand la croissance tombe à moins de 1 %, le seul projet réaliste consiste à préserver l'acquis. Il n'y a guère de débat possible. Dans une analyse juste, mais glaçante, un économiste relève que la crise à venir porte en elle sa solution. Elle augmentera la productivité du travail de ceux qui continueront à travailler et redirigera les autres vers des emplois de service plus utiles (et sans doute moins rémunérés). Solution d'un réalisme implacable, qui ressemble aux mouvements désespérés d'une économie impériale qui se noie – Dioclétien dut en éprouver l'impression[20]. On ne s'étonnera pas que de telles perspectives exigent la contrepartie d'une consolation religieuse, ou simplement de principes fermement énoncés, qu'on dispensera de toute confrontation trop douloureuse avec le réel. Nos sociétés risquent de faire grand usage d'un slogan du Buenos Aires en lambeaux de 2002 : « Assez de réalités maintenant. Nous voulons des promesses[21]. »

Il est probable que beaucoup de nos contemporains et de nos descendants seront tentés de refuser de voir ces évolutions plutôt que de mener lucidement un difficile combat en retraite. Nier le vieillissement, l'appauvrissement, rejeter la réalité, ouvre la voie à la nouvelle religion – ou simplement au renouveau des anciennes, que l'ère des révolutions avaient un temps paru devoir mener au tombeau. L'indignation des foules, les fulminations des nouveaux prêtres, le mépris où ils tiendront ceux qui gouvernent, renverront la politique au domaine de l'impensé, de la barbarie du pouvoir – celle des Mongols ou des Mandchous pour les lettrés chinois, celle des soudards turcs pour les oulémas de l'Islam. Nous serons ainsi rentrés, après deux cent cinquante ans d'interruption, dans l'empire millénaire de la dissociation méprisante du penser et de l'agir.

Avant, pendant et après la crise du coronavirus, on a clamé qu'il fallait donner plus de moyens à la médecine. Mais la médiocrité de la croissance économique rend l'objectif presque impossible à atteindre, à moins de retirer à d'autres – les retraités ? les familles ? les pauvres ? Il est en fait probable qu'à terme, cette revendication sanitaire tourne à la profession de foi religieuse, sans traduction concrète. On continuera à proclamer que rien ne vaut une vie, que tous doivent être également soignés, et on s'efforcera d'agir selon cette morale exigeante ; mais on détournera le regard des maisons de retraite où l'on meurt discrètement.

La crise du coronavirus, imprévisible, imprévue, a sans doute pris la médecine, comme les médias, à contrepied. On attendait le climat, ce fut la maladie. On concevait que les affections de l'avenir seraient celles de la dégénérescence cellulaire, le cancer, Alzheimer, et c'est une épidémie qui nous renverse, et oblige la médecine du début du XXIe siècle à recourir à une pratique du XVIe siècle, le confinement. Un remède qui aggrave le mal, cependant : l'arrêt de l'activité économique pendant des mois appauvrit nos sociétés, l'inéluctable crise qui s'ensuit menace d'accentuer la baisse de la fécondité et le vieillissement dans la plupart des régions du monde, de multiplier à terme les maisons de retraite et de réduire d'autant les ressources consacrées à la santé.

Frappée d'impuissance, la médecine est tentée d'entrer à son tour en religion : fixer la loi sans se préoccuper de son application. Le confinement doit se poursuivre longtemps, nous a-t-on dit. C'est impossible ? Ce n'est pas l'affaire des médecins. Il y a là de la réponse des monastères à l'empereur. L'un des membres du Conseil scientifique français, lucide comme le furent parfois les chefs de l'Église, admet que le gouvernement prenne une décision qui ne se conforme pas à la loi médicale : « Ce n'est pas choquant, l'important est que les rôles restent séparés » - que les deux glaives restent en des mains différentes, eût dit un pape du Ve siècle. Séparation de la Santé et de l'État, loi de 2020[22].

Cependant, en cette année 2020, les soignants se battaient, sauvaient souvent, perdaient parfois, longtemps à mains nues, aussi dépourvus que les moines qui tentaient d'apaiser les affres des pestiférés il y a quatre siècles, jusqu'à l'apparition et la généralisation des vaccins. Aussi leur valeur ne se mesurait-elle pas à leur efficacité, mais à la part de souffrance qu'ils prenaient, qu'ils partageaient avec les malades. Dans la (toujours) catholique Espagne, *El País*, au printemps 2020, faisait régulièrement le compte des soignants décédés. Telle était leur preuve, leur témoignage, leur martyre, dit-on en grec : non pas la guérison des malades, comme on l'aurait pensé à l'apogée de la science et de l'agir collectifs, aux XIXe-XXe siècles, mais leur empathie chrétienne, leur incarnation dans les corps malades.

Quelles religions pour demain ?

Voilà une question qui dépasse la prévision raisonnable, tant les données sont nombreuses, tant le paradoxe et les retournements ont marqué l'histoire des religions universelles. En témoignent par exemple le chiasme qui affecte, dans la division des fonctions, le bouddhisme aux ethnies guerrières en Chine, et l'appel au *jihâd* aux oulémas sédentaires en Islam. Rien n'indique que les religions universelles millénaires soient aussi celles de l'avenir. Il est probable, si elles subsistent, qu'elles se chargeront d'une part de la substance de la modernité ; que l'écologie, la santé, le sport peut-être, entreront dans le cercle de leurs croyances ou de leurs pratiques. On veut ici simplement évoquer quelques tendances.

Nées d'empires, les religions universelles furent longtemps, comme les empires, des mondes en elles-mêmes, qui n'accordaient qu'une attention minime à leurs rivales, ou les dédaignaient ouvertement - comme l'Islam les religions étrangères, ou le bouddhisme le monde des illusions. Mais l'empire contemporain est mondial, et les religions sont plongées dans un même bain de culture global. Elles ont ensemble affronté l'ère des révolutions, dont les projets réunissaient la promesse et l'action politique, que les religions dissocient par définition. Le recul de la modernité les confronte désormais les unes aux autres, soit qu'elles entrent en conflit, soit plutôt qu'elles s'assignent les unes les autres des rôles distincts dans une même intrigue.

L'Islam est aujourd'hui aux yeux de beaucoup en Occident la religion par excellence - celle qui gêne le plus. Une fois encore, elle se porte à l'inverse de l'évolution générale. Épuisée par l'essoufflement de la révolution industrielle, la modernité dissocie de nouveau, comme l'empire en son automne, les valeurs et l'action. L'Islam au contraire veut les réconcilier. Il semble aujourd'hui plus « politique » qu'il ne l'a jamais été, plus résolu à imposer les valeurs de sa religion à l'État, là où les musulmans sont majoritaires, ou à une fraction au moins de la société là où il est minoritaire. Il entend ramener sur terre l'utopie de la génération des conquêtes renfermée depuis des siècles dans le catéchisme sunnite. L'islamisme plonge l'islam dans ces mêmes moments de confusion, ou de réunion, du politique et du religieux que les croisades ou... la Révolution française.

On en a vu la raison. L'empire, ottoman ou moghol, tenait le sunnisme en respect grâce à l'appui de nombreuses et influentes populations non musulmanes, et de cultures étrangères dont il acceptait, sollicitait parfois la traduction - tandis que le sunnisme refusait la traduction et s'indignait des sollicitudes accordées aux Infidèles. Mais la colonisation occidentale a ruiné l'État islamique, rendu l'Inde aux Hindous, chassé les Turcs des Balkans, accepté en revanche l'expulsion (ou l'extermination) des chrétiens et des juifs d'Anatolie, du Moyen-Orient, du Maghreb... Dans nombre de cas, les cultures occidentales sont aujourd'hui refoulées en Islam au profit de formes et de contenus jugés plus authentiquement musulmans - l'écriture arabe pour le peul ou le haoussa, l'interdiction de la langue anglaise ou française dans les écoles coraniques du Pakistan ou du Sahel. Le monde islamique est aujourd'hui plus homogène et musulman qu'il n'a jamais été, ce qui favorise la réalisation du projet islamiste : rendre l'Islam à ses saintes origines médinoises.

Mais ces origines invoquées se confondent avec le *jihâd*, et convoquent de fait des minorités belliqueuses plutôt que des peuples rassemblés. Sans qu'il en ait conçu le projet, le jihadisme contemporain a retrouvé la voie des *'asabiyas* d'Ibn Khaldûn. En Afrique, les récents soulèvements jihadistes opposent apparemment vieux musulmans (Peuls, Touaregs, Haoussas, Somalis) et convertis plus récents (Mossis, Oromos, Bambaras, Yorubas). Beaucoup de vieux musulmans « sédentarisés », même favorables à la cause de ces soulèvements, en sont exclus par leurs modes de vie, par leur intérêt pour les langues étrangères, par leurs pratiques urbaines. L'islamisme a des chances sérieuses, malgré l'opposition des États en place et de la quasi-totalité du monde infidèle, des États-Unis à la Chine, à l'Inde, à la Russie et à l'Europe, de s'emparer à terme du pouvoir, à mesure que ses ennemis déclineront et que, faute de ressources économiques et militaires, ils lui abandonneront le terrain, comme aujourd'hui en Afghanistan. Mais sa composition ethnique et sociologique l'éloigne des majorités sédentaires. Il est possible que l'Islam, dans sa version jihadiste, peu prosélyte comme il est de règle dans les *'asabiyas* en formation, fortement ethnicisé, soit bien mieux représenté, dans les générations qui viennent, parmi les minorités au pouvoir, « bédouines », que dans la population générale.

Le christianisme suit la voie exactement inverse. En forte expansion, en particulier dans sa version évangélique, il progresse en particulier en Asie orientale. Majoritaire en Corée du Sud, il regrouperait 5 à 7 % de la population chinoise, 8 à 10 % des Vietnamiens. Il semble en mesure de donner corps au rêve discret, que caressait Claude Lévi-Strauss, d'une union du bouddhisme et du christianisme par-dessus l'Islam. L'une et l'autre religion - bouddhisme et christianisme - sont rigoureusement sédentaires. Le bouddhisme chinois ou vietnamien est exclu du cercle du pouvoir depuis un millénaire, le christianisme s'en est exclu bien avant les lois qui ont prétendu l'y obliger en Occident[23]. Il n'y a pas, en Asie orientale au moins, de contradiction entre foi chrétienne et pratique bouddhiste, tant les deux approches sont distinctes. L'une et l'autre ne placent en ce monde qu'une part assez mince de leur mise. Le christianisme, longtemps associé à la prépondérance de l'Europe, peut aussi tirer avantage du repli occidental, et des ambitions nouvelles d'une Asie - et d'une Afrique - qui reprendraient l'héritage chrétien précisément parce qu'il ne vise pas au pouvoir, mais parce que son prosélytisme vise partout les majorités. C'est aujourd'hui la religion la plus répandue, et elle pourrait le rester parmi les sédentaires, sans doute seule véritable religion universelle.

L'hindouisme enfin, tard venu dans le jeu politique, y est entré massivement depuis une trentaine d'années, à mesure que l'aristocratie qui gouvernait l'Inde au nom du parti du Congrès a cédé la place à des classes moyennes plus nombreuses et plus actives avec les progrès économiques indéniables que le pays a connus dans le dernier demi-siècle. Comme le christianisme et l'Islam en ont offert dans l'histoire des exemples - mais jamais de cette taille gigantesque –, l'*hindutva* est une religion et un mode de vie qui prétend définir une nation. Il pallie l'absence de langue commune – ou plutôt le refus obstiné de l'Inde du Sud, en particulier, de se plier à l'hégémonie du hindi ; il permet de tolérer que l'anglais demeure le ciment des élites, et que la colonisation britannique conserve, par ce biais et d'autres, une place de choix dans l'identité d'une puissance mondiale en voie d'affirmation. Pour cette raison, parce que c'est un peuple dont il s'agit d'affirmer l'identité, l'*hindutva,* à la différence du communisme confucéen qui gouverne la Chine, se soucie de bloquer les minces progrès du christianisme dans le sous-continent. Mais il entre surtout en conflit direct avec l'islamisme – et même plus largement avec la majorité sunnite des musulmans de l'Inde. L'un et l'autre – hindouisme et islamisme – visent au pouvoir et se disputent le même territoire, hindou aujourd'hui, musulman hier selon l'Islam. L'affaire de la mosquée d'Ayodhya (depuis 1992), construite par Babur sur les ruines d'un temple de Ram selon la légende, la présence, dans la toponymie du pays, de l'hégémonie victorieuse de l'Islam, que les hindouistes pourraient prétendre abolir, les abcès de fixation du Taj Mahal et du Cachemire, sont autant de signes de la collision qui s'annonce.

CHAPITRE 8

Essai sur quelques dogmes de la nouvelle religion

La vraie décolonisation

Le consensus place aux réformes économiques de Deng Xiaoping, en 1978, le début de cette ère nouvelle dans l'histoire de la Chine qui devrait la conduire, dans la décennie qui vient, au premier rang des puissances. L'année suivante, 1979, à quelques milliers de kilomètres de là, mais à des distances mentales en apparence bien plus grandes, la Révolution iranienne et l'essor de la résistance armée contre le régime communiste afghan et les forces soviétiques qui l'appuyaient révélaient au grand jour les fureurs islamistes dont le déferlement effraie encore aujourd'hui le monde. Le *jihâd* entrait sans masque sur la scène de l'histoire contemporaine.

N'y a-t-il, entre ces ruptures en apparence si étrangères l'une à l'autre, qu'une coïncidence de dates ? Aujourd'hui, ces événements ne semblent pas relever du même monde. Aujourd'hui, car il n'en fut pas toujours ainsi. En 1978-1979, les contemporains ne manquèrent pas de diverger sur la portée de ces événements, sur les espoirs qu'ils soulevaient ou les dangers qu'ils laissaient entrevoir ; mais ils s'accordaient du moins sur l'existence de l'échiquier où ces pièces de la politique mondiale se déplaçaient, et sur la partie en cours, que l'on nommait alors « guerre froide ». Les réformes de Deng Xiaoping mettaient fin aux années sombres de la Révolution culturelle (1966-1971), mais elles prolongeaient aussi la rupture entre la Chine et l'Union soviétique, consommée dès 1960. L'adoption d'abord prudente, puis de plus en plus radicale, du capitalisme par la Chine de Deng réaffirmait le pacte implicite déjà passé par Mao avec les États-Unis de Nixon et de Kissinger

(1971-1972). Le basculement de fait de la Chine dans l'alliance occidentale renversait le rapport des forces au détriment de l'URSS. Nul n'aurait pu prévoir que le pouvoir soviétique n'avait plus qu'une douzaine d'années à vivre, mais il devenait clair que le communisme était en échec, avant d'être mat.

À l'inverse, la révolution iranienne, qui prit toute la lumière de l'année 1979, parut illustrer le déclin américain, engagé avec la démission de Richard Nixon (1974), la défaite du Vietnam (1975), et les pâles présidences de Gerald Ford (1974-1976) et de Jimmy Carter (1976-1980). Comme plusieurs à gauche, Michel Foucault la salua comme un coup porté à l'impérialisme occidental, et donc, indirectement, comme un succès du « camp socialiste ».

Ces interprétations étonnent aujourd'hui. Les succès foudroyants de son économie ont décuplé les forces de la Chine, dont nul ne doute plus qu'elle dépassera bientôt les États-Unis. Contenir la Chine est devenu le souci majeur de la diplomatie occidentale qui se félicitait il y a quarante ans des réformes de Deng Xiaoping. La révolution iranienne n'a pas sauvé l'Union soviétique. Bien au contraire, elle a ouvert la boîte de Pandore du jihadisme que les Soviétiques, puis les Russes se sont acharnés avec des succès divers à combattre en Afghanistan, en Tchétchénie et encore aujourd'hui en Syrie. Mais l'essentiel tient moins aux mouvements imprévus des pièces qu'à la disparition de l'échiquier même. La guerre froide n'organise plus les rapports de forces globaux, et rien n'en a pris la place. La guerre du capitalisme et du socialisme que l'histoire de l'Occident avait imposée au monde s'est évanouie. En 1978, la Chine n'était encore qu'une puissance communiste, en rupture avec l'orthodoxie soviétique, et qui tirait le sens de son histoire à la fois de son choix du marxisme-léninisme et de sa dissidence d'avec son centre. Ces circonstances la poussaient implicitement vers le camp occidental, puisqu'il n'existait que deux camps, et que leur conflit seul donnait au monde son intelligibilité. Aujourd'hui, la Chine est rendue à la dignité d'empire du Milieu auquel elle a prétendu à raison depuis deux millénaires. Le temps de la reconnaissance de l'hégémonie de l'Occident, Est ou Ouest, de ses idéologies, de sa puissance et de son histoire, est révolu à Pékin.

Le récit chinois refoule celui que l'histoire occidentale avait assigné à la Chine. Le temps avoué de la défaillance chinoise se rétrécit avec les années. L'histoire occidentale en situait l'origine à la guerre de l'opium de 1840-1842. La documentation chinoise réduit de beaucoup l'importance de l'événement, comme l'avaient déjà bien compris les meilleurs spécialistes[1]. C'est plutôt en 1860, avec le pillage du palais d'Été, que la Chine, dévastée par la révolte des Taiping, prit conscience de la nouvelle puissance des barbares venus du Sud. Encore les Européens et les Japonais ne s'imposèrent-ils vraiment qu'après 1895, avec la guerre des Boxers et le *break-up of China* (1898-1900). L'effondrement chinois n'excéda pas un demi-siècle avant la « Libération » communiste (1898-1949). Le triomphe économique des dernières décennies et les promesses du siècle qui vient renouent avec l'âge d'or du règne de Qian Long (1736-1795). La vilaine cicatrice de l'humiliation n'est plus qu'un lointain souvenir[2].

Depuis 1979, l'Islam, à l'image de la Chine, retrouve son histoire propre, par les voies de la réforme religieuse qui le rend à ses origines - le salafisme - et de la guerre contre les Infidèles et les hérétiques - le *jihâd*. Le signe le plus flagrant de cette reconquête de soi, c'est paradoxalement la suprématie de ses conflits internes sur ses guerres extérieures. La révolution iranienne brandit la première l'étendard de l'Islam, en appelant le monde musulman à la suivre. Elle a réussi au-delà de ses espérances, et à son détriment. La poussée iranienne a soulevé contre elle une réaction sunnite d'une virulence croissante en Asie centrale, en Afghanistan et au Pakistan, en Irak et en Syrie. D'al-Qaida à Daech, dont la dissidence, puis l'hégémonie idéologique, s'affirment après 2006, la primauté de la lutte contre l'hérésie n'a cessé de se renforcer dans le jihadisme sunnite. En réplique, l'Iran a fédéré depuis une quinzaine d'années presque toutes les branches du shiisme, du Pakistan au Yémen, comme jamais sans doute elles ne le furent dans la longue histoire de l'Islam. Entre Inde et Méditerranée, l'appoint des alliances occidentales - américaine, russe ou même française - est encore apprécié, mais la puissance réelle est entre des mains islamiques rivales : Iraniens, Kurdes, Turcs, Talibans,

Pakistanais... On aurait pu penser que les interventions militaires américaines en Afghanistan et en Irak tourneraient durablement l'hostilité du monde musulman contre la menace infidèle. Il n'en est rien. C'est que jamais depuis plus d'un siècle l'Occident n'a moins pesé dans cette région du monde.

Il n'est désormais plus combattu que dans les écoles. On ne craint plus ses armes, on lui reproche ses pensées, on se défie de ses langues. Les caricatures du Prophète mettent en danger les relations diplomatiques de la France. Les écoles religieuses pakistanaises, où sont scolarisés les enfants pauvres, ignorent délibérément l'anglais des élites. La transcription toujours plus fréquente du peul ou du haoussa en alphabet arabe « sacré », par opposition à l'alphabet latin « profane », trahit le déclin du prestige des langues de la colonisation, et menace de les réduire à la portion congrue là où l'Islam domine en Afrique. L'écart dans la pratique du français, de l'anglais, voire du portugais au Mozambique, s'élargit entre Afrique chrétienne consentante et Afrique musulmane réticente, et elle devrait à terme déchirer l'unité, encore aujourd'hui hautement proclamée, du Continent noir. Tout comme la Chine refoule par ses succès économiques le récit de l'Occident, l'Islam l'expulse par la guerre et la restauration de son discours religieux et de son univers symbolique[3].

Entre Chine et Islam, l'Inde est happée par les mêmes promesses d'hégémonie que la Chine, par le même fondamentalisme identitaire que l'Islam. Jusque vers 1990 y domine le parti du Congrès, héritier des combats de l'indépendance (1947), dont la pointe politique, tout entière tournée contre l'ancien colonisateur britannique et son avatar américain, était aiguisée par la parfaite maîtrise de la langue et de l'histoire anglaises dont l'aristocratie dominante du parti savait se montrer capable. Après 1990, le Congrès recule peu à peu face à la droite du BJP (Bharatiya Janata Party), favori des nouvelles classes moyennes urbaines, armé d'un nationalisme hindou intransigeant. Le Premier ministre conservateur Narendra Modi, comme toute l'Inde du Nord nationaliste, privilégie le hindi au détriment de l'anglais[4]. La nouvelle droite indienne vise à imiter la Chine en la dépassant, puisque le premier rang démographique lui est promis dans ces mêmes années où le volume de l'économie chinoise devrait surpasser celui des États-Unis. Confronté à la poussée salafiste et jihadiste en Afghanistan, au Pakistan et au Cachemire, le BJP entend aussi écrire une histoire radicalement hindoue du sous-continent, qu'il substituerait à la version faussement consensuelle favorisée depuis l'indépendance par le Congrès - version scandaleusement indulgente, aux yeux des nationalistes, à l'égard de la violence extrême des invasions et de la domination musulmanes, qui ont soumis l'Inde à bien plus rude, plus longue et plus dégradante servitude que l'Angleterre.

Au total, l'échiquier mondial, élaboré par l'Occident impérial au sommet de sa puissance, n'existe plus dans l'essentiel de l'Asie, étendue par l'Islam jusqu'aux rives de la Méditerranée et aux savanes africaines. Ces évolutions déplaisent assez logiquement en Occident, et ceux qui les portent y sont impopulaires. Xi Jinping et Narendra Modi ont ici peu d'admirateurs, l'islamisme y est l'ennemi principal. C'est bien la preuve que le recul de l'emprise occidentale, la fin véritable de la colonisation est à l'œuvre dans cette part majoritaire du monde depuis quarante ans.

Le tiers-mondisme ou la colonisation poursuivie

Mais ce n'est pas ce que nous enseignons dans nos écoles. Selon nos manuels d'histoire, la colonisation aurait pris fin pour l'essentiel entre 1945 (Indonésie) et 1965 (pour les colonies britanniques d'Afrique), une génération en moyenne avant le tournant des années 1980-1990. Que s'est-il donc passé dans ces quelques décennies (1945-1980) fondatrices de dizaines de nouveaux États réputés indépendants ? Contre toutes les apparences d'une histoire pleine de bruit et de fureur, de violences libératrices et de répressions coloniales, de réquisitoires radicaux et de haines proclamées, on y trouve sans doute plus de continuité que de ruptures. On y voit surtout se dessiner une configuration de forces et de valeurs - le tiers-mondisme - dont l'Occident n'est pas sorti, dont il refuse de sortir en vérité. Si la décolonisation est désormais accomplie en Chine, en Inde et en Islam, elle ne l'est pas en Occident.

C'est pour l'essentiel au nom des principes politiques occidentaux de la modernité que le mouvement de décolonisation a été conduit entre 1945 et 1965. À d'assez rares exceptions près, les pères des indépendances n'ont pas répudié les acquis des temps de l'hégémonie européenne, les frontières qu'elle avait dessinées, les langues qu'elle léguait, l'économie qu'elle avait mise en place[5]. La grande majorité des quelque deux cents nations qui composent notre monde ont été taillées par la colonisation. L'Afrique s'est donné pour principe dès le moment des indépendances de ne rien changer à ce découpage, souvent aberrant pourtant - même si l'éclatement de la Somalie (après 1991), l'indépendance de l'Érythrée (1993) ou du Sud-Soudan (2011) ont commencé de mettre à mal ces résolutions. Le français, l'anglais dominent encore aujourd'hui les administrations africaines et l'école diffuse leur apprentissage auprès de masses d'élèves très supérieures à celles des temps coloniaux[6]. Les tentatives de rupture totale avec la modernité, d'éradication de tout ce que le colonisateur avait fait germer, institutions, langues, villes, routes - et d'extermination de ses imitateurs locaux -, ont au contraire abouti à d'effrayants désastres, dont le génocide khmer de 1975-1979 reste le plus sinistre exemple.

Nul ne semblait, il y a peu encore, en mesure de rompre radicalement avec le moment de la domination occidentale, universellement fondateur. Nul ne le désirait, à vrai dire. Jusqu'en 1990, près du tiers de l'humanité vit sous un régime communiste directement inspiré par le mouvement des idées de l'Europe du XIXe et du début du XXe siècle, qui tenait les traditions historiques du reste du monde pour des vestiges de « féodalisme » ou des foyers de réaction qu'il convenait d'assainir[7]. Le reste des anciennes colonies, aux Indes, en Afrique, et même en Amérique latine, communiait dans le « tiers-mondisme », où Hegel et Nietzsche auraient reconnu la vieille dialectique du maître et de l'esclave. Or l'existence de « l'esclave » - c'est-à-dire des régimes issus des indépendances et qui assument ce rôle - requiert la présence du « maître » occidental, de l'ancien colonisateur européen, ou de son substitut américain.

L'indépendance se marqua donc moins dans les institutions et les pratiques que dans le discours politique, antioccidental. Il faut ici prendre « anti » dans son sens premier : « ce qui est en face de », « ce qui fait symétrie avec » l'Occident. Le tiers-monde - le mot est forgé par Alfred Sauvy en 1952, au moment où s'affirme la vague des indépendances - ne retrouve pas, avec la fin de la présence coloniale, une histoire propre - il n'en est pas de commune entre des territoires et des peuples aussi différents que seule la domination de l'Europe a réunis. La définition du tiers-monde - le créateur du mot ne le cache pas - est purement négative. Le tiers-monde n'est ni l'Est, ni l'Ouest, ni le socialisme, ni le capitalisme. Le terme n'a d'autre sens positif que ce qu'il nie, c'est-à-dire l'Occident. Et donc il n'est pas d'autre histoire du tiers-monde que celle de l'Occident, rigoureusement inversée. Le tiers-mondisme partage la langue de l'Occident, mais s'acharne à lui apporter, en tout, une contradiction absolue. Dans tous les sens du terme, si on considère l'importance que la « question noire » a prise dans son expression contemporaine, le tiers-mondisme dit « noir » là où l'Occident dit « blanc », et l'inverse, dans le même idiome politique et historique qui leur est également familier, c'est-à-dire celui de l'Occident. La violence du propos anticolonialiste, voire antiblanc, dissimule mal le besoin que « l'opprimé » a de son « oppresseur » pour asseoir sa légitimité. Le tiers-mondisme est la prolongation intellectuelle de la colonisation.

On voit la divergence, sans cesse élargie, des routes du tiers-mondisme d'une part, de la restauration historique de la Chine ou de l'Islam d'autre part. À mesure que des civilisations un temps dominées ou éclipsées par l'Occident retrouvent leur centre de gravité et recouvrent leurs frontières, elles sont gagnées par une indifférence croissante envers la parenthèse de l'hégémonie occidentale, à laquelle le tiers-mondisme reste au contraire, pour le meilleur et le pire, et dans tous les sens du terme, passionnément attaché. La colonisation y est poursuivie par les voies de l'invective.

Mais malgré la violence des mots, et parfois des actes, l'Occident donne la préférence au tiers-mondisme sur l'indifférence chinoise ou islamique, parce que ces invectives parlent sa langue et prolongent son histoire. Il n'est pas certain que les attentats islamistes soient aujourd'hui plus sordides ou plus sanglants que ceux des Palestiniens dans les années 1970. Il n'est pas établi que Narendra Modi soit moins démocrate qu'Indira Gandhi - sans doute d'autant plus portée à bousculer les bons usages qu'elle savait bénéficier de la faveur de la presse occidentale, au contraire de Modi. Mais le parti du Congrès en Inde, comme le nassérisme ou le baasisme dans le monde arabe, ou comme la cause palestinienne encore aujourd'hui, offre aux opinions occidentales les éléments d'une intelligibilité, au sens strict antioccidentale, dont il suffit d'inverser les termes pour la rendre familière ; tandis que le souci d'instaurer la *sharia* islamique, ou plus encore un hindouisme radical, plonge l'observateur occidental dans un abîme d'obscurités.

Ainsi, on attribue souvent à l'islamisme la résurgence de l'antisémitisme. C'est au contraire au tiers-mondisme qu'il faut probablement en faire porter la responsabilité. L'antisémitisme est aujourd'hui un antioccidentalisme. Après 1945, et la révélation de l'Holocauste, la haine des Juifs est devenue le tabou central de la morale politique occidentale, et sa répudiation l'un des rares lieux de l'unanimité. Fidèle à sa définition, le tiers-mondisme inverse ces valeurs occidentales - et, ce faisant, retrouve l'antisémitisme d'un Occident plus ancien, celui de la première moitié du XXe siècle, que l'Occident d'aujourd'hui réprouve, mais qu'il n'a pas de peine à comprendre. On attribue souvent à l'existence de l'État d'Israël, voire à sa politique, ces nouvelles vagues antisémites. C'est encore une fois inverser l'ordre des choses. L'antisémitisme est premier, puisque c'est lui qui heurte de front, comme le veut le tiers-mondisme, la pratique ou les convictions de l'Occident. Israël ne vient qu'en second. Il est vrai qu'il forme une cible privilégiée, parce qu'il est une création de l'Occident - selon le discours tiers-mondiste -, et de l'Occident coupable d'après 1945. La haine d'Israël rappelle à l'Occident ses crimes - aux dépens des Palestiniens, et au-delà, paradoxalement, aux dépens des juifs exterminés -, crimes sur lesquels aurait été fondé le nouvel État. Au contraire, le jihadisme ne tient ni l'Occident ni les juifs en si haute estime qu'il faille leur réserver un sort particulier dans la foule des ennemis de l'Islam qu'il convient de combattre. Sans doute le *jihâd* doit-il reconquérir les terres occupées à son détriment - mais il y en a beaucoup[8].

De grandes histoires particulières - chinoise, indienne, islamique - émergent et se heurtent, sans que l'Occident, pour la première fois depuis deux siècles, y soit convoqué. L'Asie, sur ses versants indien ou chinois, et plus encore l'Islam jusqu'au cœur de l'Afrique, se détachent d'une histoire universelle élaborée par la colonisation, ou plus généralement par l'hégémonie occidentale. Pour cette majorité du monde, l'Occident mérite de moins en moins, pour le dire comme Racine, l'excès d'honneur ou l'indignité que lui fait le tiers-mondisme, en prétendant lui assurer encore le premier rôle, deux générations après les indépendances. Or c'est précisément cet excès, ce premier rang, fût-il celui du pilori, que l'Occident entend garder auprès de ceux que ses langues et son histoire ont totalement submergés. Le tiers-mondisme se réduit aujourd'hui à ces régions du monde où l'Occident a si profondément bouleversé les sociétés, si massivement imposé ses langues et ses valeurs qu'il leur est impossible de se séparer de son destin - en l'occurrence, l'Amérique latine et les deux tiers de l'Afrique subsaharienne où le christianisme domine largement, soit l'aire de civilisation encore aujourd'hui la plus vaste et la plus peuplée du monde, et qui est sans doute appelée à le rester[9].

Car la violence du tiers-mondisme est l'aveu d'un attrait irrésistible pour ce qu'il vilipende, d'une inévitable conversion, à terme, à l'Occident détesté. Le tiers-mondisme est aussi, surtout peut-être, un mécanisme d'assimilation. L'ancien centre politique du monde - Europe et Amérique du Nord - pourrait dans l'avenir en constituer le cœur sédentaire et « religieux », le pôle d'énonciation des valeurs et des anathèmes, tout comme Rome fut consacrée, dès les premiers siècles du Moyen Âge, capitale de l'Église pour avoir été créatrice de l'empire. De même que le christianisme a consolidé et transmis l'héritage de Rome jusqu'au XXe siècle, les nouveaux dogmes pourraient consacrer et éterniser le « classicisme » de l'aventure historique occidentale des deux derniers siècles.

L'Occident clérical ou la dialectique hégélienne

Mais pourquoi faut-il en passer par les violences du conflit pour en venir à l'union ? L'Europe conquérante des deux siècles passés s'imposait sans ce détour par l'abaissement de soi. C'est évidemment que la puissance lui fait désormais défaut. Depuis le milieu du XXe siècle, l'Occident recule politiquement, et, depuis le tournant des années 1980, il ne peut prétendre se sauver de l'indifférence que lui inflige chaque jour davantage la résurrection de l'Asie et de l'Islam qu'en s'humiliant pour garder le reste de l'humanité à ses côtés. L'empire occidental régresse comme Rome autrefois sous la poussée barbare. Comme à Rome, les ambitions universalistes de l'Occident dépassent désormais ses moyens militaires et politiques. La parole prend le pas sur l'action, parce que l'action est impuissante, et la religion en sort. Au Ve siècle, le triomphe éradicateur du christianisme en Orient (Égypte et Syrie) répond à l'effondrement de l'empire en Occident. Il masque l'épuisement politique et militaire de Rome. Ainsi, tout comme le recul de Rome dans sa partie occidentale est contemporain de la tyrannie nouvelle du christianisme dans sa partie orientale demeurée impériale, de même le recul du tiers-mondisme en Asie et en terre d'Islam après 1980 renforce son emprise sur les terres occidentales, Europe, Amériques et Afrique non musulmane. La religion, c'est l'empire en échec.

L'Occident clérical naît de son impuissance politique. L'invocation du bien universel masque l'angoisse d'une perte d'emprise sur le monde. Julien Benda, en 1927, constatait avec amertume la victoire, sans remède et sans retour possible, pensait-il, de l'action et de l'histoire, du fascisme et du communisme, sur ces valeurs intemporelles et sacrées que le clerc est réputé défendre, selon lui. Dans l'avant-propos de la réédition de son livre, rédigé en 1958, René Étiemble note au contraire avec espoir le renouveau des valeurs cléricales, à l'occasion de la guerre d'Algérie en particulier[10]. Et de fait : pour la première fois depuis longtemps, des citoyens en guerre ne se demandent pas « Que nous faut-il faire pour la gagner ? », mais « Que nous faut-il dire pour être justes ? » – au risque de perdre la guerre contre un ennemi qu'on méprise ou qu'on déteste pourtant, ici le FLN algérien. La justice spirituelle, par essence cléricale, l'emporte sur la considération de la victoire temporelle. Ou, si l'on préfère : l'Occident doit vaincre par les principes de sa religion universelle quand il ne peut plus vaincre par les armes. Périssent l'empire colonial et les positions acquises, pourvu que la parole de l'Occident continue de dominer l'indistinct fracas de la guerre[11].

Les clercs s'élèvent avec vigueur contre les forces déclinantes de l'Occident, pour le sauver, ou du moins pour sauver son héritage spirituel, ses langues, son histoire ou sa morale. La présence obsédante de cette contradiction tiers-mondiste, le thème récurrent de l'affrontement du maître et de l'esclave prisonniers d'une relation d'amour et de haine, évoquent irrésistiblement la dialectique hégélienne, d'où le marxisme est sorti. Et le parallèle est logique. Le problème de Hegel (1770-1831), dans les premières décennies du XIXe siècle, revient à expliquer comment les soubresauts d'une histoire chaotique dessinent les traits d'un plan providentiel[12]. La Révolution proclame la liberté, Napoléon l'étouffe tout en en répandant les principes essentiels en Europe, l'État moderne (prussien) la ressuscite en la débarrassant de ses scories jacobines et terroristes. Le temps de la négation (Napoléon) est donc indispensable à l'avènement de la liberté[13]. L'hégélianisme est une théodicée de l'histoire. Ou plus exactement, il fait couler l'histoire et ses contradictions dans le bronze d'une pensée encore théologique. Si Hegel résonne profondément dans le monde d'aujourd'hui, c'est que nous vivons un temps symétrique de celui qu'il lui revint d'affronter : l'histoire est en train de s'abolir en religion.

Un dogme en gestation : l'antiracisme

On comprend mieux pourquoi les États-Unis, pourtant tenus en grande défiance par la plupart des régimes de l'ancien tiers-monde, adoptent de fait le tiers-mondisme ; et pourquoi ils tirent gloire de défaites qui renforcent la position de leurs clercs. L'émancipation de la communauté afro-américaine y devient cause nationale avec et après la présidence de Lyndon Johnson (1963-1968) secouée par de violentes émeutes raciales, et le pasteur Martin Luther King y est érigé en saint martyr aux côtés de Lincoln ; l'opposition à la guerre du Vietnam reçoit rétrospectivement l'onction des milieux dirigeants, des universités et du cinéma ; la grave crise de la destitution du président Nixon est saluée comme un triomphe de la presse libre. L'Amérique voit étrangement dans ses troubles le signe de sa rédemption. Et en apparence, elle a raison. Quinze ans après la démission forcée de Richard Nixon (1974), le mur de Berlin s'effondre (1989), entraînant dans sa chute les « démocraties populaires », puis l'URSS elle-même (1989-1991). À vrai dire, la victoire américaine dans la guerre froide tient sans doute aux échecs, aux défaillances, aux divisions du camp communiste, davantage qu'à la rédemption américaine. Mais il est essentiel, dans le propos des clercs, de penser qu'on doit sa victoire aux mérites de sa position morale plutôt qu'aux fautes politiques de l'adversaire, et l'Occident se laissa convaincre du bien-fondé de la démarche qui lui fit adopter, après 1970, le catéchisme culpabilisant du tiers-mondisme et de la dialectique du maître et de l'esclave.

Cette hégémonie tiers-mondiste est aujourd'hui démesurément enflée par l'aggravation des revers économiques et politiques de l'Occident et la fin des Deux Cent Cinquante Glorieuses (1800-2050). La faiblesse de la progression de nos économies vieillissantes, la multiplication des crises, laissent entendre que l'Occident est en train de perdre l'avenir. Bien plus que l'Europe, les États-Unis en sont affectés. D'abord parce que leur hégémonie économique et politique est en jeu - elle est en fait virtuellement perdue, s'il est vrai que rien n'empêchera la Chine d'accéder au rang de première puissance mondiale dans une décennie. Mais, plus grave encore, l'Amérique est menacée de perdre la foi dans cette religion du progrès où s'incarne toute son histoire. Avec quelques autres républiques américaines - le Brésil, l'Argentine -, les États-Unis sont nés des Deux Cent Cinquante Glorieuses. Ils n'ont pas d'autre passé qu'ils puissent invoquer. Leur guerre d'indépendance est la première des

« révolutions atlantiques » qui fondent la modernité politique, avant même la Révolution française. Contrairement à ce que croient les Français, et à ce qu'affirment volontiers les polémistes américains, il n'existe pas de parti « réactionnaire » de l'autre côté de l'Atlantique. Tous les partis, tous les courants de la société partagent la même croyance dans les capacités de l'homme à bâtir sur terre son jardin d'Éden - et en ce sens, toutes les sensibilités américaines partagent le messianisme actif des grandes révolutions de la modernité.

Depuis deux décennies pourtant, depuis que se sont fait jour les premiers doutes sur la victoire américaine dans l'histoire du monde, puis l'évidence du recul de leur influence, la guerre des cultures fait rage aux États-Unis. Le premier parti de l'alternative entend ressusciter l'Amérique du XIXe siècle, la nation américaine, ou ce qu'il en imagine : des communautés solidaires et libres, largement isolées du monde dont elles ne se préoccupent pas, laborieuses, dévotes et généreuses, mais soucieuses de leur cohésion et défiantes envers les nouveaux venus dont l'afflux incessant menacerait la solidarité nationale. C'est l'Amérique de Donald Trump, et, avant lui, celle de Samuel Huntington, qui niait que les États-Unis puissent être l'Arche de Noé de tous les peuples de la terre. Le chemin de l'Éden américain, pour Huntington, a été tracé par une histoire très singulière, née en Angleterre avec la Grande Charte et la résistance victorieuse du Parlement aux rois, poursuivie en Amérique par les plus pieux et les plus libres des puritains. La marée hispanique, venue d'une autre histoire, met en danger la miraculeuse odyssée historique anglo-saxonne, à laquelle la modernité doit presque tout.

Cette thèse en appelle à des limites nationales, à une forme de modestie. Les États-Unis sont un pays parmi d'autres, le meilleur sans aucun doute aux yeux de ceux qui défendent cette vision. Mais si éclatante que soit la supériorité américaine, les autres méritent d'exister, de défendre leurs coutumes. Parce qu'elle a tracé une voie très singulière, unique dans le patrimoine des expériences humaines, l'Amérique est inimitable, et ne doit donc pas exiger des autres qu'ils l'imitent. Un salutaire éloignement du monde protégea les premiers âges de la nation. À l'heure où l'hégémonie américaine est contestée, il convient de le rétablir.

La droite américaine a peu apprécié la guerre d'Irak et le projet que la présidence de George Bush, personnellement inattaquable à ses yeux, conçut après le 11 Septembre d'apporter la démocratie au monde. Samuel Huntington et Donald Trump comptèrent tous deux parmi les sceptiques de la « guerre de libération du Moyen-Orient » engagée en 2003. Leur point de vue a aujourd'hui gagné l'écrasante majorité des conservateurs américains. Il a en outre l'avantage du réalisme. La géographie et l'histoire ont fait du continent américain une île au grand large de l'Ancien Monde. Cette insularité donne aux États-Unis l'opportunité de laisser s'ordonner les camps et les conflits de l'autre côté des océans protecteurs, et de jouer de leur puissance, comme ils l'ont fait en 1917 et en 1941, comme le fit la Grande-Bretagne tout au long du XIXe siècle en Europe, en pesant au dernier moment sur une balance de forces constituée avant eux et sans eux. Une intervention tardive en faveur d'un des camps qui s'affrontent, et qui s'équilibrent à peu près, est infiniment moins coûteuse et plus fructueuse que ne le serait un conflit dont l'une des coalitions se rassemblerait d'emblée autour des États-Unis, comme l'OTAN aujourd'hui.

Ainsi la Chine, comme on l'a dit, sera-t-elle sous peu la première puissance du monde. Mais son expansion même lui crée une foule d'adversaires en Asie, parmi lesquels le Japon, le Vietnam et surtout l'Inde. Ces deux puissances montantes et bientôt dominantes, Inde et Chine, vont construire dans les décennies qui viennent de formidables systèmes d'alliances, en Asie, mais aussi en Afrique, au Moyen-Orient, en Amérique latine, voire en Europe. Les États-Unis auront le probable privilège de choisir leur camp le moment venu, et de regagner ainsi par la diplomatie une partie de l'hégémonie économique et politique qu'ils auront perdue.

Tout semble donc favoriser cette nouvelle vision de l'Amérique. Tout, sauf précisément qu'elle est neuve, et qu'elle réduit une histoire sacrée à un récit prosaïque et calculateur, national, comme il y en eut, comme il y en a, tant dans le monde. C'est ce qui est insupportable pour l'autre camp, fidèle à l'héritage des années 1960 et 1970 - opposition à la guerre, universalisme et antiracisme. On reconnaît sans peine dans ces thèmes les valeurs cardinales des empires depuis Rome et la Chine des Han : la paix et l'universalité, qu'illustra longtemps l'histoire des États-Unis telle qu'ils l'ont contée, asile des réfugiés de tous les conflits, nation d'immigrants de toutes origines, indifférente à l'emphase guerrière qui ravageait la vieille Europe. Dans le discours de la gauche américaine des dernières années cependant, si l'immigration reste présente, elle l'est moins que l'antiracisme. Et l'antiracisme lui-même, qui impliquait encore en 1970 ou en 1980 le combat contre l'antisémitisme, s'attache de plus en plus au seul problème noir[14].

Ces inflexions sont cependant paradoxales. Car au fil des décennies, comme depuis la fin du XIXe siècle, l'immigration creuse le lit de son « intégration » dans la société américaine, tandis que la question noire demeure aujourd'hui aussi cruciale et insoluble qu'il y a cinquante ans, malgré les efforts financiers et symboliques considérables que le pays a consentis pour la réduire. Pourquoi insister sur l'échec et négliger la réussite de tant d'immigrants hispaniques, iraniens ou asiatiques dans les États-Unis des cinquante dernières années ? C'est précisément parce que la plaie reste béante qu'il faut en parler et la soigner, dira-t-on. Mais comment concevoir qu'un pays vieillissant réussisse à entraîner dans une dynamique ascendante une communauté noire elle aussi plus âgée et plus sceptique, là où l'Amérique bouillonnante des années 1960-1980 a échoué ?

On peut en fait proposer deux explications à la prépondérance de l'antiracisme dans le discours américain dominant, et plus encore dans celui de la gauche - et toutes les deux sont religieuses. La première, c'est que les années 1963-1974 ont trouvé dans les troubles de l'affaiblissement apparent des États-Unis - émeutes raciales, assassinats, défaite au Vietnam et destitution d'un président - l'énergie idéologique refondatrice qui a donné au pays, moins de deux décennies plus tard, la victoire dans la guerre froide. Le désordre est créateur et réparateur. Parce que l'idée s'en est imposée jusque dans la conscience des élites dirigeantes, nombre de conservateurs américains, juges, diplomates, espions ou généraux, inquiets de la montée des puissances rivales et déçus par l'isolationnisme de Donald Trump, ont mêlé leurs voix à celle d'une gauche qui ne les séduit pas d'ordinaire, mais qui reste fidèle aux valeurs victorieuses de la génération précédente. Ces conservateurs s'allient à la gauche parce que la gauche est conservatrice du récit sacré établi.

Il y a dans ce ralliement unanime quelque chose d'une opération magique. Les images, les mots des années 1960 sont convoqués pour produire le redressement et la victoire, un peu comme ces couples déchirés par l'usure du temps se donnent rendez-vous au jour anniversaire et à l'heure de leur première rencontre pour ranimer leur amour défaillant. En vain le plus souvent. Et il y a peu d'apparence que la supplique de l'Amérique aux destins impassibles puisse avoir meilleur sort. Car, comme on l'a dit, ce ne sont pas les troubles intérieurs qui ont rendu son lustre à l'Amérique, mais les maux incurables de son ennemi communiste. Or, rien ne laisse entendre aujourd'hui que la puissance chinoise ou le combat islamiste souffrent des mêmes secrètes maladies internes qui ont terrassé l'Union soviétique et le communisme[15].

La deuxième raison est plus paradoxale encore, mais elle rejoint pleinement notre démonstration. L'antiracisme est le meilleur des combats parce qu'on ne peut pas le gagner en ce monde, et qu'il en devient donc religieux. L'Amérique qui le met en avant sait que la question noire n'a pas de solution, et n'en cherche plus. De plus en plus souvent, l'antiracisme, qu'on liait il y a cinquante ans à la lutte contre la guerre du Vietnam, c'est-à-dire contre une décision politique qu'une autre décision politique pouvait renverser, est associé à l'antisexisme, parti de l'affirmation des droits des homosexuels, mais qui s'en prend aujourd'hui au mur réputé infranchissable de la division des sexes. D'évidence, cette dernière pétition de principe n'exige pas de traduction politique pratique. Nul ne peut imaginer transformer le pays entier en nation transsexuelle. Comme la promesse des révolutions de la modernité, l'abolition des sexes affronte certaines des constantes irrémédiables de la condition humaine. Mais elle a d'autant moins de chances de les surmonter qu'elle est privée de l'élan des mutations économiques et sociales qui ont bouleversé la vie matérielle de l'humanité aux XIXe et XXe siècles et nourri l'illusion que tout était possible. L'intérêt de la proposition tient aujourd'hui à son utopie au sens propre, à ce que le lieu de son accomplissement n'appartient pas à ce monde, à ce qu'elle est religieuse, au sens où l'entendent nos religions monothéistes. Les transsexuels, comme les moines et les anachorètes du premier christianisme, sont les sentinelles avancées du Paradis qu'on attend, les vigies d'une tour d'ivoire libérée des bassesses du monde. Sans doute les militants de l'antisexisme l'ignorent-ils, mais l'abolition de la distinction des sexes est un des thèmes les plus saillants des hérésies millénaristes du christianisme médiéval. Avant la faute, Adam et Ève n'avaient pas de sexe dont ils eussent honte. Comme la nudité, le péché du sexe leur est apparu après qu'ils ont goûté du fruit de la connaissance. Abolir le sexe, c'est abolir la faute et rentrer en innocence. Mais seul le Paradis peut abriter ce retour.

De la même façon, la visibilité de la race – la couleur noire, ou blanche, de la peau – est supposée interdire toute réconciliation en ce monde. Il y a longtemps déjà que le « discours noir » – souvent tenu par des « Blancs » – frappe d'anathème les Noirs « réconciliés », qui acceptent la politique d'intégration. L'avantage dogmatique de l'antiracisme, c'est que la couleur noire de la peau est une différence superficielle, mais visible, qu'aucune réforme sociale ou politique en ce monde ne peut effacer. Le fossé entre Blancs et Noirs ne peut pas se combler, par définition, et c'est cette assurance qui assoit la permanence, l'éternité religieuse de l'antiracisme. L'Amérique entière est supposée soutenir l'*affirmative action* qui vise à l'avancée de la cause noire. Mais la réussite de cette politique serait vécue comme un désastre par ceux-là mêmes qui la soutiennent et s'opposent avec le plus de virulence à son abolition. Par chance ou par malchance, cette politique a échoué, et nul n'en attend plus sérieusement le succès. La « question noire » n'a désormais pas plus de traduction politique et démocratique que la question de la transsexualité. Elle est remise comme elle au monde des sermons et des fulminations, des églises et des universités, des clercs et des anges.

Un dogme en gestation : l'écologie

L'écologie manifeste par excellence ce complexe d'affirmation de valeurs impériales et de dénégation de l'empire où prend sa source la nouvelle religion. Comme l'empire, l'écologie est universelle et pacifiste. Les problèmes - très réels - qu'elle soulève sont par essence ceux de l'humanité entière. Aucune frontière nationale ne peut prétendre restreindre ou contenir l'augmentation du gaz carbonique ou du méthane dans l'atmosphère, la montée du niveau des mers ou l'épuisement des ressources en énergie, en matières premières, en terres arables. Le combat de l'écologie est global et il n'a pas d'autre ennemi déclaré, comme celui des platoniciens ou des stoïciens, que l'ignorance et l'obstination - ce rapprochement qui vient spontanément à l'esprit révèle l'homologie idéologique qu'engendre, à deux mille ans de distance, une même situation impériale dans les débuts de son déclin. L'écologie n'oppose pas les peuples les uns aux autres, tant leurs intérêts communs lui semblent dépasser de beaucoup les particularismes minuscules où les nations ont prétendu trouver leur raison d'être. L'écologie n'aime pas l'histoire, qui a tant servi à l'édification des grands totalitarismes du siècle passé, fascisme ou communisme, et plus encore à l'enracinement des mythologies nationales, qu'elle combat dans l'hydre populiste sans cesse renaissante.

Car si l'écologie rassemble les peuples, elle se méfie du populaire. Son influence est plus sensible dans les universités que dans les stades de football, parmi les conseillers des ministères qu'au comptoir des pubs et des bistrots. Ses succès électoraux l'imposent dans les centres urbains bourgeois, tandis que les banlieues et les bourgs lui résistent. Les immigrés sont les seuls pauvres qu'elle reconnaisse, tout comme les chrétiens, dans les villes du Bas-Empire, ralliaient à leur cause les « étrangers » exclus des solidarités moribondes des cités antiques. L'écologie s'appuie sur l'universalisme d'un monde impérial, comme le christianisme a tiré parti de la sape des citoyennetés locales par l'Empire romain[16]. Bien que son capital de votes soit le plus souvent inférieur à celui des populistes, en Europe comme aux Amériques ou en Inde, elle pèse bien plus que ses adversaires, pour deux raisons au moins, où l'on reconnaîtra les caractères de l'empire et de la religion qui en maintient après lui les valeurs : l'universalisme déclaré, qui autorise l'émergence d'un parti écologique européen aujourd'hui, mondial demain ; et la maîtrise du discours autorisé, cautionné par l'université et les cercles de réflexion, repris par les médias. À l'inverse, les populismes peinent à s'unir malgré l'évidence de leurs intérêts communs face au discours dominant, parce qu'ils portent en eux des querelles nationales dont ils reprennent l'héritage. Les écologistes manient volontiers la diversité des langues, auxquelles ils prêtent sans doute moins de vertus sacrées que les courants attachés à la nation. Daniel Cohn-Bendit, Eva Joly, responsables polyglottes, ont figuré en France parmi les preuves de leur ouverture au monde. Les élus écologistes européens s'expriment sans réticence dans un anglais délavé, mais largement compris, tandis que les élus populistes - ceux du sud du continent en particulier - parlent dans leur langue et recourent à la traduction.

La pratique de l'anglais n'est cependant pas l'essentiel. Donald Trump, Boris Johnson et Narendra Modi l'ont en partage - même si le Premier ministre indien choisit de s'exprimer en hindi bien plus souvent que ses prédécesseurs. Tous trois ont bien conscience que le *New York Times* ne les aime pas, et ils blâment tous trois les mêmes élites détachées des réalités populaires. Ils peuvent en outre éprouver les uns pour les autres une forme de sympathie. Mais le mandat et la sensibilité de leurs électeurs leur interdisent d'aller au-delà, et de sacrifier les différences nationales, qui leur ont ouvert la voie du succès, sur l'autel d'une commune idéologie. Non seulement cette idéologie n'existe pas - pour l'heure, les populismes n'ont pas réussi à s'emparer des centres du discours -, mais elle ne peut exister. L'histoire de l'Inde telle que la conte le nationalisme hindou entre nécessairement en conflit avec l'héritage britannique, même si cette querelle est aujourd'hui moins urgente et moins violente qu'elle ne l'est avec l'Islam ; et l'histoire des États-Unis, même sous la plume de Samuel Huntington, ne se résume pas à leurs origines anglaises.

Apocalypse

Plus clairement que tout autre dogme de la religion émergente, l'écologie prophétise l'apocalypse, au terme fixé par les oracles scientifiques. Trente, quarante, cinquante ans, selon les estimations et les humeurs, marquent l'intervalle qui nous sépare de l'Heure. Le ciel ne s'ouvrira sans doute pas, comme le veut le texte de saint Jean ; mais les canicules et les ouragans frapperont, les eaux monteront et l'humanité menace de compter, selon les plus pessimistes, parmi les innombrables espèces éteintes. Si même elle survit, elle végétera dans un monde appauvri par sa faute. Il reste peu de temps pour agir, et peut-être n'en reste-t-il plus. Car la religion n'émerge qu'avec l'intense conviction de l'impuissance et de l'abolition de l'agir. Les Lumières et plus encore la science triomphante du XIXe siècle et de la première moitié du XXe répudiaient l'apocalypse parce qu'elles récusaient la morale chrétienne de la culpabilité. Après le tremblement de terre de Lisbonne en 1755, les esprits éclairés ne s'inclinent pas devant la toute-puissance du Créateur, comme l'auraient fait leurs aïeux quelques générations plus tôt. Malgré l'extravagante étendue du désastre et la ruine du pays, le marquis de Pombal fait au plus tôt rebâtir la ville selon les principes de la raison, de l'hygiène et de la beauté, qu'il convoque pour conjurer l'aveugle absurdité du destin. Si l'homme veut et peut agir, l'apocalypse n'a pas de place. Elle ne frappe qu'un monde qui s'abandonne à sa perte.

Mais précisément, les possibilités d'une action écologique sont limitées. Face aux résistances qu'ils éprouvent, les écologistes dénoncent la puissance des lobbys industriels, les égoïsmes particuliers et la volonté de puissance des États, les défaillances de l'éducation, les esprits abêtis par des générations de productivisme. Rien de tout cela ne suffirait à briser l'élan purificateur des jeunes élites qui portent le propos de la défense de la planète s'il ne se heurtait à un obstacle bien plus puissant : l'achèvement de la révolution industrielle dans cette partie du monde où elle n'a pas encore triomphé, ni livré les bienfaits de la modernité - la vie urbaine, l'électricité, l'eau courante, l'automobile... Contrairement à ce que l'écologisme aimerait croire, et à ce que les médias rapportent, les gouvernements des États-Unis et de la Chine ne sont pas les derniers irréductibles dont la chute, ou la miraculeuse conversion, annonceront le triomphe de la nouvelle foi. Par définition, les deux principales puissances économiques du monde ont largement achevé leur révolution industrielle. La part toujours croissante des activités de service, le vieillissement, puis le déclin de leur population, la limitation spontanée de leur consommation d'énergie et de matières premières, en font des alliés naturels de la démarche écologiste.

En revanche, l'Inde et l'Afrique - aujourd'hui emportée dans un progrès économique rapide, en Éthiopie, au Kenya, en Ouganda, au Ghana... - n'abandonneront pas les promesses de la prospérité et de la puissance pour satisfaire aux caprices d'un monde vieillissant. C'est de ces nouveaux horizons méridionaux, de ces peuples entre tous déshérités, qu'il faut attendre l'accroissement de l'activité humaine dans les décennies prochaines. Si l'apocalypse doit venir, il aura le visage de l'espérance pour une part de l'humanité.

Cette étrange configuration de forces, qui laisse le mauvais rôle au progrès, et le meilleur à l'interdit, est une parfaite métaphore du retournement de notre « régime d'historicité ». C'est de l'extraordinaire aventure humaine des Deux Cent Cinquante Glorieuses, de la machine à vapeur et de l'électricité, de la maîtrise du ciel et de l'espace, des voies ferrées et des autoroutes, des vaccinations et des antibiotiques surtout, que nous viennent nos tourments d'aujourd'hui. Et c'est dans le renoncement que nous espérons y trouver remède.

Mais l'écologie est ainsi prise au piège. Dans les cinquante années qui viennent, soit l'irréparable sera survenu, et nous n'aurons eu ni la puissance politique ni l'autorité morale pour en prévenir l'accomplissement ; soit l'humanité aura surmonté l'épreuve sans trop de dommages - en partie grâce à d'utiles mesures pratiques et limitées que les gouvernements des puissances mûres, dont la Chine et les États-Unis, auront prises sous la pression des écologistes les plus responsables et des opinions publiques. L'étude démographique parue dans *The Lancet* à l'été 2020 va dans ce sens. Si la population mondiale commence à décliner bien avant la fin du XXIe siècle, et si son vieillissement s'accentue dans les décennies qui précèdent cette inflexion, comme le prévoient les auteurs, le pic de l'activité anthropique se situera vers 2050, ou peu après[17]. Le temps est proche, et la fenêtre de l'apocalypse est étroite.

On aurait tort de croire que le discours écologique en serait dépouillé de sa force religieuse. Tous les monothéismes ont prophétisé la fin de ce monde, de cette création, de ce cycle cosmique, avec la conscience angoissée de son imminence. Muhammad n'avait en vue que le jour du Jugement, dont la première sourate du Coran fait le suprême privilège de Dieu. Comme saint Paul, il promettait aux plus jeunes de ses Compagnons qu'ils verraient de leur vivant ce monde s'achever. Toutes ces vaticinations ont été déçues. Le monde a survécu, les religions aussi, en reportant à plus tard, et à l'insondable décret de Dieu, l'incendie final.

Mais, dira-t-on, à la différence des religions du passé, l'écologie a choisi la science pour arbitre. Dès lors que l'activité humaine aura commencé de décroître avec la population, le risque apocalyptique est définitivement exclu. Comme toute pensée fondée en science, l'écologie fait le pari honorable d'une hypothèse « falsifiable », qui accorde à la réalité, dont elle accepte par avance le verdict, le pouvoir de la démentir[18].

Épidémie

Sans doute, mais la crise du Covid-19 ouvre un nouvel angle, imprévu. En apparence, rien ne rattache le propos écologiste à l'épidémie. Le climat, la pollution, les perturbateurs endocriniens n'y entrent pour rien. Mais la force des idéologies conquérantes se mesure aussi à leur capacité à se saisir des événements et à en faire, mieux encore que des arguments de leur prédication, des personnages de leur intrigue. Dès la fin du mois de mars 2020, des voix mettaient en garde contre nos intrusions dans la « vie sauvage ». Ces animaux qui nous ont infectés, remarquait Ibrahim Thiaw, ne sont pas venus dans nos villages africains. Nous sommes allés les chercher. Jared Diamond demandait au gouvernement chinois de mettre radicalement fin au commerce des animaux de la forêt[19]. L'une et l'autre tribune ne plaidaient pas, comme le faisait jusqu'ici l'écologisme conquérant, pour la biodiversité, mais pour que l'homme se garde de la biodiversité. Des centaines de milliers d'espèces de virus encore inconnues, plusieurs millions d'espèces de bactéries peut-être, débordent nos capacités de prévision et de prévention. Il nous faut reculer devant la vie, abandonner le terrain, construire des murs de défense, élever et contrôler tout ce que nous mangerons ou fréquenterons. La forêt amazonienne doit rester vierge, non tant qu'elle soit, comme on le dit depuis cinquante ans, « le poumon du monde » ; mais parce qu'elle est dangereuse.

La thèse porte d'autant plus que le déclin de la population mondiale, sans doute plus précoce qu'attendu et dont on n'aperçoit pas de terme prévisible, augure d'importants abandons territoriaux. Très probablement, dans les générations et les siècles à venir, le repli démographique, très inégal selon les régions, contribuera à contracter l'occupation humaine du globe, et à y multiplier les espaces incontrôlés, hostiles, dangereux. À défaut d'une apocalypse peu probable, l'écologie trouverait dans l'inéluctable de ce nouveau cours les thèmes majeurs d'une religion : l'impuissance à agir et le retrait du monde. Le lecteur doutera peut-être que le discours écologiste puisse ainsi muer en son contraire, que la défense de la nature y cède la place à la peur du monde. Mais qui aurait pu prévoir que la religion chrétienne de l'Incarnation de Dieu trouve dans le moine et son refus de la chair son plus illustre témoin ? Ou que la compassion bouddhiste pour la souffrance et le désir s'enracine dans la violence des ethnies guerrières des confins de la Chine, Tibétains, Mandchous ou Mongols ? Dès lors que les personnages de la pièce sont posés - ici, l'humanité et la nature -, toutes les combinaisons de leur relation, de l'amour à l'affrontement, deviennent des récits possibles.

Et d'autant plus que la culpabilité implicite du propos sur la nature croise celle du tiers-mondisme et de l'antiracisme. Ibrahim Thiaw en fait son titre : la nature nous rend le mal que nous lui avons fait, tout comme d'autres veulent voir dans l'immigration africaine en Europe le contrecoup, et peut-être le châtiment, de l'esclavage et de la colonisation que l'Europe imposa autrefois au Continent noir. Métaphore presque parfaite de l'empire et de la religion. Le flux actif de l'empire se paie du reflux passif, de l'impuissance accusatrice que la religion inflige à l'entreprise impériale en retraite, mais qu'elle poursuit cependant. La modernité a attaché l'Afrique à l'Occident, en particulier en lui imposant les langues et la religion de l'Europe[20]. Le reflux tiers-mondiste renforce cet attachement en pérennisant la condamnation de la colonisation, en en faisant un dogme ineffaçable. Comme on l'a déjà dit, le tiers-mondisme, sous la forme contemporaine de l'antiracisme, est l'héritier direct, malade et consentant à sa maladie, du moment colonial. De même, l'hostilité de la nature est supposée nous rappeler pour toujours que nous l'avons dominée – ou du moins que nous avons eu l'intention de le faire. Dans ce crime fondateur, la nouvelle religion trouverait son péché originel. Mais l'expiation garde par définition la mémoire du crime. La religion placera la modernité coupable sur son autel, pour procéder chaque jour à son sacrifice.

Un dogme en gestation : jeunes

Le vieillissement de la population mondiale est l'explication la plus simple, mais la plus implacable, de l'ampleur et de la gravité de l'épidémie de Covid-19 de 2020-2021. Mais cette explication est passée inaperçue. Au printemps 2019, bien avant que la pandémie ne se déclare, la Division de la population des Nations unies annonçait pour les années 2020-2025 la première hausse globale de la mortalité depuis 1950, c'est-à-dire depuis qu'elle tient les comptes des rythmes démographiques de l'humanité. Depuis soixante-dix ans, la mortalité n'avait cessé de reculer. Elle ne cessera plus d'augmenter. L'épidémie a frappé le monde à l'exact moment où les succès de la médecine, l'augmentation de l'âge moyen du décès ont à ce point multiplié le nombre des personnes âgées qu'on ne peut plus éviter l'inversion de la courbe jusque-là triomphalement décroissante de la mortalité[21]. L'échec de la prévention de la pandémie est la conséquence logique des succès accumulés dans le siècle qui l'a précédée. Le maintien en vie de masses de plus en plus importantes de populations âgées répand les maladies chroniques – diabète, obésité, hypertension... – dont la simple surveillance suppose un maillage hospitalier si serré des territoires et des coûts si élevés que les systèmes sociaux les mieux pourvus n'y suffisent pas. L'épidémie sanctionne un essoufflement médical dont il n'est pas certain que des économies de croissance désormais faible dans les pays les plus riches soient en mesure de le surmonter. En un mot, l'épidémie a frappé la vieillesse d'un monde vieux. Plus des trois quarts des victimes mortelles du coronavirus dépassaient 70 ans. Dans la mesure où cette classe d'âge ne devrait pas cesser d'enfler dans le siècle qui court, on peut sans crainte de se tromper prévoir d'autres grands fauchages, à intervalles réguliers, comme l'étaient les épidémies d'Ancien Régime, chaque fois que le poids économique insupportable du grand âge aura contraint la société à relâcher la garde vigilante montée à son chevet.

Ce n'est pas cette triste version de la crise que les gouvernements et les médias ont retenue. Bien qu'on les désigne comme « populations à risque », les plus âgés n'ont pas été singularisés. Après quelques hésitations, les mesures de confinement ont été imposées à tous, presque partout dans le monde, au prix d'une crise économique à venir dont les effets démographiques – la probable accentuation de la chute de la fécondité – seront sans doute supérieurs à ceux du virus[22]. On peut certes se féliciter, comme beaucoup l'ont fait, que la défense de la vie des plus âgés ait prévalu à tout prix. Mais on peut aussi remarquer qu'en général, le vieillissement du monde n'est guère souligné, et moins encore revendiqué. Quel parti se vantera de devoir son triomphe au vote des vieux ? Et quel parti, largement distancé dans les urnes, ne fera pas remarquer en revanche ses bons résultats parmi les jeunes électeurs

– d'entre 18 et 30, voire 18 et 25 ans. Mais dans la France, et dans la plus grande partie du monde, de demain, l'effectif des jeunes de 18 à 25 ans n'atteindra pas 10 % du total des votants.

Les minorités de Marx à Ibn Khaldûn

Car voilà le paradoxe : il n'y a pas de vieux, mais il y a des jeunes, auxquels il est de bon ton de confier l'avenir, comme si ces « jeunes » n'étaient pas destinés à vieillir. Le paradoxe mérite mieux que les ordinaires platitudes sur le jeunisme de nos sociétés. Une fois encore, l'homologie de discours en apparence éloignés peut s'avérer utile à l'analyse. Dans le courant du mois de juin 2020, au plus haut des manifestations du *Black Lives Matter*, le *New York Times* décidait, après consultation étendue de ses rédacteurs et de ses éditorialistes, d'accorder une majuscule à *Blacks* et de la refuser à *whites*. Les raisons invoquées n'étaient pas toutes convaincantes[23]. En fait la décision couronne une évolution ancienne, mais qui rejoint étrangement la dissymétrie du propos sur les jeunes et les vieux dans les sociétés occidentales. Il y a des Noirs, et il n'y a pas de Blancs, de la même façon qu'il y a des Jeunes et qu'il n'y a pas de Vieux. « Jeunes » ne désigne pas une classe d'âge, mais comme « Noirs », une « minorité » en puissance de pouvoir. Le mot « minorité » hautement prisé dans la langue politique américaine depuis la fin des années 1960, tend aujourd'hui à s'étendre au reste du monde occidental. Les immigrés d'Europe occidentale sont, en ce sens politique, des « minorités ». Une démographie minoritaire paraît ouvrir parfois plus de droits que la situation majoritaire, paradoxalement dans un discours démocratique qui reconnaît par principe aux majorités exprimées dans les urnes le droit d'imposer leurs choix.

Pour le comprendre, il faut en revenir aux États-Unis, où cet étrange complexe de valeurs s'est consolidé entre 1970 et 1980 environ. Les « minorités » – Noirs, Hispaniques, voire Asiatiques – y ont été conçues comme des majorités en puissance, grâce à leur démographie plus dynamique et aux flux migratoires qui les favorisaient. L'attente de la gauche démocrate, la crainte souvent résignée de la droite républicaine, c'est le renversement de la majorité démographique et électorale, au détriment de la descendance des Européens et à l'avantage des descendants d'Africains et de « Latinos ». Les minorités ne le sont, comme le prolétariat chez Marx, que le temps d'un intervalle, entre féodalité et triomphe du capitalisme chez Marx ; entre hégémonie européenne et revanche du tiers-monde aux États-Unis et aujourd'hui plus largement dans le monde occidental[24].

Ces convictions confusément, mais très largement, répandues dans nos médias, sont démenties par les faits. Depuis une génération au moins aux États-Unis, la fécondité des Noirs et des Hispaniques tend à converger rapidement avec celle des « Blancs[25] ». Le recul de la vitalité hispanique est très sensible depuis 2005 dans le sud-ouest du pays, Californie, Arizona, Nouveau-Mexique ou Colorado. Il traduit sur le territoire américain l'achèvement de la transition démographique de l'Amérique latine, dont les Nations unies estiment qu'elle est passée sous le seuil du renouvellement des générations vers 2015[26]. Porto Rico, dont *West Side Story* célébrait en 1967 les familles nombreuses et solidaires, est tombé à 0,98 enfant par femme, un des taux les plus bas du monde[27]. La ville de Washington, l'une des rares entités où une majorité noire est attestée, se distingue aussi par la plus faible vitalité démographique du pays[28]. Les États dont la fécondité est supérieure à 1,90 enfant par femme appartiennent tous à la « colonne vertébrale », presque exclusivement « blanche », du Middle West, du Texas à l'Iowa, à l'Utah et à l'Idaho, en passant par l'Oklahoma, le Kansas, les Dakotas, le Nebraska et le Wyoming.

Les chiffres se prononcent contre l'opinion commune, les concepts plus encore. Comme le devine, à travers la brume de ses fausses raisons, la rédaction du *New York Times*, « Noirs », « Hispaniques » et « Blancs » ne sont ni synonymes ni antonymes. « Noir » nomme une identité ethnique affirmée, militante ; tandis que « Blanc » dit l'absence d'identité ethnique. On est « Blanc » aux États-Unis quand on tient ses origines ancestrales pour anecdotiques, quand on ne se définit plus politiquement que par sa qualité d'Américain. Les parents, plus souvent les grands-parents, de la plupart des « Blancs » d'aujourd'hui s'affirmaient Irlandais, Tchèques, Russes ou Italiens quand Roosevelt les réunit dans sa Grande Coalition en 1932. Leurs petits-enfants votent en majorité à droite et auraient peine à placer le pays de leurs pères sur une carte du monde. « Blanc » n'est pas une couleur de peau, mais l'aboutissement d'un processus historique et politique encore universellement célébré voilà un demi-siècle sous le nom de *melting-pot*, qui fondait en un même alliage américain la diversité des métaux nationaux que les immigrants jetaient dans le creuset. Aujourd'hui décrié comme un exemple de dépossession des cultures d'origine, le *melting-pot* est en fait toujours à l'œuvre dans les familles d'immigrants iraniens, indiens, chinois, coréens, et surtout « hispaniques », qui rejoignent ainsi subrepticement le camp des « Blancs ».

Un immigrant mexicain se définira le plus souvent comme « métis » dans son pays d'origine - les deux tiers des Mexicains le font. Mais cette catégorie n'entre pas dans la confrontation identitaire américaine, limitée de fait à un choix simple : « Noir », identité visible et forte, dont une part de la force tient à sa clôture, à son accès réservé à ceux qui ont reçu la peau noire en héritage ; et « Blanc », absence d'identité ethnique, définition réduite à la simple expression d'une nationalité sur un passeport. Si l'immigrant mexicain choisit « Blanc », ou « Hispanique Blanc », comme l'admettent aujourd'hui nombre de formulaires statistiques américains, c'est précisément que « Blanc » ne dit rien de la couleur de sa peau, ni de l'histoire qu'il a adoptée ni des racines qu'il se reconnaît, mais simplement qu'il est citoyen des États-Unis. Pour le dire dans les termes aujourd'hui consacrés aux États-Unis, « Blanc » est inclusif, « Noir » exclusif.

A priori, les Blancs sont donc et resteront la majorité de la population américaine. Mais il faut apporter deux nuances à cette conclusion. Aujourd'hui aux États-Unis, l'essentiel de l'immigration est encore centre-américaine et caraïbe (Mexique, Guatemala, Honduras, Salvador, Cuba, Venezuela). Mais à ce gisement vieillissant d'immigration, dont on peut prévoir le total tarissement avant le milieu du siècle, pourrait se substituer l'Afrique subsaharienne, pour une génération après 2040[29]. La part des populations noires devrait augmenter en général dans le monde d'ici à la fin du siècle, sans qu'elles puissent cependant prétendre à la majorité sur le continent américain.

La seconde objection est beaucoup plus sérieuse. On pourrait déduire de cette conclusion que les destinées des États-Unis resteront aux mains des « Blancs », ceux qui ne reconnaissent de pertinence à aucune identité ethnique dans leurs choix politiques, puisqu'ils seront une majorité, et que les majorités dominent dans les systèmes démocratiques. Mais seulement dans les systèmes démocratiques. Ni les empires ni les religions qui les suivent ne se gouvernent selon la loi majoritaire. Le contraste du « Noir » et du « Blanc » oppose une identité « noire » forte, constamment présente, minoritaire et qui nourrit pour cela même de puissantes solidarités ; et une définition faible du « Blanc », qui se limite à un choix politique et citoyen.

On est « Noir » à chaque instant de sa vie, « Blanc » parfois dans l'isoloir et dans de rares situations de conflit. Pour le lecteur d'Ibn Khaldûn, l'analogie avec le couple bédouin/sédentaire est flagrante. L'avantage du nombre va aux sédentaires, l'avantage des solidarités aux bédouins. Dans un système politique où les urnes ne décideraient plus, la cohésion au combat compte bien plus que le nombre, et c'est aux minorités bédouines que reviennent la victoire et l'hégémonie. Dans l'histoire de l'Islam, seules les forces bédouines qui fondent les dynasties ont porté noms de peuples, fiers étendards de leur identité ; les sédentaires n'ont pas de nom propre. On ne leur accorde au mieux que celui du territoire où ils vivent, travaillent et payent l'impôt, « Andalous » ou « Égyptiens ». Le plus souvent, on les désigne simplement sous le nom de « sujets » (*ra'iyya*). En ce sens, les « minorités » ne sont plus en attente ou en puissance de majorité. Elles exercent le pouvoir en tant que telles. Comme l'Église dans les royaumes barbares qui succédèrent à l'Empire romain, comme les oulémas dans les sultanats du Moyen-Orient, les clercs s'affirmeraient comme les seuls guides et les seuls freins des minorités violentes et dominantes[30]

Ainsi, comme les bédouins d'Ibn Khaldûn, les « jeunes » s'ouvrent d'autant plus aisément la voie du pouvoir que leurs cohortes sont moins nombreuses, plus cohérentes et mieux sanctifiées par le nouveau discours religieux. Tout comme le thème de l'écologie, celui des « jeunes » croise l'antiracisme, la revanche tiers-mondiste et la désormais universelle « question noire ». Il témoigne que le dogme religieux s'organise bien selon les mêmes catégories du « sédentaire » et du « bédouin » que l'empire. La religion, c'est l'empire dans sa vérité. Car l'empire se travestit le plus souvent sous le masque hérité des ancêtres – en l'occurrence, encore en ce début du XXIe siècle, la démocratie et la nation. La religion fait tomber ces oripeaux et ces principes désuets, et montre la société sédentarisée dans la nudité de son corps affaibli : la masse des sédentaires qu'elle ne prend plus la peine de traiter en « citoyens » ; et la petite couronne des bédouins dont elle accueille avec résignation la violence.

Conclusion

La trahison des clercs

J'avais pratiquement achevé ce livre, et conclu à l'irrésistible poussée des nouvelles formes religieuses quand me revint à l'esprit l'œuvre de Julien Benda, *La Trahison des clercs* (1927). Étudiant, je l'avais feuilleté sans en retenir beaucoup, sinon l'idée confuse d'une pensée « idéaliste » - dans la doctrine hégélienne et marxiste où nous étions instruits par les plus écoutés de nos maîtres, le mot renvoyait aux poubelles de l'histoire ceux qu'il qualifiait, ou plutôt qu'il condamnait. Presque cinquante ans plus tard, je me demandai au contraire si ce pamphlet désespéré ne portait pas, comme les prophéties d'Isaïe et de Jérémie dans l'exil de Babylone, la promesse d'une résurrection alors improbable du message religieux.

En apparence, Benda pose en effet les problèmes dans des termes étonnamment proches de ceux de ce livre. Les valeurs cléricales, qu'il défend, sont « statiques » et « abstraites » - contre le relativisme historique -, et « désintéressées » - indifférentes à leurs conséquences pratiques, à leur prix politique, aux nécessités et aux difficultés de l'action[1]. Le royaume clérical n'est pas de ce monde. En ce sens, le clerc tient en suspicion le « progrès », ou la « jeunesse ». L'histoire, et plus généralement l'agir, déterminants dans la définition de la modernité, sont les grandes cibles d'un livre publié à l'apogée des valeurs « anticléricales » au sens où l'entend Benda : les deux grands historicismes du XXe siècle, fascisme et communisme alors en plein essor, divinisent le politique et l'action, la violence et l'histoire, et accordent à la victoire seule tout le sens de la vie[2]. Aux yeux de Benda, la descendance de Hegel, ancêtre commun du fascisme et du communisme, prétend abolir vingt siècles de division des fonctions, entre spirituel et temporel, entre retraite cléricale et passions laïques, qui ont assuré, de Platon à Kant, dit-il, l'équilibre moral de l'Occident[3]. On y faisait certes le mal, mais il se trouvait des clercs pour le condamner. Aujourd'hui, ajoute Benda, c'est le mal qu'on honore sous l'aspect du « réel[4] ».

On pourrait penser que la *cancel culture*, dans son flagrant anachronisme justicier, venge Benda. Mais un siècle a passé, et l'historien discerne, entre Benda et les activistes d'aujourd'hui, des différences plus fructueuses que les ressemblances superficielles portées par l'écho. Comme beaucoup dans sa génération, Julien Benda (1867-1956) atteint sa maturité politique avec l'affaire Dreyfus (après 1894). On a l'habitude d'y situer la naissance de l'« intellectuel » - Benda dirait plutôt du « clerc » -, celui qui assure la défense de valeurs universelles et éternelles, au risque de nuire à sa patrie. Le coup porté à l'armée française par une éventuelle révision du procès Dreyfus, alors que la supériorité militaire allemande se confirmait d'année en année, fut l'un des arguments majeurs des « antidreyfusards[5] ». Telle que la comprit Julien Benda, l'affaire Dreyfus posait l'éternité de la justice face à l'opportunité, voire l'opportunisme, de la politique.

Mais ses conséquences pratiques aboutirent au résultat contraire. La plupart des « intellectuels » engagés dans la défense du capitaine Dreyfus se rallièrent au projet politique de la gauche, dont ils contribuèrent à assurer l'hégémonie jusqu'en 1914. Bien qu'il ait partagé leur penchant pour les gouvernements de gauche, Benda se refusa à rallier la religion de l'histoire et du progrès, sous l'aspect du socialisme, puis du communisme après la guerre. Pire encore à ses yeux, l'Affaire radicalisa les catholiques, voire l'Église, et les fit entrer à leur tour dans les méandres du politique, dans le camp de la droite cette fois. Après 1918, le regain nationaliste en France est animé par Charles Maurras et l'Action française, monarchiste, catholique et patriote. C'est en grande partie contre Maurras, dont l'aura est alors considérable, que Julien Benda publie *La Trahison des clercs*. Au sens strict, il élève une protestation contre la politisation de l'Église, européenne et française, c'est-à-dire contre la fusion délétère de termes contradictoires, « national » et « catholique », qui sanctionne la fin du spirituel, la victoire de l'histoire et du temporel dans le sanctuaire même des valeurs éternelles, c'est-à-dire l'Église[6].

La France, nation cléricale

En apparence donc, les choses sont claires, spirituel contre temporel, éternel contre historique, et clérical contre national. Périsse la France si la justice doit en tirer victoire[7]. Ces affirmations tranchées s'entremêlent toutefois avec d'autres, plus historiennes et plus surprenantes. Aux origines de la victoire moderne du temporel sur le clérical, nous placerions aujourd'hui la Révolution française, et ce bonheur que Saint-Just entendait ramener sur terre depuis le Paradis où Adam et Ève l'avaient abandonné. Mais s'il se réclame des Lumières, et du Voltaire de l'affaire Calas, illustre devancier de la cause de Dreyfus, Benda est muet sur la Révolution, sans doute parce qu'il l'associe à la guerre[8]. Poussant plus loin, il en vient à nier l'antériorité française dans les guerres « démocratiques », faites de main de peuple. C'est l'Allemagne de 1813, dit-il, celle du soulèvement général contre la domination haïe de Napoléon, qui la première fit passer la démocratie dans la guerre moderne[9]. C'est l'Allemagne qui fit de sa libération une guerre culturelle contre l'universalisme des Lumières. C'est l'Allemagne qui inventa le clerc nationaliste - et d'abord le clerc historien avec Treitschke et Mommsen. Après 1870 et sa victoire sur la France, l'Allemagne encore fait triompher le particularisme germanique contre l'universalisme hellénique[10]. Les derniers clercs français, Hugo, Renan, s'éteignent avant la fin du XIXe siècle, dont toute l'histoire se résume, pour Benda, à l'effacement de l'universalisme français au profit du particularisme allemand. Au total, la France de l'affaire Dreyfus, déjà vaincue militairement et politiquement, n'est pas en risque de perdre son armée, mais sa raison d'être cléricale, c'est-à-dire l'ensemble des valeurs qu'elle porte malgré sa défaite, ou plutôt grâce à sa défaite qui l'a libérée des ambitions temporelles et rendue aux valeurs éternelles. La France est devenue, si elle ne l'était déjà avant que l'Allemagne ne la chasse du premier rang en Europe, une nation-clerc.

D'où la trahison de ces nationalistes, nombreux dans les rangs catholiques et parmi les prêtres mêmes, que l'ivresse de la victoire de 1918 fait verser dans ce même particularisme national, français cette fois, que l'Allemagne avait fait triompher au détriment de la France au siècle précédent. On a peu remarqué en effet, dans ce titre si flamboyant, *La Trahison des clercs*, la contradiction des termes. Car « trahison » relève de la morale seigneuriale et nobiliaire au Moyen Âge, de celle des monarchies et des nations aux Temps modernes, bien plus que du vocabulaire de l'Église et des clercs. Ces clercs que l'auteur incrimine trahissent la France autant que l'Église. La pointe de l'accusation apparaît plus clairement dans la longue préface à la réédition de 1946. La trahison n'y est plus une métaphore, elle se juge devant les tribunaux de l'épuration. Et les accusés y sont pour une part ces mêmes clercs maurassiens déjà dénoncés en 1927, ou leurs disciples. Benda critiqua sans merci ceux qui tentèrent d'éviter à Brasillach le peloton d'exécution. En 1958, dans son avant-propos, Étiemble exalte à son tour ces soldats français en Algérie en rupture avec leur hiérarchie, clercs pour avoir refusé la brutalité des pratiques temporelles, et jugés « ennemis de notre nation, c'est-à-dire égaux à l'idée que plusieurs étrangers veulent encore se former de nous[11] ». La France est cléricale, ou elle n'est pas. Nombre d'Américains penseraient de même aujourd'hui que la destinée d'exception de leur pays tient moins à sa puissance qu'à la rigueur morale qu'il a su montrer, ou qu'il aurait dû et devrait montrer en toutes circonstances.

L'empire est-il possible ?

Cette analyse plonge au cœur de nos conclusions. Dans l'histoire des deux derniers millénaires, nous l'avons vu, le mécanisme de la civilisation se met paradoxalement en place avec les violences ambitieuses des royaumes combattants, leurs larges mobilisations populaires, leurs guerres sanglantes, leurs conquêtes exaltantes. Puis vient l'empire, le temps du désarmement, de la sédentarisation, de l'accumulation des capitaux, des hommes, des compétences, des productions, des pensées. Puis la sédentarisation désarme l'État qui la conduit, accroît ses vulnérabilités, l'oblige à contracter une violence mercenaire, paralyse peu à peu son action. La religion sort de l'écart entre les principes impériaux réaffirmés par la caste nouvelle des clercs et l'impuissance croissante à les mettre en œuvre.

Nos États-nations ressemblent à première vue aux royaumes combattants en attente d'empire et de religion. Mais ils commandent une séquence historique toute différente. Ce sont les nations modernes, et non l'empire, qui ont accumulé populations, compétences et richesses, qui ont construit la première histoire réellement universelle et se sont donné la paix pour horizon. Les nations ne se bornent pas même au rôle que d'autres temps ont assigné aux empires. Elles s'emparent aussi de l'aura des religions, comme le montre *La Trahison des clercs*. Les nations les plus fortes de ces deux derniers siècles - la France, l'Allemagne, les États-Unis, la Russie... - ont redoublé leur puissance d'un récit sacré, d'un discours clérical qui les porte au-delà des succès ou des échecs des États qui les incarnent.

En revanche, s'il est une figure de l'empire dans notre monde contemporain, c'est probablement, et paradoxalement, le tiers-mondisme. Né de la colonisation, il en réorganise le monde à l'identique, en en inversant simplement les valeurs, à mesure que l'impuissance politique frappe les colonisateurs. On pouvait penser voilà cinquante ans que l'empire tiers-mondiste s'imposerait partout, qu'il réduirait à deux les couleurs du monde - dominants et dominés, opprimés et oppresseurs, Noirs et Blancs... Mais depuis quarante ans, comme nous l'avons dit plus haut, le tiers-mondisme recule au profit d'espaces renaissants : Chine, Islam, Inde. Dans ces aires culturelles restaurées, c'est le modèle de la nation, consacré par l'Europe, qui s'impose. Même lorsqu'elles se fondent sur un passé impérial, comme la Chine, ou sur une commune religion, comme l'Inde et l'Islam, ces entités désormais rivales, à l'image des États européens des deux siècles derniers, se donnent les moyens agressifs d'une expansion, les ambitions de l'écriture d'une histoire neuve, où se reconnaît la marque des nations. Le jihadisme est plus historien que l'Europe ou l'Amérique d'aujourd'hui, qui lui en remontrent en revanche en matière de religion.

Le tiers-mondisme et l'empire potentiel se réduisent donc de plus en plus à ce que j'ai nommé le « croissant atlantique » : Europe, Amériques et Afrique non musulmane. Les réalités mêmes de la démographie y aident l'empire à la réduction bicolore, à la construction d'un monde en noir et blanc, à l'extinction des nuances identitaires des peuples comme de leur diversité linguistique. Sur ces immenses territoires qui devraient toujours regrouper plus du tiers de la population mondiale en 2100, dominent cinq langues européennes : anglais, français, espagnol, portugais, russe. L'empire est massif et grégaire. C'est par antiphrase que nous exaltons les « minorités » et les « diversités ». Ces mots rabâchés dissimulent mal les « ethnies » marginales et guerrières de demain. La nouvelle langue religieuse les aide à désarmer les majorités sédentarisées auxquelles elle fait voir le bien-fondé de leur impuissance et de leur soumission. « Vous n'aurez pas ma haine » peut aussi se traduire « Je vous laisse le pouvoir ». Comme ses devancières, la nouvelle foi promet d'être universelle, pacifique, sédentaire et impuissante ; tout comme, à l'inverse, les États-nations dont elle veut prendre la suite furent créatifs, démocratiques, patriotes et belliqueux.

L'empire tiers-mondiste prétend achever l'uniformisation, l'homogénéisation des populations en brûlant les fétiches des nations comme le christianisme des ve-vi^{e} siècles abolissait les cités antiques moribondes, ruinait leurs temples et faisait taire la philosophie. La *cancel culture* est sans doute l'un des signes de ce grand engloutissement des temps derniers d'un monde. Mais il n'est pas certain que l'entreprise réussisse. La religion qui vient heurte en effet de plein fouet les valeurs encore vigoureuses des nations qui ont mené à leur terme les Deux Cent Cinquante Glorieuses. Dans l'histoire de l'Occident moderne, à la différence de Rome, de la Chine antique ou de l'Islam, une longue durée impériale n'a pas apaisé, ou épuisé, les violences des royaumes combattants fondateurs. Les dieux et les héros des nations ne sont pas morts comme ceux des cités de la fin de l'Antiquité. Le choc en est d'autant plus violent avec les nouvelles formes religieuses. Pour le dogme pacifiste, écologiste, antiraciste, il n'est pas de personnage des Deux Cent Cinquante Glorieuses qui ne porte pas la macule du péché, celui de l'inégalité des races, celui du forcement de la nature, celui de la guerre, et il convient d'en marteler les traces. Mais l'abolition de cette mémoire des nations vide les panthéons sans rien leur substituer, puisque le tiers-mondisme n'a d'autre histoire et d'autre langue que celles de l'Occident. À la différence des religions qui l'ont précédée dans la traîne des empires, celle-ci s'avance sans référence et sans héros. Or, sans passé assumé et pensé, sans intelligence des pesanteurs du temps, sans conscience historique pour le dire en d'autres termes, il n'est pas d'avenir que l'on puisse tracer[12]. Nous sommes ainsi rendus à cette croisée des conflits et des incertitudes d'où sort l'imprévisible, c'est-à-dire l'histoire.

Notes

Introduction

1. On analysera en outre brièvement le cas, différent mais très éclairant, d'une quatrième, l'hindouisme.
2. Le bouddhisme, dont on a déjà signalé ailleurs, dans la conclusion de *L'Empire islamique. VIIe-XIe siècle* (Paris, Passés composés, 2019), qu'il faut l'entendre comme la religion de l'Empire chinois à partir de la fin des Han, au début du IIIe siècle de notre ère.

Chapitre 1. La religion de l'efficace

1. *Mali, post-crise. De nouvelles perspectives pour le patrimoine. Séminaire du 23 juin 2014*, Paris, Riveneuve Éditions, coll. « Patrimoines africains », 2015, p. 80-81. Mais déjà auparavant, ces mêmes collectionneurs musulmans avaient acquis ces objets en amateurs « occidentalisés », en tant qu'œuvres d'art, et non plus en tant qu'objets de culte ou en témoignage d'une croyance religieuse que, musulmans ou laïcs, ils ne connaissaient ni ne comprenaient plus. La question de la « muséification » d'anciens objets rituels en Afrique, Océanie, Amériques, agite spécialistes et « indigénistes ». C'est probablement une fausse question. Ces religions ont, malheureusement, dirait Lévi-Strauss, sombré, et les tentatives de les ressusciter n'aboutissent le plus souvent qu'à des pratiques délirantes, qui prétendent traduire le « primitivisme » perdu par une violence bien contemporaine. On en prendra pour exemples (au total trop peu connus) le culte du vaudou sous Duvalier, en Haïti, la politique « négriste » de Mobutu en République démocratique du Congo ou celle de François Tombalbaye au Tchad après 1970 surtout, qui a soulevé le Nord musulman du pays et a engagé le Tchad dans des désordres qui durent encore.
2. « Je n'ai et je ne connais aucun sang que l'allemand, aucune autre ethnie, aucun autre peuple que l'allemand. Si on m'expulse de ma terre allemande, je continuerai à être allemand et rien n'y changera... Mes ancêtres et moi-même nous sommes nourris de la terre allemande et de l'esprit allemand, et nous n'avons eu aucune pensée qui ne fût pour l'Allemagne et allemande... » Lettre de Walter Rathenau en 1916, citée par Joseph Leo Koerner, dans l'Introduction au *Rituel du Serpent*, Paris, Éditions Macula, 2015.
3. Les Hopis font partie de ces Indiens sédentarisés que les Espagnols, et après eux les Mexicains et les Américains, ont désignés sous le nom générique de « Pueblos » - des villages - par opposition aux nomades. Avec les langues indiennes, multiples et complexes, les chefs pueblos encore à la fin du XIXe siècle parlent l'espagnol, que Warburg se désole de

ne pas comprendre mieux que les idiomes indiens. Il décrit dans ces termes son ambition de rencontrer la culture des Indiens : « J'éprouvais une telle répugnance envers le vide de la civilisation de l'est de l'Amérique que j'entrepris de fuir vers les choses réelles et vers le savoir, à l'aventure, en me rendant à Washington pour visiter la Smithsonian Institution. C'est le cerveau et la conscience scientifique de l'Amérique de l'Ouest. » Aby Warburg, *Le Rituel du Serpent, op. cit.*, p. 122.

4. L'auteur du *Procès*, Kafka, meurt en 1924, à quelques mois de là, à 40 ans.
5. Voir Mircea Eliade, *Images et symboles*, Paris, Gallimard, 1952, p. 217, 220 ; *Le Chamanisme*, Paris, Payot, 1968, p. 127, 270 (sur le chamanisme en Chine), 330-333 (dans l'Orissa indien).
6. Le chaman ramène des enfers l'âme de celui qui est mort avant son heure. Mircea Eliade, *Images et symboles, op. cit.*, p. 217, *Le Chamanisme, op. cit.*, p. 179-180. Nombre de mythes d'origine commencent par le meurtre de la créature originelle et la division de son corps qui distinguent les éléments désormais séparés, terre, eau, ciel, enfers. Ainsi le meurtre et le dépècement de Tiamat par Mardouk en Mésopotamie, le meurtre d'El par Baal au Proche-Orient, qui sépare les eaux douces des eaux salées, la violente césure de Gaïa et d'Ouranos - la terre et le ciel - selon Hésiode. Voir Mircea Eliade, *Histoire des croyances et des idées religieuses*, Paris, Payot, 1976, t. I, p. 83-88 ; Jean-Pierre Vernant, *L'Univers, les dieux, les hommes*, Paris, Seuil, 1999, p. 26-27.
7. Mircea Eliade, *Le Chamanisme, op. cit.*, p. 92-93.
8. *Ibid.*, p. 366.
9. André Leroi-Gourhan, *Les Religions de la préhistoire*, Paris, PUF, 1964, p. 67, 153.
10. *Ibid.* Leroi-Gourhan écrit avant la découverte de la grotte Chauvet, dont il laisse entrevoir la possible existence avec une remarquable préscience (p. 87). Sur la domination des figures du cheval et du bison, et sur la troisième figure adventice beaucoup plus variée, voir p. 113 et suivantes. Sur le symbolisme de la grotte, p. 117.
11. Aby Warburg, *Le Rituel du Serpent*, p. 95. C'est nous qui soulignons dans le premier paragraphe en italique. La volonté du serpent est ici forcée, comme dans l'ensemble des processus rituels. La puissance que l'on sollicite ne peut pas se dérober si le rite a été proprement pratiqué.
12. *Ibid.*, p. 113.
13. Contre Freud et Durkheim, Mircea Eliade y insiste longuement, *Images et symboles, op. cit.*, p. 27-28 : le totémisme n'est pas la première religion de l'humanité. Il est trop simple de prétendre assigner des étapes universellement vérifiées au « développement de l'esprit humain », comme aurait dit le XIXe siècle. Fils de son temps, Warburg distingue ici des clans-totems, du serpent, ou du renard - assez vif dans ses mouvements pour prendre un serpent dans sa gueule et lui briser l'échine sans être mordu, ce qui explique que la cérémonie revête d'une peau de renard l'acteur principal, qui prend la queue du serpent dans sa bouche.
14. Jean Bottéro, *Mésopotamie*, Paris, Gallimard, 1987, p. 380.
15. Mircea Eliade, *Histoire des croyances et idées religieuses, op. cit.*, t. I, p. 72.
16. *Ibid.*, p. 240 ; Madeleine Biardeau, *L'Hindouisme. Anthropologie d'une civilisation*, Paris, Flammarion, 1995, p. 60.
17. Sur le bouleversement des VIe-IVe siècles avant notre ère dont parle ici Foucault, après Jaspers, voir ci-dessous chapitre 3, p. 58 ; et nos analyses précédentes, en particulier dans *L'Empire islamique, op. cit.*, p. 66-68, « Origines historiques du système impérial ».
18. Michel Foucault, *L'Ordre du discours*, Paris, Gallimard, 1971, p. 16-18.

19. Un enfant capable de redécouvrir des théorèmes mathématiques, comme dans le *Ménon* de Platon.
20. Michel Foucault, *L'Ordre du discours, op. cit.*, p. 20-21. Le contraste est en effet frappant avec le monde islamique, où la Loi n'a pas besoin d'autre justification que son origine divine. C'est elle qui construit par analogie les domaines proches du droit, de la morale, de l'économie, etc.
21. Jean-Pierre Vernant, *Les Origines de la pensée grecque*, Paris, PUF, 1969, p. 133.
22. L'essentiel de la science et de la philosophie grecques - les écoles stoïcienne, épicurienne, néoplatonicienne en particulier - s'élabore entre le IIIe siècle avant notre ère et le IVe siècle de notre ère, dans l'Empire romain.
23. Michel Foucault, *L'Ordre du discours, op. cit.*, p. 64.
24. Le nazisme invoque il est vrai les origines primitives des Germains ; mais dans les faits, la virulence de *Mein Kampf* envers la France « négrifiée », le comportement de l'armée allemande envers les prisonniers africains, montrent une peur et une haine profonde du « primitif » que « l'homme noir » est supposé représenter.
25. On trouve cette polémique contre Sartre dans la conclusion de *La Pensée sauvage*, Paris, Plon, 1962, à laquelle j'avais déjà fait allusion dans *L'Empire islamique, op. cit.*, p. 19 et note 8, p. 290-291.
26. Mircea Eliade revient à de très nombreuses reprises sur ce thème, qui constitue l'objet principal du *Mythe de l'éternel retour*, Paris, Gallimard, 1969 (1re éd. : 1949), p. 48, 50, 105.
27. Mircea Eliade, *Images et symboles, op. cit.*, p. 47-48, 74-84, 102-105 ; *Histoire des croyances et des idées religieuses, op. cit.*, t. I, p. 53-54, 74.
28. Jean-Pierre Vernant, *L'Univers, les dieux, les hommes, op. cit.*, p. 135-136.
29. Vernant rappelle que le radical de Calypso, *kaluptein*, signifie « cacher ».
30. *Ibid.*, p. 133.
31. Jean-Pierre Vernant, *L'Univers, les dieux, les hommes, op. cit.*, p. 99.
32. *Ibid.*, p. 140.
33. Des 1 000 à 2 000 divinités que nous livrent, tout au long des IIIe et IIe millénaires les tablettes mésopotamiennes, l'*Enouma Elish* n'en retient que 600, et encore n'est-ce probablement qu'une manière de dire « beaucoup ». De façon significative, la majorité des noms connus sont sumériens, donc archaïques, les dieux « sémitiques », d'époque royale du IIe millénaire, sont moins nombreux. Jean Bottéro, *Mésopotamie, op. cit.*, p. 390-391.
34. Dont le jour du Pardon du judaïsme, Yom Kippour, ou encore la *'Ashura* des shiites, tous deux le dixième jour de l'année, sont probablement les héritiers.
35. Martin Nilsson, *Les Croyances religieuses de la Grèce Antique*, Paris, Payot, 1955, p. 10.
36. Entre la victoire romaine dans la deuxième guerre punique contre la Carthage d'Hannibal (202 avant notre ère), et la mort de César (44 av. J.-C.). Jean Bayet, *Histoire politique et psychologique de la religion romaine*, Paris, Payot, 1957, p. 121-123, décrit le mécanisme de l'*evocatio*, par lequel Rome appelle auprès de son panthéon les dieux conquis. Carthage ne fut anéantie en 146 qu'une fois vidée de ses dieux par *evocatio*. Sur l'hellénisation, voir l'exemple complexe de Vénus-Aphrodite, passé par un intermédiaire étrusque, p. 125.
37. Rome républicaine, et encore impériale, ne cessera pas d'observer les rites et d'honorer les mythes fondateurs. Auguste se veut vieux Romain. Quelle force d'adhésion conservent les vieilles croyances dans le monde impérial « désenchanté », de syncrétismes naissants, de sacralités oubliées, c'est le problème que s'est posé Paul Veyne, *Les Grecs ont-ils cru à leurs mythes ?*, Paris, Seuil, 1983.
38. Mircea Eliade, *Histoire des croyances, op. cit.*, t. I, 251-255.

39. Le Bouddha est supposé avoir vécu entre 550 et 480 environ avant notre ère. L'exil d'Israël à Babylone s'étend de 587 à 538.
40. Mircea Eliade, *Histoire des croyances, op. cit.*, t. I, p. 360-370.
41. Encore très présentes il y a une ou deux générations en Afrique, aujourd'hui en plein recul face à l'islam et à l'évangélisme.
42. Ainsi, les guerres de Charlemagne contre les Saxons visent en particulier leur « pilier du monde », l'Irminsul, que le roi franc abat en 772. Peut-être est-ce l'une des raisons pour lesquelles Charlemagne résida souvent à Paderborn, et y fit tenir deux conciles, le premier en 777, à peine cinq ans après l'abattage de l'Irminsul, à proximité de son ancien site. Il s'agissait d'affirmer que la vieille divinité saxonne n'agissait plus.

Chapitre 2. Ce que c'est que l'empire

1. À l'exception notable du fondateur de la pensée taoïste Zhuangzi, tous les penseurs du temps des Royaumes combattants sont favorables à l'unification du monde chinois, ou plutôt du « monde sous le ciel », sous une seule autorité politique. Yuri Pines, *L'Invention de la Chine éternelle*, Paris, Les Belles Lettres, 2013, p. 230.
2. Dès le milieu du Ier siècle avant notre ère. Voir Gabriel Martinez-Gros, *Brève histoire des empires*, Paris, Seuil, 2014, p. 66.
3. *Ibid.*, p. 58-60.
4. John King Fairbank et Merle Goldman, *Histoire de la Chine. Des origines à nos jours*, Paris, Tallandier, 2019, p. 87.
5. *Ibid.* Cartes p. 98-99. La Chine des Han, en 108, se divise en « royaumes » désarmés - les provinces sénatoriales romaines - et en commanderies armées. Les royaumes sont à l'est et recouvrent la vieille Chine conquise et unifiée au IIIe siècle, les commanderies armées sont sur les frontières du Nord et de l'Ouest.
6. Gabriel Martinez-Gros, *De l'autre côté des croisades. L'Islam entre croisés et Mongols*, Paris, Passés composés, 2021.
7. « *Græcia capta ferum victorem cepit, et artes intulit agresti Latio.* » (Horace, *Épîtres*.) Il faut entendre par « arts » tous les raffinements du travail, ce que nous appellerions aujourd'hui « artisanat » ou même « industrie ».
8. En 400 avant notre ère, dans l'Empire perse, Cyrus le jeune est tué au moment où ses mercenaires grecs lui ont donné la victoire. C'est son frère qui l'emporte - les Grecs sont contraints à la pénible « retraite des Dix Mille », que nous conte Xénophon. Au VIIe siècle, le gouverneur d'Afrique, Grégoire, est surpris et tué à découvert par les Arabes, et son armée se défait sans résistance. Les Arabes l'emportent sur les Perses à Qadisiya en affolant leurs éléphants, les Berbères sur les Arabes un siècle plus tard en brisant les jambes de leurs chevaux avec des sacs de pierres.
9. Les Germains représentent, pense-t-on, entre 2 et 5 % des populations de la part de l'Empire romain qu'ils envahissent et occupent au Ve siècle.
10. Abbès Zouache, *Armées et combats en Syrie (491/1098-569/1174)*, Damas, Institut Français du Proche-Orient, 2008, p. 621-692, fait un décompte remarquablement précis de ce que l'on peut savoir des armées islamiques aux XIe-XIIe siècles. À son apogée conquérant, l'armée seldjoukide ne dépasse pas 40 000 cavaliers - dont 15 000 sont présents à Mantzikert (1071), lors de la grande victoire sur les Byzantins. Les effectifs du sultanat s'abaissent entre 20 000 et 30 000 hommes au maximum au siècle suivant. L'armée fatimide compte

5 000 à 10 000 hommes. Les armées « tribales » sont toujours plus nombreuses : jusqu'à 20 000 Turkmènes face aux Francs en 1119, jusqu'à 50 000 Nubiens au service des Fatimides - mais ils sont balayés par les 10 000 Turcs de Saladin.

11. Voir Gabriel Martinez-Gros, *Brève histoire des empires, op. cit.*, p. 47-56.
12. Son *Livre de l'Inde* reste une source irremplaçable sur l'Inde au Moyen Âge. Biruni meurt en 1048.
13. Xavier de Planhol, *Les Fondements géographiques de l'Islam*, Paris, Flammarion, 1968 ; *Les Nations du Prophète*, Paris, Fayard, 1993.
14. Sur tous ces points, voir Gabriel Martinez-Gros, « La deuxième islamisation du monde », in Patrick Boucheron (dir.), *Histoire du monde au xve siècle*, Paris, Fayard, 2009, p. 636-650.
15. On pense à la fameuse expédition du roi d'Iran Nadir Shah en 1739 à Delhi, qui pille les palais royaux, en arrache le trône du Paon des empereurs moghols et leurs plus beaux joyaux, et révèle l'irrémédiable affaiblissement de l'Empire islamique indien. Les raids afghans, les entreprises françaises et britanniques qui se multiplient dans les décennies suivantes achèvent l'empire, ou plutôt y établissent une nouvelle dynastie, britannique, à la place des Moghols, jusqu'en 1947.
16. Dominique Valérian, *Ports et réseaux d'échanges dans le Maghreb médiéval*, Madrid, Casa de Velázquez, 2019.
17. Gabriel Martinez-Gros, *Brève histoire des empires, op. cit.*, p. 27-42.

Chapitre 3. Avant l'empire : les Royaumes combattants

1. La date de 31-30 av. J.-C. est celle de la bataille d'Actium, qui donne la victoire à Octave/Auguste et à la Méditerranée occidentale qui soutient sa cause, sur Marc-Antoine et ses soutiens grecs de Méditerranée orientale, en particulier bien sûr la reine d'Égypte, d'origine macédonienne, Cléopâtre. Actium marque donc la réunification du monde romain et le naufrage définitif du dernier des royaumes héritiers d'Alexandre, l'Égypte lagide.
2. On ne dispose malheureusement pas pour la Méditerranée hellénistique et romaine de recensements comparables à ceux de la Chine des Han. La poussée démographique y est tout aussi indiscutable, moins forte, mais les effectifs de départ, vers 500 avant notre ère, y sont sans doute plus élevés qu'en Chine. Au total les deux masses humaines de l'Empire romain et de l'Empire chinois s'équilibrent à peu près aux alentours de l'ère chrétienne, et représentent ensemble la moitié de l'humanité. L'Islam triomphe au contraire dans un temps de dépression démographique, entre 600 et 700 de notre ère. Le triplement de la population chinoise en cinq cents ans paraît spectaculaire ; il ne représente qu'une hausse en fait très modeste de l'ordre de 0,2 % par an, égale au croît naturel de la France d'aujourd'hui. Pour plus de détails sur ces questions, voir Gabriel Martinez-Gros, *Brève histoire des empires, op. cit.*
3. D'après le titre de la célèbre chronique, très tardive, du début de l'époque impériale, qui donne un compte rendu succinct de l'essentiel de l'histoire de la période.
4. John King Fairbank et Merle Goldman, *Histoire de la Chine, op. cit.*, p. 87.
5. Kufa ou Basra en Irak, Fustat en Égypte, Merv ou Qom en Iran, Kairouan en Ifriqiya (634-750).
6. Elle en envoie plusieurs milliers vers la Sicile en 415 avant notre ère, et réussit, après le désastre qui anéantit cette armée, à soutenir pendant dix ans encore une guerre désespérée contre la coalition de ses ennemis.

7. Fairbank et Goldman, *Histoire de la Chine, op. cit.*, p. 94, sur les conquêtes du royaume de Qin.
8. Sur ces points, voir *L'Empire islamique, op. cit.*, p. 133-135, et les références à Hugh Kennedy, *The Armies of the Caliphs*, Londres, Routledge, 2001.
9. Jacques Gernet, *Le Monde chinois*, Paris, Pocket, 2006, t. I : *De l'âge de bronze au Moyen Âge*, p. 95-96 ; René Grousset, *Histoire de la Chine*, Paris, Payot, 1994, p. 56 ; Yuri Pines, *L'Invention de la Chine éternelle, op. cit.*, p. 229-267.
10. C'est en 968 que Liutprand est admis en présence de l'empereur byzantin Nicéphore Phocas. Son ambassade vise à faire accepter le titre impérial romain qu'Othon vient de relever, après la disparition de fait de la lignée carolingienne en Germanie. Georges Ostrogorsky, *Histoire de l'État byzantin*, Paris, Payot, 1956, p. 316.
11. On a tout dit de la diffusion du grec dans les élites romaines - d'un grec plus « attique » qu'on ne le parlait dans les rues d'Antioche ou d'Alexandrie -, mais on a moins souligné la prégnance du latin dans le grec d'époque byzantine partout où l'État s'impose, en particulier dans l'armée et le droit.
12. C'est un autre Grec d'époque romaine, Plutarque, qui établit le parallèle entre les vies de héros grecs et romains, annexant ainsi les gloires de la Grèce à l'Empire romain tout autant que celles de Rome à la culture grecque.
13. Anne Cheng, *Histoire de la pensée chinoise*, Paris, Seuil, 1997, p. 113, 189, 213-214. Le fondateur du taoïsme au IVe siècle, Zhuangzi, est originaire du royaume de Chu, dans la région du Yangzi, tout comme le ou les auteurs du *Daodejing* attribué à Laozi. De même Xunzi et l'Académie Jixia au IIIe siècle sont enracinés dans le royaume de Chu.
14. Gabriel Martinez-Gros, *L'Empire islamique, op. cit.*, p. 151-156.
15. Anne Cheng, *Histoire de la pensée chinoise, op. cit.*, p. 62-64 sur Confucius, p. 162 sur Mencius, p. 212 et suivantes sur Xunzi.
16. « Un trésor pour toujours », selon la formule célèbre de Thucydide dans son Introduction à l'*Histoire de la guerre du Péloponnèse.*
17. Madeleine Biardeau, *L'Hindouisme. Anthropologie d'une civilisation, op. cit.*, p. 7-10.
18. Raymond Schwab, *La Renaissance orientale*, Paris, Payot, 1950.
19. Et dont on nomme pour cette raison les enseignements *vedanta*, c'est-à-dire la fin, ou l'aboutissement du *Veda*, « la connaissance ».
20. Madeleine Biardeau, *L'Hindouisme, op. cit.*, p. 266-267.
21. *Ibid.*, p. 278-282.
22. *Ibid.*, p. 270.
23. *Ibid.*, p. 183-198, « L'acte sans désir », qui est une analyse de la *Bhagavadgita.*
24. *Ibid.*, p. 77-95, sur le désir/*Kama.*
25. Dans le *Mahabharata*, le prince qui renonce à la violence et au royaume déchaîne la violence sur ses sujets. Les *kshatriya* doivent verser le sang pour accomplir le rite. *Ibid.*, p. 94-96.
26. Ibn Khaldûn, *Kitâb al-'Ibar* ; trad. française *Le Livre des Exemples*, édition et trad. de l'arabe par Abdesselam Cheddadi, Paris, Gallimard, Bibliothèque de la Pléiade, 2002, t. I, p. 258. La traduction est de moi. Cette formule est reprise du *Secret des secrets* (en arabe *Sirr al-asrâr* ; en latin, *Secretum secretorum*), texte anonyme faussement attribué au Moyen Âge à Aristote. Au XIIe siècle, le cadi Abu Bakr al-Turtushi reprend ce cercle de justice dans son *Flambeau des rois*, comme le signale Ibn Khaldûn.
27. Ferdinand Lot, *La Fin du monde antique et le début du Moyen Âge*, Paris, Albin Michel, 1968, p. 29-31.

28. Venus du monde hellénistique et de la part orientale de l'empire, les eunuques apparaissent dans le gouvernement de l'Empire romain, par essence militaire, dès les règnes de Claude et de Néron. On dénonce leur toute-puissance au IIe siècle de notre ère en Chine, après 130. Jugés responsables de l'oppression fiscale, ils affrontent les troubles agraires de 167. La révolte des Turbans jaunes, qui met pratiquement fin à la dynastie des Han (184-190), les vise particulièrement et ils sont provisoirement exterminés en 189. Jacques Gernet, *Le Monde chinois*, t. I, *op. cit.*, p. 198.
29. Louis Massignon, *La Passion de Hallâj, martyr mystique de l'Islam*, Paris, Gallimard, 1975, p. 268-384, pour un tableau d'ensemble de Bagdad et du pouvoir au début du Xe siècle.
30. Ainsi, Ibn al-Furat organise autour de Bagdad une ceinture de souverainetés déléguées, de chefferies arabes et kurdes en particulier. Sa disgrâce et son exécution viendront de son incapacité à conclure accord avec la rébellion shiite qarmate. Voir Gabriel Martinez-Gros, *L'Empire islamique*, *op. cit.*, p. 206-208, et note 9, p. 312.
31. Le pouvoir de Bagdad reconnaît, dès le IXe siècle, des gouvernorats de fait héréditaires dans les provinces périphériques, en Ifriqiya, en Transoxiane et au Khurasan, au nord-est de l'Iran d'aujourd'hui.
32. Michael Angold, *The Byzantine Empire (1025-1204). A Political History*, Londres-New York, Longman, 1984, fait remarquer que l'extraordinaire capacité de rebond de l'Empire byzantin, envahi par les Arabes au VIIe siècle, acculé par les Turcs au XIe siècle, anéanti par les Francs en 1204, mais toujours renaissant, tient sans doute d'abord à sa capitale-forteresse, qui résista longtemps à tous les assauts ; mais que la solidité même de la capitale, et son avidité fiscale, expliquent aussi la faible résistance des provinces, à la fois parce qu'elles sont profondément sédentarisées et soumises, et parce qu'elles jalousent et haïssent Constantinople.
33. Sur le rôle d'illusion de l'apparat guerrier, qui trompe tant les défenseurs sédentarisés de l'État que leurs adversaires bédouins, voir *Muqaddima*, traduit par Abdesselam Cheddadi, *Le Livre des Exemples*, *op. cit.*, livre III, chap. 11-12, p. 438, 440 ; et chap. 47, p. 634. On en trouvera un exemple dans la réception des ambassades étrangères à Cordoue entre 971 et 975, analysée dans Gabriel Martinez-Gros, *L'Idéologie omeyyade*, Madrid, Casa de Velázquez, 1992, p. 148-151 en particulier.
34. Sartre, Maurice et Sartre-Fauriat, Annie, *Zénobie*, Paris, Perrin, 2014.
35. Nous ne revenons pas sur les discussions qui touchent à l'ampleur et à la cible même des mesures de l'empereur Caracalla en 212, discussions sans intérêt pour notre objet. Il est évident que dans le cours du IIIe siècle, la totalité des résidents libres de l'empire reçoivent la citoyenneté romaine.
36. Jacques Gernet, *Le Monde chinois*, t. I, *op. cit.*, p. 173-175, 194 sur le repli des colonies militaires chinoises vers le sud.
37. Peter Brown, *Pouvoir et persuasion dans l'Antiquité tardive*, traduit par Pierre Chuvin, avec la collaboration d'Huguette Meunier-Chuvin, Paris, Seuil, 1998. C'est sans doute la plus originale et la plus pénétrante des œuvres de Peter Brown.

Chapitre 4. Après l'empire : la religion

1. Anne Cheng, *Histoire de la pensée chinoise*, *op. cit.*, p. 238.
2. C'est aussi le temps du fameux historien Sima Qian (145-86 avant notre ère).

3. C'est le moment, note Anne Cheng, où une civilisation chinoise se définit, *Histoire de la pensée chinoise, op. cit.*, p. 293-294.
4. Peter Brown, *La Toge et la Mitre*, Paris-Londres, Thames & Hudson, 1995, p. 59 ; *Pouvoir et persuasion dans l'Antiquité tardive, op. cit.*, p. 59. La chose est d'autant plus aisée que « l'iotacisme » ferme les sons, et généralise le *i* dans la langue grecque de la fin de l'Antiquité. Nombre de phonèmes de l'époque classique sont toujours notés à l'écrit, mais ne sont plus prononcés – leur prononciation est confondue avec celle d'autres phonèmes qu'on distinguait dans l'Athènes de Périclès. La simple connaissance de l'écriture, et de la langue plébéienne parlée, suffit à prouver à chacun que la langue a changé, c'est-à-dire, aux yeux des clercs, qu'elle s'est dégradée.
5. Anne Cheng, *Histoire de la pensée chinoise, op. cit.*, p. 188-190.
6. Peter Brown, *La Toge et la Mitre, op. cit.*, p. 127. Le même auteur parle d'un « brouillard doré de valeurs obsolètes », *Pouvoir et persuasion, op. cit.*, p. 52.
7. Peter Brown, *Pouvoir et persuasion, op. cit.*, p. 50.
8. Le déchaînement de la force militaire plane toujours comme une épée de Damoclès au-dessus des cités ; et dans ce cas, l'intervention des lettrés, et des moines aussi à partir de la fin du IVe siècle, peut faire la différence dans l'esprit de l'empereur. La très chrétienne Antioche est épargnée par Théodose après la révolte antifiscale de 387, tandis que Thessalonique, dont le gouverneur goth a été lynché par l'émeute, est atrocement ravagée par les troupes impériales en représailles. Peter Brown, *Pouvoir et persuasion, op. cit.*, p. 149-153.
9. Cette parole cultivée est étroitement circonscrite, elle n'est nullement libre, même s'il lui appartient par nature de se présenter comme telle. Elle doit persuader sans défier. Son domaine est d'autant plus étroit que la dispense des châtiments corporels dont jouissaient les bourgeoisies, et en particulier les curiales, collecteurs de l'impôt de leur communauté – et responsables de son montant –, est de plus en plus souvent révoquée à mesure que la pression fiscale se fait plus forte, ou qu'elle pèse davantage sur les élites. Peter Brown, *Pouvoir et persuasion, op. cit.*, p. 77, 91.
10. Babylone, dans l'Empire assyrien, et dans une moindre mesure dans la Perse achéménide, tient déjà ce rôle de la sédentarité fière de son vieux passé.
11. « L'ai-je bien joué ? » aurait déjà dit sur son lit de mort Auguste, selon Suétone. C'est la preuve que l'évolution qui aboutit à Marc-Aurèle commence très tôt dans cet Empire romain déjà fils d'un empire hellénistique. Il faut y ajouter bien sûr le scepticisme de Vespasien (69-79) sur sa propre « apothéose », son ascension à la divinité à sa mort.
12. Entre-temps, la peste antonine – sans doute une pandémie de variole – a ravagé l'empire et affaibli ses forces productives en 165 et dans les années suivantes. Environ un dixième de la population de l'empire aurait péri.
13. Peter Brown, *La Toge et la Mitre, op. cit.*, p. 51. Non seulement Marc-Aurèle, comme Hadrien, arbore la barbe, mais il écrit en grec, ce que les empereurs du Ier siècle, pourtant hellénisants confirmés, avaient évité, à l'exception de Néron, dont la réputation fut de ce fait compromise. L'ouvrage, composé pendant son règne, entre 170 et 180, porte le titre caractéristique de « Choses pour soi-même » (*Ta eis eauton*). On le nomme plus souvent *Moralia.*
14. Peter Brown, *La Toge et la Mitre, op. cit.*, p. 51.
15. Anne Cheng, *Histoire de la pensée chinoise, op. cit.*, p. 214-225.
16. *Ibid.*, p. 234-245.
17. Peter Brown, *La Toge et la Mitre, op. cit.*, p. 24, sur l'origine modeste et obscure de Dioclétien et des hommes qu'il choisit pour lui succéder ; p. 82, sur l'hostilité foncière

des populations méditerranéennes aux soldats des Balkans, qui les terrorisent ; p. 101-103, sur le succès du monachisme dans les périphéries.

18. *Ibid.*, sur la croissance des effectifs militaires et l'augmentation de l'impôt.
19. *Ibid.*, p. 148. Peter Brown dit de l'empire du Ve siècle qu'il est « civil », là où Ibn Khaldûn dirait « sédentaire ».
20. Peter Brown, *Pouvoir et persuasion, op. cit.*, p. 35.
21. Peter Brown, *Genèse de l'Antiquité tardive*, Paris, Gallimard, 1983, p. 67.
22. Peter Brown, *Pouvoir et persuasion, op. cit.*, p. 122.
23. Peter Brown, *La Toge et la Mitre, op. cit.*, p. 121.
24. *Ibid.*, p. 41.
25. *Ibid.*, p. 202-203, à propos de l'incapacité des évêques, aux IVe-Ve siècles, à peser sur l'impôt dû par leur cité.
26. Georges Duby, *Les Trois Ordres ou l'Imaginaire du féodalisme*, Paris, Gallimard, 1978.
27. Peter Brown, *La Toge et la Mitre, op. cit.*, p. 60 : Épictète et le stoïcisme pour les classes moyennes, Platon pour les classes supérieures.
28. Voir note 21, chapitre 1.
29. Les querelles christologiques - le Christ est-il homme ou Dieu, l'un plutôt que l'autre, l'un et l'autre, l'un et pas l'autre ? - s'étendent du IVe siècle et du concile de Nicée (325) jusqu'au monothélisme du VIIe siècle, qui donne naissance à l'Église maronite. Dans une certaine mesure, les questions de la réincarnation des âmes et de leur immortalité jouent le même rôle en Chine bouddhique, avant la grande vague de traductions du sanscrit, sans aboutir toutefois aux mêmes querelles politiques, semble-t-il.
30. Depuis la révolte victorieuse des Maccabées contre les réformes du Séleucide Antiochos IV Épiphane au IIe siècle avant notre ère. La première génération du christianisme est traversée par les prodromes de l'énorme révolte juive de 66-70 qui aboutit à la destruction du temple de Jérusalem.
31. Les chrétiens s'unissent d'un bout de l'empire à l'autre au IIIe siècle, de Smyrne à Lyon, et se distinguent au contraire de leurs concitoyens par un discours remarquablement uniforme : Peter Brown, *La Toge et la Mitre, op. cit.*, p. 61.
32. Peter Brown, *Genèse de l'Antiquité tardive, op. cit.*, p. 116.
33. *Ibid.*, p. 151, 153.
34. *Ibid.*, p. 128, sur l'expansion du christianisme à travers ses querelles internes.
35. Cette Église copte, tout comme l'Église « jacobite » majoritaire en Syrie, a opté pour le « monophysisme », c'est-à-dire la foi en la nature unique - et divine - du Christ.
36. Alphabet araméen que conserve en revanche l'hébreu, jusque dans sa version moderne.
37. Peter Brown, *La Toge et la Mitre, op. cit.*, p. 89-90. Plus largement, le grec de la première Église pénètre de petits dialectes barbares germaniques d'un immense avenir. C'est du grec *kyriakos oikos*, la « maison du Seigneur », que viennent *church*, *kirke* et *Kirche*.
38. Mircea Eliade, *Histoire des croyances et des idées religieuses*, Paris, Payot, 1978, t. II, p. 307-310.
39. Peter Brown, *Pouvoir et persuasion, op. cit.*, p. 132.
40. La première chrétienté s'organise sur le modèle de l'empire. Voir Martin Nilsson, *Les Croyances religieuses de la Grèce Antique, op. cit.*, 1955, p. 208 et suivantes. Le christianisme ne porte le coup de grâce au vieil ordre que pour en établir aussitôt un autre. L'évêque interdit les manifestations individuelles de la charité chez les fidèles. Les aumônes lui sont remises pour qu'il en organise plus équitablement, et plus collectivement, la distribution.

41. Peter Brown, *Pouvoir et persuasion, op. cit.*, p. 135 et surtout 208-210. Dans les petites villes d'Occident, dès le IVe siècle et surtout au Ve siècle, l'évêque s'empare de la totalité du pouvoir et devient le défenseur de la population rassemblée sous son autorité. « Riches et pauvres sont de la même glaise », il n'est plus question de citoyen et d'étranger.
42. Antoine meurt en 356 presque centenaire. Il se serait retiré du monde dans les dernières années du IIIe siècle.
43. Même si Plotin est protégé par l'empereur Philippe l'Arabe.
44. « *To soma, to sema.* » Une seule lettre en grec sépare les deux mots « corps » et « signe » sur la tombe, tombeau. La formule se trouve dans le *Gorgias.*
45. Peter Brown, *Genèse de l'Antiquité tardive, op. cit.*, p. 177. La « femme » relèverait, selon cet auteur, davantage de la vie quotidienne au village que de la sexualité.
46. Peter Brown, *La Toge et la Mitre, op. cit.*, p. 101-103.
47. Anne Cheng, *Histoire de la pensée chinoise, op. cit.*, p. 353, 359. L'universalisme de la pratique bouddhique et de son « clergé » monastique rompt avec le rite religieux familial chinois, réservé au cercle du clan.
48. *Ibid.*, p. 373-375, 383-390.
49. Même si, à vrai dire, ce n'est pas auprès des barbares du Nord, pourvoyeurs de violence et plus familiers des maîtres de l'empire leurs cousins, qu'elle va chercher cet autre savoir.
50. Ainsi *hakeldama*, « ce qui veut dire "le champ du sang" » ; ou encore « *Eli, Eli, lemma sabaqtani* », « ce qui veut dire "Mon Dieu, Mon Dieu, pourquoi m'as-tu abandonné" », précise l'évangéliste.
51. Voire trois avec Athènes, cœur de la pratique et de l'étude de la philosophie.

Chapitre 5. Islam, Chine, Occident : convergences et divergences

1. Voir *L'Empire islamique, op. cit.*
2. *Ibid.*, sur la guerre des frères al-Amin et al-Ma'mun, p. 174-176.
3. Pour le dire comme Marshall Hodgson, *The Venture of Islam*, Chicago, Chicago University Press, 1974, 3 volumes.
4. Bagdad survit à la défaite de son champion al-Amin, à l'hostilité du vainqueur al-Ma'mun, et à la construction de la nouvelle capitale de Samarra (836-892) par al-Mu'tasim.
5. Aujourd'hui, le Credo défini entre les conciles de Nicée (325) et de Chalcédoine (451) est partagé par catholiques, orthodoxes et protestants, soit 99 % des chrétiens du monde. De même en Islam, l'histoire a tranché pour l'heure en faveur du sunnisme, aujourd'hui professé par 85 % des musulmans environ.
6. Sur la crise mutazilite et Ibn Hanbal, voir *L'Empire islamique, op. cit.*, p. 180-189.
7. Rappelons que le droit musulman, universellement admis par tous les partis et dans toutes les régions de l'Islam réserve le califat aux Arabes de la tribu des Quraysh - celle de Muhammad. Les shiites, plus radicaux, exigent que le calife soit issu de la descendance directe de Muhammad par 'Ali et Fatima.
8. Entre le début des conquêtes (634) et la victoire totale du sunnisme par abandon de l'État aux barbares et séparation radicale de la religion et du politique (1055-1060) un peu plus de quatre siècles s'écoulent. Entre les guerres d'unification de la Chine (275-221 avant notre ère) et les progrès décisifs du bouddhisme (après 300), cinq à six siècles ; et de même entre le début des guerres puniques et de l'expansion territoriale de Rome en Méditerranée

(264 avant notre ère) et la victoire du christianisme avec Constantin, premier empereur chrétien (313), presque six siècles.

9. Voir Gabriel Martinez-Gros, *L'Empire islamique, op. cit.*, p. 141-146.
10. Entre 705 et 715, les Arabes enlèvent notre Ouzbékistan et notre Tadjikistan, entre Amou-Daria et Syr-Daria. Après plusieurs revers face aux Sogdiens et aux Turcs, qu'ils enrôlent dans les forces impériales au IXe siècle, ils l'emportent sur l'Empire chinois à Talas (751). Cette confrontation victorieuse ouvre la voie à l'islamisation du pays des Turcs. Voir *L'Empire islamique, op. cit.*, p. 159-163.
11. Voir Gilbert Dagron, *Empereur et prêtre. Étude sur le « césaropapisme » byzantin*, Paris, Gallimard, 1996, en particulier p. 177-190. La crise « monothélite » est déchaînée par l'intention de l'empereur Héraclius (610-641) de réconcilier les orthodoxes, majoritaires dans les Balkans et en Anatolie, et les monophysites, partisans de l'unique nature divine du Christ, majoritaires dans les provinces d'Égypte et de Syrie qu'Héraclius venait de reconquérir après sa victoire sur les Perses en 627. Maxime fut arrêté avec le pape à Rome, ramené à Constantinople et torturé pour son opposition à la volonté impériale en 655, comme Ibn Hanbal deux siècles plus tard.
12. Jacques Gernet, *Le Monde chinois*, t. I, *op. cit.*, p. 370 ; 4 600 monastères auraient été détruits.
13. Gabriel Martinez-Gros, *L'Empire islamique, op. cit.*, p. 236-251 en particulier.
14. Al-Ma'mun fonde la « maison de la Sagesse » en 828, pour financer traduction et recherches sur les paradigmes scientifiques grecs. L'effort de traduction et les avancées au-delà des acquis grecs se poursuivent aux Xe et XIe siècles surtout, avant que la victoire du sunnisme, parmi d'autres facteurs, ne restreigne cet intérêt pour la pensée antique. Al-Andalus, et surtout l'Égypte fatimide, reprennent en partie le flambeau aux XIe-XIIe siècles. Ces sciences sont essentiellement les mathématiques, l'astronomie et l'astrologie, la médecine et la magie, alors tenue pour science, et bien sûr la philosophie, la logique - art du raisonnement. D'autres textes, littéraires, sont traduits du persan ou du sanscrit. Le plus célèbre est la première œuvre en prose de la littérature arabe, *Kalila et Dimna*, traduite et adaptée par Ibn al-Muqaffa' au milieu du VIIIe siècle. Voir Dimitri Gutas, *Greek Thought, Arabic Culture*, Londres, Routledge, 1998 ; traduction française : *Pensée grecque, culture arabe*, Paris, Aubier, 2005.
15. C'est au moins en partie la thèse de Patricia Crone, *Medieval Islamic Political Thought*, Édimbourg, Edinburgh University Press, 2004.
16. Comme le veut le sens de cette racine « D Y N » dans d'autres langues sémitiques, dont l'hébreu.
17. On retrouve cette combinaison de la puissance brutale des marges et de l'élan religieux chez les Abbassides comme chez les Fatimides, chez les Almoravides et les Almohades, chez les Séfévides ou les Ottomans.
18. Voir Gabriel Martinez-Gros, *Brève histoire des empires, op. cit.*, p. 73-76 en particulier. Les pandémies du Ier millénaire redistribuent sans doute la charge démographique mondiale en ôtant un peu de leur poids aux vieilles terres impériales - Égypte, Mésopotamie, Chine du Nord, Italie... -, et en favorisant la croissance de terres neuves à la fin du millénaire - Europe du Nord, Chine du Sud, Cambodge, Japon, Méso-Amérique...
19. Ainsi les Janissaires ottomans d'origine chrétienne, balkanique ou géorgienne ; les Arméniens du souverain iranien Shah Abbas (1587-1629), les Rajpoutes de l'empereur moghol des Indes Akbar (1556-1605).
20. Voir Jacques Gernet, *Le Monde chinois*, t. II, *op. cit.*, p. 17-19. La population chinoise passe de 60 à120 millions d'habitants entre 950 et 1250, ce qui n'est pas sans rappeler

l'expansion démographique de l'Europe à la même époque. Cette expansion, démographique et économique, profite surtout à la Chine du Sud, où la dynastie des Song s'établit après 1125 et la chute de Kaifeng, sa première capitale, aux mains des Jürchen Mandchous.

21. Jacques Gernet, *Le Monde chinois*, t. I, *op. cit.*, p. 360-373 sur l'ensemble des événements qui conduisent finalement à la chute de la dynastie Tang en 907.
22. Pour mémoire, voir Jules Verne, *Les Tribulations d'un Chinois en Chine*, où le noble et beau héros chinois, dont le milieu a trempé dans la révolte « nationale »' chinoise des Taiping, est opposé, jusque dans ses traits physiques, aux Mandchous, aux yeux bridés et aux mœurs brutales. On a peu remarqué que ce sont ces mêmes Turco-Mongols, derniers héritiers des violences de la steppe, qu'affronte Michel Strogoff. Jules Verne est un héraut de la sédentarisation triomphante de l'empire occidental en construction du XIXe siècle.
23. En revanche, la géographie antique de l'Europe est totalement bouleversée. Les géographes arabes reconnaissent la géographie antique dans la plupart des régions du monde, mais dans le cas de l'Europe, les noms barbares, Francs, Suèves, Lombards, Galiciens, Burgondes, Goths, font disparaître, au moins dans l'usage courant de l'arabe, les termes latins, Gallia, Hispania, Italia...
24. D'une manière générale, le Japon entre l'ère de Kamakura, après 1185, et la révolution Meiji du XIXe siècle présente les traits les plus semblables à ceux de l'Europe. On y retrouve en particulier la longueur des lignées aristocratiques comparable à celle de la noblesse européenne, et dont il n'y a aucun exemple en Chine ni dans l'Islam.
25. D'abord en Europe méditerranéenne, dont on aurait pu penser qu'elle resterait plus fidèle au latin. Le français, le castillan, l'occitan, l'italien sont écrits et pourvus d'une littérature dès les XIIe-XIIIe siècles ; l'anglais, entravé par l'usage de cour du français, l'allemand cantonné par le latin à cause de la dignité impériale que portent ses souverains, viendront plus tard, au XIVe, voire au XVe siècle. Voir Benoît Grévin, *Le Parchemin des Cieux. Essai sur le Moyen Âge du langage*, Paris, Seuil, 2012.
26. Celle de Nebrija pour le castillan est publiée en 1492.
27. Florian Mazel (dir.), *Nouvelle Histoire du Moyen Âge*, Paris, Seuil, 2021.
28. Alexis de Tocqueville, *L'Ancien Régime et la Révolution*, Paris, Gallimard, « Folio histoire », 1985, p. 180. « J'ose affirmer que du jour où la nation, fatiguée des longs désordres qui avaient accompagné la captivité du roi Jean et de la démence de Charles VI, permit aux rois d'établir un impôt général sans son concours, et où la noblesse eut la lâcheté de laisser taxer le tiers état pourvu qu'on l'exceptât elle-même ; de ce jour-là fut semé le germe de presque tous les vices et de presque tous les abus qui ont travaillé l'Ancien Régime pendant le reste de sa vie et ont fini par causer violemment sa mort. »
29. Ce principe qui met fin à la première des guerres de Religion européennes entre l'empereur catholique Charles Quint et les princes allemands protestants réunis dans la ligue de Smalkalde, stipule que les sujets des princes allemands devront partager la religion de leur souverain, ou plutôt de leur territoire. Charles Quint, malgré ses victoires militaires, n'a pas réussi à s'imposer à la part allemande de son empire et abdique peu après cette paix d'Augsbourg.
30. Jusque dans le lointain Japon, après 1867, les réformes de Meiji répudient le bouddhisme au profit d'un ensemble de pratiques et de croyances populaires, considérées comme « authentiquement nationales », et réunies pour la première fois en religion d'État « shintoïste ».

31. Même si, là encore, comme en Angleterre ou aux Pays-Bas, le protestantisme et ses universités septentrionales jouent le rôle majeur dans l'*Aufklärung*, et la Prusse le rôle majeur dans la réalisation de l'unité. Le livre fameux de Germaine de Staël, *De l'Allemagne* (1813), installe au cœur de la sensibilité romantique européenne cette nouvelle entité allemande.
32. Voir Reinhart Koselleck, *Le Futur passé. Contribution à la sémantique des temps historiques*, Paris, Éditions de l'EHESS, 1990, chapitre 2, « *Historia magistra vitae* », p. 37 et suivantes.

Chapitre 6. La modernité et le retour de l'efficace xviiie-xxe siècle

1. Jacques Gernet, *Le Monde chinois*, t. I, *op. cit.*, p. 369.
2. Récemment le grand poète syrien Adonis affirmait que toutes les créations de l'Islam s'étaient faites contre la religion musulmane, ce qui illustre parfaitement notre propos. Voir Adonis, *Violence et Islam. Entretiens avec Houria Abdelouahed*, Paris, Seuil, 2015.
3. Les bektachis organisent, jusqu'à la fin de l'Empire ottoman, la dévotion des janissaires. Même si elle n'est bien connue que pour les époques récentes, la secte emprunte nombre de ses traits au christianisme balkanique et au shiisme. Ces scories shiites et chrétiennes ne laissent pas d'étonner le profane, et parfois même le spécialiste, dans un empire qui se proclame gardien du sunnisme le plus strict.
4. Ainsi, Akbar, qui assoit pour un peu plus d'un siècle, entre 1570 et 1710 environ, l'hégémonie de l'empire moghol sur l'Inde, avant son déclin et sa division territoriale au xviiie siècle, fait entrer les Rajpoutes hindous et infidèles dans le composé de la *'asabiya* moghole, jusque-là exclusivement turque et afghane.
5. Qu'il écrit en 1623, au moment où s'amorce la querelle qui conduira à son procès. L'écriture mathématique de l'univers est en effet opposée aux Saintes Écritures, dont l'interprétation est jugée moins sûre que celle du texte mathématique dont Dieu a investi le monde. Et le mathématicien est donc meilleur interprète des volontés divines que le théologien - voire que l'Église.
6. Les deux plus importantes montrent que l'orbite de la révolution terrestre autour du Soleil est une ellipse dont le Soleil est l'un des foyers ; et surtout que les aires des deux triangles déterminés par le Soleil et trois positions de la Terre séparées par des intervalles de temps égaux sont égaux. Ou, pour le dire en d'autres termes, que la Terre accélère son mouvement de façon régulière à mesure qu'elle s'approche du Soleil, et le ralentit quand elle s'en éloigne.
7. Voir plus haut - chapitre 1 - l'analyse de *L'Ordre du discours* de Michel Foucault.
8. Avec la publication des *Philosophiae naturalis principia mathematica.*
9. On nomme « intendants », de police, justice et finances, sous l'Ancien Régime, les gouverneurs civils des provinces, ancêtres de nos préfets.
10. Il s'agit bien sûr de la guerre d'Indépendance des États-Unis et de la lourde contribution financière qu'elle a exigée de la France.
11. Alexis de Tocqueville, *L'Ancien Régime et la Révolution, op. cit.*,, p. 271, 273, 278.
12. Gabriel Martinez-Gros, *L'Empire islamique, op. cit.*, p. 64-65.
13. 1740 ou même 1760 selon le dernier fragment de la citation, qui oppose la situation de 1780 à celle qui prévalait « vingt ans avant ». Rappelons en effet que Voltaire, dans l'article « Blé » de l'*Encyclopédie*, déplore encore la diminution des populations européennes sous

l'effet de la misère, à l'heure où elles croissent sensiblement. Peu avant 1768, Damilaville écrit dans l'*Encyclopédie* l'article « Population » où il décrit l'Amérique comme un immense cimetière d'Africains et d'Européens, et où il condamne l'entreprise même de peuplement du Nouveau Monde. Or la population y augmente probablement depuis un siècle, après le point bas du milieu du XVIIe siècle. Voir Sophie Makariou et Gabriel Martinez-Gros, *Histoire de Grenade*, Paris, Fayard, 2018, p. 282-283.

14. Ces « Provinces-Unies » dont l'Espagne a reconnu l'indépendance en 1621 sont nos Pays-Bas. L'Angleterre s'unit à l'Écosse en 1707 en un royaume de Grande-Bretagne.
15. La victoire de l'Angleterre et de la Hollande renverse en outre les hiérarchies de civilisation pratiquement établies depuis Rome, en tout cas depuis les XIIe-XIIIe siècles italiens, à savoir la supériorité des savoir-faire et de la culture de l'Europe latine, Italie, Espagne, France. C'est l'Europe du Nord, jusqu'au XVIIIe siècle, qui s'efforce de parler les langues dominantes de l'Europe latine et de l'imiter. Samuel Pepys, secrétaire à l'Amirauté à la fin du XVIIe siècle, se flatte de parler français - ce qui lui semble indispensable à son office et à sa position sociale -, Louis XIV parle italien et espagnol. Voltaire est au contraire un des premiers lettrés français qui parle (un peu ?) l'anglais et découvre Shakespeare.
16. Soit le IIe siècle de notre ère à Rome, les XIIe-XIIIe siècles en Chine.
17. Si on estime très grossièrement à environ 2 % le taux de croissance moyen de l'économie mondiale à partir de 1800 - ce qui est peut-être trop -, la richesse mondiale aurait doublé tous les 35 ans, soit environ sept fois en 250 ans, ou encore une multiplication par 128 (2^7).
18. Jacques-Olivier Boudon, *Histoire du Consulat et de l'Empire*, Paris, Perrin, 2000, p. 266.
19. Alexis de Tocqueville, *L'Ancien Régime et la Révolution*, *op. cit.*, p. 315-316.
20. À la « mesquine petite île » qu'est l'Angleterre, pour reprendre la formule de Lawrence Durrell, revint d'occuper l'empire géant de l'Inde après avoir bouleversé l'histoire du monde par ses découvertes scientifiques.
21. Pour reprendre l'exemple de la note précédente, l'Angleterre en Inde ne l'emporte pas, à la fin du XVIIIe siècle, sur 170 millions de sujets indiens, mais sur quelques dizaines de milliers de guerriers afghans, turcs, persans et mahrattes, puis népalais qui dominent la masse indienne. Les solidarités anglaises, puis britanniques - qui incluent désormais l'Écosse - sont au total plus larges et mieux pourvues en armes que les contingents bédouins impériaux dominants en Inde, comme plus tard elles l'emporteront en Égypte ou en Chine. La difficulté de la conquête de l'Afghanistan montre en revanche la capacité de résistance des terres bédouines où aucun pouvoir d'État n'a érodé les résistances des tribus.
22. Benedict Anderson, *Imagined Communities. Reflections on the Origin and Spread of Nationalism*, Londres, Verso, 1983 (rééd. 2006).
23. La révolution sur-politise le monde. En arrivant en plein été de 1919 dans la petite ville de Sibérie où il va retrouver Lara, le docteur Jivago traverse d'immenses étendues de blé spontanément levé que les désordres de la guerre civile ont interdit aux paysans de moissonner. La plaine entière ondule sous le poids de millions de mulots qui se régalent de cette aubaine. Mais en arrivant à la ville, il y découvre une affiche qui attribue la pénurie régnante à l'accaparement des contre-révolutionnaires. Fusillons-les et la ville mangera à sa faim.
24. Norman Cohn, *The Pursuit of the Millennium*, Londres, Secker & Warburg, 1957 ; traduction française, *Les Fanatiques de l'Apocalypse*, Paris, Julliard, 1962.
25. Alexis de Tocqueville, *L'Ancien Régime et la Révolution*, *op. cit.*, p. 71.

26. Nicolas Berdiaev, *Les Sources et le Sens du communisme russe*, traduit du russe par Alexis Nerville, Paris, Gallimard, 1938.
27. « Je chante pour passer le temps », de l'album *Les Chansons d'Aragon chantées par Léo Ferré* (Barclay, 1961).
28. La lecture des discours de Lénine ne laisse pas de doute sur le rétablissement de la catégorie du barbare, dit « colonial » ou « semi-colonial », dans la pensée des intellectuels européens révolutionnaires - une catégorie du barbare qui n'épargne pas même le peuple russe.
29. Et sans doute diminué le capital linguistique de l'humanité par la simple mise en rapport d'isolats avec la grande houle des échanges universels, même s'il demeure encore environ 6 000 langues dans le monde.
30. C'est après 1875 que ce courant conservateur et religieux moderne émerge pleinement avec l'agitation politique du réformateur Jamal al-Din al-Afghani, la révolte du colonel 'Urabi en Égypte (1881-1882) contre les Anglais et contre l'aristocratie circassienne et ottomane, ou encore et surtout avec le règne du sultan 'Abdülhamid en Turquie (1876-1909).

Chapitre 7. La fin des Deux Cent Cinquante Glorieuses 1800-2050

1. 1861 marque le début de la guerre de Sécession américaine, peut-être la première guerre moderne par le caractère universel de la mobilisation imposée aux peuples des États-Unis.
2. Stein Emil Vollset *et al.*, « Fertility, mortality, migration and population scenarios for 195 countries and territories from 2017 to 2100 : a forecasting analysis for the Global Burden of Disease Studies », *The Lancet*, vol. 396, n° 10258, 17 octobre 2020, p. 1285-1306.
3. À l'heure où j'écris, au printemps 2022, le nombre de victimes de l'épidémie de Covid dans le monde est évalué entre 6 et 18 millions de personnes pour les deux années de l'épidémie, soit 1 à 2 ‰ de la population mondiale sur deux ans, un dixième ajouté à la mortalité mondiale ordinaire. L'étude du *Lancet* manie des chiffres cent fois supérieurs. Elle donne, pour la population mondiale en 2100, 8,8 milliards d'humains, contre 10,8 milliards pour la même année 2100 selon les prévisions 2019 des Nations unies. Elle envisage donc en outre que les États-Unis, dont la population se maintiendrait mieux que celle de la Chine - ce que les dernières statistiques démographiques américaines ne paraissent pas augurer -, redeviendraient la première puissance économique mondiale en 2098, après avoir été dépassés par la Chine en 2035.
4. La fécondité de l'Inde est en baisse plus rapide qu'on ne le prévoyait il y a une quinzaine d'années. Elle serait passée en dessous du taux de renouvellement des générations en 2020 - le *National Family Health Survey* du pays l'évalue à 2,0 enfants par femme. Les États du sud de l'Inde et toutes les côtes - en particulier le Bengale et Calcutta, le Maharashtra et Bombay - sont déjà en dessous du seuil de renouvellement des générations. Le basculement de l'ensemble du pays vers une fécondité déficitaire dépend désormais du *Hindi Belt*, le nord de langue *hindi* du pays, en particulier les États du Bihar, de l'Uttar Pradesh, et dans une moindre mesure du Madhya Pradesh et du Rajasthan, où la baisse de la fécondité s'accélère.
5. Dont il faut cependant souligner que les prévisions 2019 étaient inférieures de 325 millions d'âmes pour 2100 à celles de 2015. D'une manière générale, l'écart de prévisions, qui paraît considérable entre les deux groupes de spécialistes, ne l'est pas tant. Les Nations Unies

prévoyaient aussi implicitement une baisse de la population mondiale après 2100-2110. Tout est dans cet « implicitement ».

6. Pour éviter d'avoir à le reconnaître, les experts des Nations unies étaient contraints d'allonger la transition démographique de l'Afrique subsaharienne sur plus de 80 ans, au-delà de la vraisemblance.
7. Depuis les années 1980, les experts de la Division de la population des Nations unies ont constamment réduit le niveau de cette fécondité convergente vers laquelle toute l'humanité est supposée se diriger, depuis l'équilibre idéal (2,1 enfants par femme) encore postulé en 1985, jusqu'à un déficit léger avoué probable au début du XXIe siècle (1,85 enfant par femme), enfin un déficit plus accentué depuis quelques années : 1,75 enfant par femme. L'étude du *Lancet* abaisse ce niveau à 1,66 enfant par femme.
8. 2 370 millions pour les premiers, contre 1 700 millions pour les seconds.
9. Et d'autant plus qu'il n'y a pas de terme prévisible au recul démographique, qui devrait au contraire, vieillissement aidant, s'accélérer de décennie en décennie. L'analyse du *Lancet* prévoit pour plusieurs pays - ceux dont la baisse de la population a commencé avant 2020 - une diminution de moitié de la population en 80 ans. Rien n'est dit du XXIIe siècle, où ce recul devrait encore s'accentuer.
10. Notons cependant que les perspectives onusiennes comme l'étude du *Lancet* s'accordent sur le maintien du pourcentage de la population potentiellement active, d'entre 20 et 65 ans, d'ici à la fin du siècle, aux alentours de 53 à 54 %, presque comme en 2020. Ce qui changera en revanche, c'est la répartition de la population inactive. Aujourd'hui encore, les moins de 20 ans sont trois fois plus nombreux que les plus de 65 ans. Les proportions devraient s'inverser d'ici à la fin du siècle, à l'avantage des plus de 65 ans et au détriment de la capacité de création collective.
11. Contrairement à ce qu'on s'est empressé d'écrire, l'enquête ne recommande pas une « politique libérale d'immigration ». Elle constate que c'est la politique suivie aux États-Unis, au Canada, en Australie, dans les trente dernières années, qu'elle a permis la poursuite de l'expansion, mais qu'elle se heurte aujourd'hui, aux États-Unis surtout, à de fortes préventions et conséquences politiques. En outre cette politique n'est ouverte qu'aux pays les plus riches, et elle est provisoire. D'ici quelques dizaines d'années, les progrès économiques du « rattrapage » et la baisse de la fécondité dans les pays de départ tariront pour l'essentiel les flux d'émigrants, dès aujourd'hui majoritairement alimentés par la seule Afrique et dans une moindre mesure le Moyen-Orient. Bien avant la fin du siècle, l'immigration sera qualitative et démographiquement limitée. Elle aura en outre l'inconvénient de dépouiller les pays encore émergents de leurs élites.
12. Depuis 2008 aux États-Unis, la progression de la productivité n'a pas été supérieure à 1 % par an. Dans les meilleures années de la présidence Trump, l'économie américaine a créé 3 millions d'emplois, soit une augmentation de 2 % de la population active, pour une croissance économique qui n'a jamais dépassé 3 %. La productivité se mesure à la différence entre les deux. Les chiffres flatteurs des créations d'emplois ne sont pas nécessairement une bonne nouvelle économique. Le secteur tertiaire, dont une part importante tient aux services aux personnes, à la communication verbale ou à l'enseignement, ignore dans bien des cas la notion de gain de productivité. Le gain de productivité d'un médecin (traiter davantage de malades) ou d'un professeur (enseigner à davantage d'élèves) n'est pas tenu pour un progrès.
13. D'où un « malentendu », si constant depuis des décennies qu'on a du mal à le considérer comme tel, avec la France qui rêve d'une « Europe-puissance » - en fait d'une

Europe, et d'abord d'une Allemagne, qui financerait les ambitions de puissance de la France.

14. Plus nettement dans le cas de la Grande-Bretagne, qui abandonne aux États-Unis après 1971 toutes les positions militaires héritées de l'empire à l'est de Suez, et qui n'intervient qu'exceptionnellement depuis en Afrique. La France, malheureuse en Indochine et en Algérie, s'est montrée plus opiniâtre. Elle est engagée aujourd'hui au Sahel dans une guerre incertaine contre le jihadisme.
15. Pour l'heure, la démocratie armée israélienne, butte-témoin des démocraties nationales européennes de la première moitié du XXe siècle, reste une exception à la règle que nous énonçons.
16. Fait nouveau dans l'arsenal de la répression, les autorités chinoises semblent bien avoir mis en place la stérilisation forcée de la génération féconde des Ouïghours à une large échelle. En fait, la fécondité serait artificiellement abaissée à l'enfant unique - elle est spontanément, semble-t-il, de l'ordre de 2,2 ou 2,3 enfants par femme dans les régions de Kashgar ou de Turfan, où les populations turques musulmanes sont majoritaires. L'exemple ainsi donné par la deuxième, et bientôt première, puissance mondiale, est potentiellement dévastateur pour d'autres régions de la planète.
17. La population mondiale est passée d'1,7 milliard d'hommes en 1900 à 6 milliards en l'an 2000.
18. À l'exact inverse du « *Yes, we can* » d'Obama, qu'il faut donc comprendre comme une antiphrase.
19. Pierre Manent, dans *Le Figaro*, 23 avril 2020. L'oppression des sédentaires et la prudence de l'État, voire son humilité, face aux bédouins, est la règle des empires. Voir plus haut Peter Brown...
20. Éric Le Boucher, *Les Échos*, 25 avril 2020. C'est le paradoxe de Galbraith sur les bombardements au phosphore de Hambourg en octobre 1943. Les ravages en furent indicibles, 80 000 personnes périrent, mais les usines d'armement, mieux protégées, sortirent intactes de l'épreuve. En outre, comme les activités de service et l'artisanat furent anéantis, les survivants se précipitèrent vers les usines d'armement pour y demander du travail. Non seulement les bombardements ne réduisirent pas la capacité de la machine de guerre allemande, mais ils la renforcèrent.
21. « *¡Basta ya con realidades; queremos promesas!* »
22. Arnaud Fontanet le 26 avril 2020. Le pape Gélase définit en 496, peu après la disparition de la fonction impériale dans la moitié occidentale de l'Empire romain, la distinction des « deux glaives » : d'une part le pouvoir spirituel - le pape à Rome - et de l'autre le pouvoir temporel - l'empereur à Constantinople. De même le Conseil supérieur de la santé a pris le rôle d'un glaive spirituel, en charge de la loi, face à l'à-peu-près de la vie pratique, abandonné à la vulgarité du politique...
23. Dans le principe, dès que le pape Gélase pose la séparation des « deux glaives » en 496. Voir note précédente.

Chapitre 8. Essai sur quelques dogmes de la nouvelle religion

1. Jacques Gernet, *Le Monde chinois*, Paris, Pocket, 2006, t. II : *L'époque moderne*, p. 307-310.
2. Bien que la Chine en soit l'exemple par excellence, les succès du capitalisme s'étendent à une large part du tiers-monde - que l'on désigne, depuis les alentours de l'an 2000, sous

le nom nouveau de « monde émergent » – et réduisent l'écart considérable de richesse et de puissance qu'avaient creusé l'Europe, l'Amérique du Nord et le Japon depuis le milieu du XIXe siècle.

3. Méfiance à l'égard de la domination culturelle, plus que politique, de l'Occident qu'une large part conservatrice du monde musulman (en Afrique, en Indonésie, au Pakistan) entretient depuis longtemps. Dès la dernière décennie du siècle dernier, bien avant l'apparition de Boko Haram dans le nord-est du pays, Marc-Antoine Pérouse de Montclos, *Le Nigeria*, Paris, Karthala, 1994, p. 220, notait la différence considérable de pénétration de l'anglais dans les régions du sud du Nigeria, « chrétiennes ou animistes », selon la formule consacrée, et celles du nord, musulmanes. Les écoles, où l'on enseigne le français, et leurs instituteurs, sont désormais parmi les cibles privilégiées des jihadistes du centre du Mali, du sud du Niger et du nord du Burkina Faso.
4. Ailleurs en Asie aussi, l'anglais se heurte à des résistances inattendues. Aux Philippines, les élites anglicisées ont cédé le pouvoir politique à des classes moyennes qui se revendiquent d'un *pidgin* de tagalog et d'anglais. L'actuel président « populiste » Rodrigo Duterte en est grand utilisateur, et inquiète le patriciat par son éloignement des États-Unis et son penchant pour la Chine.
5. Parmi ces exceptions, le refus de Gandhi d'entériner l'économie industrielle de l'Inde britannique, son attachement au vêtement traditionnel des ascètes hindous – mais son enseignement fut rapidement écarté par ses disciples à la tête du gouvernement de l'Inde indépendante. Parmi les tentatives d'éradication de l'héritage colonial, en Algérie, outre le départ des Européens, la politique d'arabisation et l'arrachage des vignes. Mais le gouvernement algérien en l'occurrence traduisait simplement avec éclat des tendances d'hostilité culturelle à l'occidentalisation déjà partout présentes dans le monde islamique.
6. Le poids démographique et le prestige des idiomes de l'Inde y ont au contraire limité la pénétration de l'anglais, moins poussée qu'en Afrique, même si la langue de l'ancien colonisateur règne en maître dans les élites, qui la parlent souvent avec une rare élégance.
7. « Féodalisme » est le terme traditionnellement employé en Chine dans la langue du parti communiste pour désigner la tradition impériale chinoise.
8. L'Inde n'est pas moins à reconquérir que l'Europe. Le Cachemire joue le même rôle qu'Israël : la partie (Cachemire ou Israël) pour le tout (Inde ou Europe). On notera que dans le discours islamiste, « la Palestine », voire « Jérusalem » (*al-Quds*, là encore la partie prise pour le tout) se substituent volontiers aux « Palestiniens » qu'invoque inlassablement le dolorisme tiers-mondiste.
9. L'extension des langues européennes dans le monde révèle à peu près exactement les limites politiques et historiques du tiers-mondisme, dont il faut rappeler qu'il n'a par définition d'autre histoire et d'autres idiomes que ceux de l'Europe : l'Amérique, latine surtout, et l'Afrique non musulmane sont donc par excellence les terres tiers-mondistes. Cet ensemble – Europe, Amériques, Afrique non musulmane – devrait demeurer la première aire culturelle du monde, grâce en particulier au dynamisme démographique de l'Afrique subsaharienne « chrétienne ou animiste », même si la progression de la population y est moindre que dans l'Afrique islamique. Si on fixe à un peu moins de 10 milliards d'âmes la population du monde encore proche de son apogée vers 2100, ce croissant atlantique – Europe, Amériques et Afrique chrétienne – devrait en constituer le tiers.
10. Julien Benda, *La Trahison des clercs* (1927), Paris, Grasset, 1958, avant-propos de René Étiemble p. XIX : « Or contrairement aux craintes jadis formulées [...] des hommes aujourd'hui surgissent de diverses tendances pour défendre les principes qu'Éleuthère

[Benda] voyait sans avenir [...]. Comment ne pas admirer que certains soldats, ces temps-ci, et plusieurs gens d'Église aient retrouvé le ton du clerc : Jean-Jacques Servan-Schreiber et les prêtres de Souk-Ahras, l'archevêque d'Alger, et le général de la Bollardière ? » Nous reviendrons en conclusion sur *La Trahison des clercs.*

11. Camus, dans une mesure limitée par sa relation charnelle avec l'Algérie, mais surtout Sartre après la bataille d'Alger (1956-1957), figurent par excellence les nouveaux clercs. La mort de Sartre en 1980 coïncide avec la résurgence de la Chine et de l'Islam, qui inflige un rude revers au cléricalisme tiers-mondiste de l'Occident.
12. C'est l'objet de son œuvre principale sans doute, la *Phénoménologie de l'esprit*, dont la première version est publiée en 1807.
13. D'où son expression paradoxale, comme si souvent chez Hegel : « Le néant, en tant que ce néant immédiat, est [...] la même chose que l'être. »
14. C'est sous l'influence des États-Unis en particulier, et avec la défaite idéologique de plus en plus marquée du communisme dans les années 1970 et 1980, que l'extermination des Juifs - ou la Shoah, pour le dire dans les termes nouveaux qui s'imposent alors - devient l'événement le plus important de l'histoire du nazisme et de la Seconde Guerre mondiale. Dans l'histoire de la France de Vichy, le livre de l'Américain Robert Paxton, paru en 1972 aux États-Unis (en 1973 en France), marque le tournant de cette nouvelle orientation, qui met l'accent sur la virulence de l'antisémitisme pétainiste.
15. Encore qu'il soit possible d'en appeler de ce jugement apparemment défavorable de l'histoire, comme vient de le faire l'étude démographique de l'Institute for Health Metrics and Evaluation, que nous avons déjà mentionnée. Les auteurs reconnaissent que la Chine deviendra sous peu - vers 2035 - la première puissance économique du monde. Mais son vieillissement, qu'ils supposent plus prononcé que ne le prévoit la Division de la population des Nations unies, pourrait permettre à l'Amérique du Nord de reprendre la première place à la fin du XXIe siècle.
16. Peter Brown, *Pouvoir et persuasion*, *op. cit.*, p. 204-206, 210 ; *Genèse de l'Antiquité tardive*, *op. cit.*, p. 151-153.
17. Selon les calculs - peut-être excessivement radicaux - des auteurs de l'étude, la baisse de la population mondiale devrait commencer vers 2065, soit quarante ans avant ce que prévoyait la révision 2019 des perspectives démographiques des Nations unies, on s'en souvient.
18. Si juste qu'ait pu sembler le rapprochement entre les structures mentales du communisme et celles des religions monothéistes, ce privilège accordé au jugement de la réalité les distingue. Le communisme soviétique se promettait le succès dans le temps court de l'histoire. Soljenitsyne rappelle que Khrouchtchev, alors Premier secrétaire du Parti, avait donné en 1957 trente ans à son pays pour dépasser les États-Unis. L'échec évident de cette promesse, dès la fin des années 1970, fut décisif dans la crise qui acheva l'Union soviétique en 1989-1991, au moment même où ce délai de trente ans prenait fin. L'échec de l'État islamique en Irak et en Syrie n'implique aucun effondrement comparable du corps de doctrine de l'islamisme. Les religions ne sont pas « falsifiables ».
19. Jared Diamond et Nathan Wolfe, « El próximo virus », *El País*, édition América, 22 mars 2020 ; Ibrahim Thiaw, « Les animaux qui nous ont infectés ne sont pas venus dans nos villages ; nous sommes allés les chercher », *Le Monde*, 29 mars 2020.
20. Sur les deux tiers environ, occidentaux, centraux et méridionaux, du continent. Dans le nord du Sahel, et dans une moindre mesure sur les côtes orientales de l'Afrique, l'Islam

embrasse de plus en plus une autre histoire, où le tiers-mondisme et l'antiracisme tiennent bien moins de place, comme on l'a dit plus haut.

21. Le taux de mortalité mondial était de 19,1 ‰ en 1950, 12 ‰ en 1970, 7,5 ‰ en 2015, prévu à 7,7 ‰ en 2020, pour la première fois en hausse. Il atteindra, d'après les projections des Nations unies, 11,3 ‰ en 2100 où, selon le rapport des Nations unies de 2019, le nombre des plus de 60 ans devrait équilibrer celui des moins de 25 ans. Selon l'étude parue dans *The Lancet* le 17 octobre 2020, il devrait le surpasser largement.
22. On pourrait décompter sans doute des dizaines de millions de naissances, cumulées sur deux ou trois générations, empêchées par la crise économique.
23. L'une des plus discutables avançait que les « suprémacistes blancs », catégorie très floue, avaient l'habitude d'accorder la majuscule à *Whites*, et qu'il convenait donc de ne pas faire comme eux. La politisation du langage, et de l'information, dans ce temple supposé de l'impartialité que fut autrefois le *NYT*, est donc assumée.
24. Plus que marxiste, la fortune du concept de minorité porteuse d'avenir est léniniste. Elle a permis, contre les thèses mencheviques, d'envisager une révolution socialiste dans un pays - la Russie - où le prolétariat, en plein essor en 1914, ne représentait cependant qu'une minorité. La victoire de cette minorité dépendait de son alliance conjoncturelle avec une majorité qui lui était structurellement hostile, à savoir la paysannerie russe, dont le massacre à terme était donc inscrit dans le plan de la révolution bolchevique.
25. En 1960, la fécondité des Afro-Américains était encore d'environ 5 enfants par femme, contre 2,8 pour les Blancs. En 2020, ces taux étaient respectivement tombés à 1,72 et 1,60 - 1,89 pour les Hispaniques -, soit des différences infimes.
26. La Californie, État le plus peuplé de l'Union, disposait d'une fécondité supérieure à la moyenne nationale encore en 2005 ; elle lui est désormais inférieure, du fait du recul de la fertilité hispanique pour l'essentiel. Pour 2020-2025, la fécondité de l'Amérique latine est évaluée à 1,96 enfant par femme, contre 1,84 en France et 1,74 aux États-Unis. La population de l'Amérique latine devrait commencer à diminuer dès 2060-2065 selon les Nations unies, une vingtaine d'années avant selon l'étude parue dans *The Lancet* déjà citée.
27. L'île a perdu depuis quinze ans presque 20 % de sa population par émigration vers les États-Unis, mais ce mouvement migratoire est le dernier hoquet d'un territoire presque totalement vidé de sa population jeune.
28. Soit 1,31 enfant par femme, contre 1,71 pour le pays dans son ensemble en 2020.
29. C'est ce que fait remarquer Christopher Murray, directeur de l'Institute for Health Metrics and Evaluation, dans *The Lancet* du 17 octobre 2020.
30. Comme le sont déjà par exemple les pasteurs évangéliques auprès des « bandes » dans les favelas du Brésil.

Conclusion

1. *La Trahison des clercs, op. cit.*, appendice à la préface à l'édition de 1946, p. 89-101. Benda n'hésite pas à affirmer que les valeurs cléricales sont « négatives » - la liberté, l'art le sont. On ne construit rien sur elles. Il n'existe pas de justice « pratique », dit-il. Ses règles sont établies depuis des millénaires.
2. *Ibid.*, p. 203, 240 (contre la religion du succès), ou encore p. 245, contre Bergson auquel Benda fait dire : « J'agis, donc je suis. »

3. *Ibid.*, p. 187 (contre Sorel et sa fascination pour la violence créatrice), 190, 234, 235.
4. Les formules à ses yeux les plus répugnantes sont les plus fameuses de Hegel : « Tout ce qui est réel est rationnel » - tout ce qui s'impose à la réalité est une manifestation de l'Esprit ; ou encore « L'histoire du monde est le droit du monde » - il n'existe rien de juste qui ne s'impose à l'histoire, et, à l'inverse, tout ce que l'histoire impose est juste.
5. Comme on l'a vu plus haut, le même argument sera opposé à la dénonciation de la torture en Algérie. Au nom de Benda, René Étiemble, qui le préface, accueille au contraire comme des clercs ceux qui osent dénoncer la torture malgré les risques de hâter la défaite de la France.
6. *La Trahison des clercs, op. cit.*, p. 136, 140, 141. « Catholique » signifie « universel », rappelons-le. Voir la déclaration des évêques d'Autriche en 1849, dénonçant le nationalisme comme une forme de paganisme, p. 182.
7. Même si, allant logiquement au bout de la nécessaire distinction des fonctions temporelles et spirituelles, Benda admet que le pouvoir temporel réprime avec la plus grande vigueur la protestation des clercs, qui doivent être prêts à boire la ciguë, comme Socrate, le premier d'entre eux. À demi sérieusement, il se demande ainsi pourquoi Zola n'a pas été fusillé..., p. 141, note p. 310.
8. Benda cite Mirabeau, prédisant en 1791 à la tribune de la Constituante que les guerres des peuples libres feraient regretter celles des rois, *La Trahison des clercs*, p. 120.
9. *Ibid.*, p. 121.
10. *Ibid.*, p. 154, 196. « L'âme de la Grèce fait place à l'âme de la Prusse », p. 213. Benda se trompe évidemment, comme le sait le lecteur des chapitres précédents. Le berceau de l'universalisme n'est pas dans la cité grecque, mais dans l'héritage romain de l'hellénisme, dans l'imprégnation des élites de l'immense Empire romain par le stoïcisme, l'épicurisme et le néoplatonisme. C'est l'empire, et non la cité, qui fait triompher l'universel.
11. *La Trahison des clercs* (1958), *op. cit.*, avant-propos de René Étiemble, p. XXI.
12. À cette impasse s'ajoute la résistance du reste du monde - Chine, Inde, Islam -, et celle de fortes langues africaines qui pourraient refuser l'empire et donner âme à de nouveaux sentiments nationaux : swahili en Afrique de l'Est, lingala au Congo, igbo ou yoruba au Nigeria, langues des peuples akan en Côte d'Ivoire ou au Ghana, parmi bien d'autres.

Bibliographie

Adonis, *Violence et Islam. Entretiens avec Houria Abdelouahed*, Paris, Seuil, 2015.

Anderson, Benedict, *Imagined Communities. Reflections on the Origins and Spread of Nationalism*, Londres, Verso, 1983 (rééd. 2006).

Angold, Michael, *The Byzantine Empire (1028-1204). A Political History*, Londres-New-York, Longman, 1984.

Bayet, Jean, *Histoire politique et psychologique de la religion romaine*, Paris, Payot, 1957.

Benda, Julien, *La Trahison des clercs* (1927), Paris, Grasset, 1958.

Berdiaev, Nicolas, *Les Sources et le Sens du communisme russe*, traduit du russe par Alexis Nerville, Paris, Gallimard, 1938.

Biardeau, Madeleine, *L'Hindouisme. Anthropologie d'une civilisation*, Paris, Flammarion, 1995.

Bottéro, Jean, *Mésopotamie*, Paris, Gallimard, 1987.

Boudon, Jacques-Olivier, *Histoire du Consulat et de l'Empire*, Paris, Perrin, 2000.

Brown, Peter, *Genèse de l'Antiquité tardive*, Paris, Gallimard, 1983.

—, *Pouvoir et persuasion dans l'Antiquité tardive*, traduit par Pierre Chuvin, avec la collaboration d'Huguette Meunier-Chuvin, Paris, Seuil, 1998.

—, *La Toge et la Mitre*, Paris-Londres, Thames & Hudson, 1995.

Cheng, Anne, *Histoire de la pensée chinoise*, Paris, Seuil, 1997.

Cohn, Norman, *The Pursuit of the Millennium*, Londres, Secker & Warburg, 1957 ; traduction française, *Les Fanatiques de l'Apocalypse*, Paris, Julliard, 1962.

Crone, Patricia, *Medieval Islamic Political Thought*, Édimbourg, Edinburgh University Press, 2004.

Dagron, Gilbert, *Empereur et prêtre. Étude sur le « césaropapisme » byzantin*, Paris, Gallimard, 1996.

Duby, Georges, *Les Trois Ordres ou l'Imaginaire du féodalisme*, Paris, Gallimard, 1978.

Eliade, Mircea, *Le Mythe de l'éternel retour*, Paris, Gallimard, 1949.

—, *Images et symboles*, Paris, Gallimard, 1952.

—, *Le Chamanisme*, Paris, Payot, 1968.

—, *Histoire des croyances et des idées religieuses*, Paris, Payot, 1976.

Fairbank, John K. et Goldman, Merle, *Histoire de la Chine. Des origines à nos jours*, Paris, Tallandier, 2019.

Foucault, Michel, *L'Ordre du discours*, Paris, Gallimard, 1971.
Gernet, Jacques, *Le Monde chinois*, Paris, Armand Colin, 3 volumes, 2005.
Goutas, Dimitri, *Greek Thought, Arabic Culture*, Londres, Routledge, 1998 ; traduction française *Pensée grecque, culture arabe*, Paris, Aubier, 2005.
Grévin, Benoît, *Le Parchemin des Cieux. Essai sur le Moyen Âge du langage*, Paris, Seuil, 2012.
Grousset, René, *Histoire de la Chine*, Paris, Payot,1994.
Hegel, Georg Wilhelm Friedrich, *Phénoménologie de l'Esprit*, Iéna, 1807.
Hodgson, Marshall, *The Venture of Islam*, Chicago, Chicago University Press, 3 volumes, 1974.
Ibn Khaldûn, *Kitâb al-'Ibar* ; trad. française *Le Livre des Exemples*, trad. de l'arabe par Abdesselam Cheddadi, Paris, Gallimard, Bibliothèque de la Pléiade, 2002.
Institute for Health Metrics and Evaluation (IHME, Seattle), Prof. Vollset, Stein Emil *et al.*, « Fertility, mortality, migration and population scenarios for 195 countries and territories from 2017 to 2100: a forecasting analysis for the Global Burden of Disease Studies », *The Lancet*, vol. 396, n° 10258, 17 octobre 2020.
Kennedy, Hugh, *The Armies of the Caliphs*, Londres, Routledge, 2001.
Koerner, Joseph Leo, *Rituel du Serpent*, Paris, Éditions Macula, 2015.
Koselleck, Reinhart, *Le Futur passé. Contribution à la sémantique des temps historiques*, Paris, Éditions de l'EHESS, 1990.
Leroi-Gourhan, André, *Les Religions de la Préhistoire*, Paris, PUF, 1964.
Lévi-Strauss, Claude, *La Pensée sauvage*, Paris, Plon, 1962.
Lot, Ferdinand, *La Fin du monde antique et le début du Moyen Âge*, Paris, Albin Michel, 1968.
Mali, post-crise. De nouvelles perspectives pour le patrimoine. Séminaire du 23 juin 2014, Paris, Riveneuve Éditions, coll. « Patrimoines africains », 2015.
Makariou, Sophie, et Martinez-Gros, Gabriel, *Histoire de Grenade*, Paris, Fayard, 2018.
Martinez-Gros, Gabriel, *L'Idéologie omeyyade. La construction de la légitimité du Califat de Cordoue (xe-xie siècle)*, Casa de Velázquez, 1992.
—, « La deuxième islamisation du monde », in Patrick Boucheron (dir.), *Histoire du monde au xve siècle*, Paris, Fayard, 2009, p. 636-650.
—, *Brève histoire des empires. Comment ils surgissent, comment ils s'effondrent*, Paris, Seuil, 2014.
—, *L'Empire islamique, viie-xie siècle*, Passés Composés, Paris, 2019.
—, *De l'autre côté des croisades. L'Islam entre croisés en Mongols, xie-xiiie siècle*, Passés Composés, Paris, 2021.
Massignon, Louis, *La Passion de Hallâj, martyr mystique de l'Islam*, Paris, Gallimard, 1975.
Mazel, Florian (dir.), *Nouvelle Histoire du Moyen Âge*, Paris, Seuil, 2021.
Nilsson, Martin, *Les Croyances religieuses de la Grèce Antique*, Paris, Payot, 1955.
Ostrogorsky, Georges, *Histoire de l'État byzantin*, Paris, Payot, 1956.
Paxton, Robert, *La France de Vichy, 1940-1944* (1973), Paris, Seuil, 1999.

Pérouse de Montclos, Marc-Antoine, *Le Nigeria*, Paris, Karthala, 1994.
Pines, Yuri, *L'Invention de la Chine éternelle*, Paris, Les Belles-Lettres, 2013.
Planhol, Xavier de, *Les Fondements géographiques de l'Islam*, Paris, Flammarion, 1968.
—, *Les Nations du Prophète*, Paris, Fayard, 1993.
Sartre, Maurice et Sartre-Fauriat, Annie, *Zénobie*, Paris, Perrin, 2014.
Schwab, Raymond, *La Renaissance orientale*, Paris, Payot, 1950.
Tocqueville, Alexis de, *L'Ancien Régime et la Révolution* (1856), Paris, Gallimard, « Folio histoire », 1985.
Vernant, Jean-Pierre, *Les Origines de la pensée grecque*, Paris, PUF, 1969.
—, *L'Univers, les dieux, les hommes*, Paris, Seuil, 1999.
Verne, Jules, *Les Tribulations d'un Chinois en Chine*, Paris, Hetzel, 1879.
—, *Michel Strogoff*, Paris, Hetzel,1876.
Veyne, Paul, *Les Grecs ont-ils cru à leurs mythes ?*, Paris, Seuil, 1983.
Zouache, Abbès, *Armée et combats en Syrie (491/1098-569/1174)*, Damas, Institut Français du Proche-Orient, 2008.

Index

Q

R

S

T

U

V

W

X

Z

Table des matières

Composition et mise en pages
Nord Compo à Villeneuve-d'Ascq

Achevé d'imprimer en juin 2022
sur les presses de Normandie Roto Impression s.a.s.
61250 Lonrai
N° d'impression : 2202517

Imprimé en France

PEFC™
10-31-2541

Certifié PEFC

Ce produit est issu de forêts gérées durablement et de sources contrôlées

www.pefc-france.org